D9900518

BIBLIOTECA DE «LA ESPAÑA ORIENTAL»

EL

FOLK-LORE FILIPINO

(Obra premiada con medalla de plata en la Exposición Filipina,
celebrada en Madrid en 1887)

POR

ISABELO DE LOS REYES Y FLORENTINO.

MANILA

Tipo-Litografía de Chofré y C.ª
Escolta, núm. 33
1889

1962 1915

A los folk-loristas españoles de la Península, que me han dispensado toda clase de atenciones, tengo el singular placer de dedicar esta modesta colección.

Isabelo de los Reyes.

INTRODUCCIÓN

A la escasez de conocimientos con que contaban los antíguos, la suplía su atrevimiento, el cual estaba en proporción con su grande ignorancia. Así es que si los antíguos no dejaron de dar soluciones á ningún problema científico, esas pretendidas soluciones, por lo peregrinas, suelen arrancarnos grandes carcajadas. ¡Si supiéseis de quién creían que hemos descendido los indígenas de Filipinas!....

Pero á medida que las ciencias progresaban y se descubría que los errores obedecían á hipótesis y á datos no bien comprobados, se procuró buscar éstos, examinándolos con mayor escrúpulo, y al fin, en la Antropología, la Prehistoria y en todas las demás ciencias relativas al hombre primitivo, húbose de reconocer gran escaséz de materiales que al contrario, debieran abundar, para poder sostenerse seriamente alguna teoría científica.

Cuando esto se notó, hace poco, (*) muchos sábios antropólogos y etnógrafos dejaron de fantasear sobre bases no bien averiguadas, lo que es impropio por cierto de autores concienzudos, y una vez emitida en Inglaterra la idea de crear una escuela que recogiese para estudios futuros materiales no solo en los países selváticos, sino también en la clase popular de Europa, enseguida se propagó con tanta aceptación, como grande era el vacío que venía á llenar.

Esta escuela es la folk-lórica, de la palabra sajona FOLK-LORE, que significa literalmente *saber popular*. Su objeto, en un principio, se reduciría á recoger esas leyendas, tradiciones, consejas y supersticiones que conserva el pueblo, para de su estudio y comparación con las de otros países, deducir teorías relativas al hombre prehistórico.

Después se ensanchó la esfera de su accion para que pudiera servir no solo á las investigaciones antropológicas y etnográficas, sino también para enriquecer las demás ciencias existentes, como la Medicina; y acaso para crear otras nuevas, como nacieran p. ej. de la Astrología, la Astronomía, y la Química de la Alquimia, que diría el folk-lorista Dr. Machado y

(*) En el periódico inglés *The Atheneum* usó en 1846 por vez primera la palabra *Folk-Lore*, Mr. William J. Thoms, iniciador de esta idea en Europa, y en 1878 fué establecida en Lóndres la primera sociedad folk-lórica.

Alvarez. En una palabra, archivo general al servicio de las ciencias todas.

Según la primera de las bases establecidas por los folk-loristas españoles, el *Folk-Lore* tiene por objeto recojer, acopiar y publicar todos los conocimientos del pueblo en los diversos ramos de la Ciencia, (Medicina, Higiene, Botánica, Política, Moral, Agricultura, Industria, Artes, Matemáticas, Sociología, Filosofía, Historia, Antropología, Arqueología, Idiomas, etc.); los proverbios. cantares, adivinanzas, cuentos, leyendas, tradiciones, fábulas y demás formas poéticas y literarias del pueblo, los usos, costumbres, ceremonias, espectáculos y fiestas familiares, locales ó provinciales, los ritos, creencias. prácticas, supersticiones, mitos y juegos infantiles, las locuciones, jiros. trabalenguas. frases especiales de cada localidad, motes y apodos, ocurrencias, modismos y voces infantiles, los nombres de sitios y lugares, que no se mencionan en mapas; los de piedras, animales y plantas; y en suma, todos los elementos constitutivos del genio, del saber y de los idiomas, contenidos en la tradición oral, en los monumentos y en los escritos, como materiales indispensables para el conocimiento y reconstrucción científica de la historia y cultura.

Y con arreglo á la base 3.ª, los folk-loristas deben tener como principal objetivo la fidelidad en la trascripción y la mayor escrupulosidad en declarar la procedencia de las tradiciones ó datos etc, que recojan, utilizando, cuando el estado de sus recursos lo consienta, la escritura musical, dibujo, taquigrafía, fotografía y demás medios adecuados para obtener la fidelidad en la reproducción.

El Folk-Lore, pues consta de secciones de Literatura, Poesia, Historia, Prehistoria, Geografía Bellas Artes, Arqueología, Jurisprudencia, Economía política, Pedagogia, Medicina, Botánica, Zoología, Mineralogía, Geología, Física y Química Matemáticas, Moral, Sociología, Lingüística, Fonética, Industria, Agricultura, Astronomía, Mitografía, Etnología, Demopsicología, Demotopografía, Bibliografía, Cosmogonia y, en una palabra, todos los ramos del saber humano.

Y á fuerza de ensanchar, acaso exagerando, el pristino concepto del *Folk-Lore*, los españoles llegaron á considerarlo como ciencia, y los folkloristas acabaron por no entenderse unos á otros, habiendo necesidad de abrir una discusión internacional para fijar la verdadera definición del *Folk-Lore*.

Y el Sr. Director del *Boletin Folk-Lórico* de Sevilla, tomándome por el representante de *Folk-Lore filipino*, tuvo la atención de pedir mi humilde opinión sobre esta cuestión y mi informe, que encontrareis mas adelante, se publicó en el *Boletin de la Enseñanza Libre*, de Madrid.

———

De todos modos, escusado será encarecer la utilidad del *Folk-Lore* á Filipinas. Este pais necesita mas que las naciones europeas de uno ó muchos que recojan las tradiciones costumbres, consejas, supersticiones etc., para que luego los doctos puedan con ellas hacer comparaciones.

que tengan por objeto escudriñar los misterios mil que encierra el pasado de estos pueblos.

¿Quién puede asegurar de fijo cúales fueron los aborígenes de este Archipiélago? En un principio yo opinaba que los ilocanos erän de raza distinta que los tagalos, en razon á que existen algunas diferencias, tanto que muchas veces distingo á primera vista por su solo aspecto el uno del otro. Pero después de haber yo estudiado detenidamente las costumbres, supersticiones y tradiciones de uno y otro pueblo, me mudé de parecer.

Ya se ha visto que el estudio de las consejas, leyendas y supersticiones de los ilocanos, me sirvió para reconstruir su Mitología ó Religión primitiva, que no mentan siquiera los historiógrafos de Filipinas, y, sin embargo, ninguno probablemente se atreverá á ponerla en duda, si el amor natural á los propios escritos no me engaña,

Y ¿qué no esperaremos del *Fol-Lore filipino* respecto á la Medicina, cuando las plantas del país son todas sin excepción medicinales?... Es claro que la *Flora filipina* escrita por Blanco, Mercado, Llanos y otros autores dista mucho de ser completa, y puedo asegurar sin género alguno de duda que en cuanto á su aplicación á la Medicina, muchísimos secretos dejaron de descubrir Sta. María, Clain, Gregorio Sanz y otros que han escrito sobre la materia.

Digamos ahora algo de la historia del *Folk-Lore filipino.*

12

En 25 de Marzo de 1884, *La Oceanía Española* habló por vez primera del asunto en su artículo de fondo titulado "Folk-Lore de Filipinas," invitando á sus lectores á aportar su contingente y para ello les trazó un programa más ó menos completo.

Yo, entonces jóven de 19 años, empezaba á cobrar afición al periodismo, y el muy inteligente como amable Director de dicho periódico don José Felipe del Pan estimuló mis aficiones con algunos regalos de libros y me suplicó escribiera el *Folk-Lore ilocano.* Y en 24 de Mayo de 1884 dí comienzo á dicho trabajo y después publiqué algunos artículos sobre los *Folk-Lores Malaboñés, Zambaleño* y *Filipino,* escribiendo en este último los materiales folk-lóricos que eran de carácter general en el Archipiélago. Debo, pues, rendir aquí tributo de gratitud al Sr. del Pan, y yo deseo sinceramonte que hoy me quisiera como antes á su antíguo discípulo, el jóven indígena.

El Dr. Machado y Alvarez, iniciador del *Folk-Lore Español,* y el Sr. D. Alejando Guichot y Sierra, Director del *Boletín Folk-Lórico de Sevilla,* principles figuras folk-lorísticas de España, acabarón de inclinarme á esta nueva ocupación del pensamiento, estimulándome; me regalaron todas las obras folk-lóricas que se publicaron en España; me ponian al corriente de todo, me alentaban y por su encargo dirigí en 15 de Marzo de 1885 una carta propaganda, que publicó y secundó la prensa filipina; pero no surtió mas efecto que unos preciosos artículos, titulados *Al rededor de un cadáver,* que el celebrado pintor don

Miguel Zaragoza tuvo la amabilidad de dedicarme en *El Porvenir de Visayas*.

Lo que lamentó con razón el inteligente médico como castizo escritor D. José Lacalle y Sánchez, profesor de la Facultad de Medicina de la Universidad de Manila y autor del etnográfico libro *Tierras y Razas*, en 27 de Junio de 1885 con el pseudónimo de *Astoll*.

Hé aquí unos párrafos suyos que nos dan idea perfecta de lo que acaeció:

"Un ilustrado hijo del país —escribe—apreció la utilidad de la empresa (del *Folk-lore*) y no dudó en intentar su realización, apercibiendo para ello sus bríos y sus dotes todas.... Solo la prensa ayudó los buenos propósitos del iniciador, pero sus gestiones tuvieron el mismo éxito que otras muchas que ceden en beneficio de nuestra cultura. Por eso el *Folk-Lore* filipino no se constituirá. A ello se opone la desidia y abandono de unos y la indolencia de todos."

Para recoger del saco roto la organización del *Folk-Lore regional filipino*, juzgué oportuno contestar al revistero del *Comercio* y aprovechando su indirecta, aparenté sostener que en Filipinas había personas ilustradas y estudiosas que pudieran acometer la empresa.

Astoll me contestó con un artículo digno de su autor, en el que se leían entre otras las siguientes líneas, que trascribo por la verdad que encierran:

"Solo suponiéndole dotado de una gran dosis de buena fé, se alcanza á comprender el entusiasmo y la fé que le animan en una empresa, por demás noble y civilizadora, pero completamente estéril donde por lo visto, solo crecen lozanos el *camagón* y el *molave*.

Sin embargo, el citado escritor dijo:—"quiero también llevar á ese campo que V. cultiva con esmero, el grano de arena salido de las sinuosidades de mi cerebro."

Y pasando á demostrar la utilidad del *Folk-Lore filipino* escribió:

"De lo que no sabemos nada, absolutamente nada, es de ese pasado misterioso cubierto aun por espeso velo que no han logrado romper las escasas investigaciones de algunos hombres, y que oculta cuidadosamente la cuna de estos pueblos.—Y por eso la ciencia antropológica sabe del hombre filipino tanto como de los habitantes de la luna. Y la etnología, la etnografía, la lingüística y otros ramos del saber, solo saben... que no saben nada... Y teniendo en cuenta por otra parte, que el primitivo pueblo filipino no dejó su pasado escrito en papeles ni monumentos, claro aparece que solo en la tradición, en las prácticas supersticiosas, en las costumbres primitivas que hoy se conservan por muchos, es posible encontrar los materiales necesarios á la obra histórica que nos ha de proporcionar el útil conocimiento de tiempos y cosas que pasaron.—Cuando la locomotora cruce los campos filipinos y ponga en comunicación todas las provincias, llegarán á éstos los hábitos y costumbres de los modernos pueblos y desaparecerán, como van desapareciendo de Manila, los usos propios de este hermoso país.—

Y si antes que esto ocurra, no se han recogido
los materiales existentes, la historia perderá una
de sus hojas mas curiosas; aquella destinada á
las regiones levantadas sobre el Océano.—¿Quién
puede impedir que esto suceda? ¿Quién se de-
dicará á explotar los tesoros de la tradición?—
El *Folk-Lore* podría encargarse de ello.—Por eso
yo he creido que esa institución era la llamada
á crear *el museo donde los doctos estudiasen mañana*
el pasado de estos pueblos. Y por eso he defendido la importancia del Folk-Lore; y he tributado á V. mis plácemes y alabanzas.

"Además, en el *Folk-Lore* podría quizás tener
orígen la poesía filipina; es decir, la poesía ins-
pirada en asuntos filipinos, y nacida en la mente
devates filipinos. Y aquí oigo ya, Sr. de los Reyes,
las burlonas carcajadas de alguno de esos *fa-*
roles, que tanta gracia le han hecho á usted. Pero
déjelos que se rían, porque esos mismos se reían
también de otras manifestaciones del ingenio de
este pueblo, y luego bajaron la cabeza. confun-
didos ante los laureles de Luna y Resurrección.
Y no hay que dudarlo, en las tradiciones populares del país brotará algún día la fuente de
la inspiración, si esas tradiciones llegan á ser
del dominio público. En esas tradiciones y en
esas prácticas supersticiosas, que V. va dando á
conocer, podrán inspirarse algún día vates insig-
nes, amadores entusiastas de las peregriñas bellezas de este rico vergel."

Y en otro artículo dijo el mismo autor: "Y
si sus trabajos é investigaciones (los del *Folk-*
Lore) hacen relación con pueblos como el filipino

donde el carácter de los naturales ha sido retratado únicamente por brochas de torpes en-
jalbegadores, compréndese bien cuanto habría de
ser el provecho que de esa institución podría
obtenerse.

A su segundo artículo, repliqué demostrando
que la tarea folk-lórica no era obra de romanos y aludiendo directamente á ciertas corpora-
ciones que hubieran podido acometerla.

Y el ingenioso y benévolo *Astoll* se limitó á
contestarme lo siguiente:

"Voy á concluir con un párrafo que no reza
contigo, amable suscritor; se dirige al Sr. don
Isabelo de los Reyes, á quien felicito por su última eruditísima carta, que he leido con placer.
Cumplo gustoso este deber de atención, pero
como desgraciadamente, en el asunto del *Folk-
Lore* sigo las corrientes de un *pesimismo* funesto,
no puedo sostener una polémica, á mi juicio completamente estéril.",

La prudencia no le podía haber dictado otra cosa.

Y con esto concluyó la polémica, que iba
á ser interminable, si mi distinguido contrin-
cante no la hubiera cortado, porque con ella yo
creía propagar las ideas folk-lóricas y despertar afición á ellas, aunque realmente estaba del
todo conforme con *Astoll*, por lo que escribiera
en mi primera epístola: *El pesimismo de usted me
espanta, quizás tan solo porque se opone al ideal que
yo acaricio.* Y en la segunda, estas palabras:
*Aunque muy bien puede ser que mis veinte años de
edad aun no me hayan dado á conocer la gente de
mi propia casucha.*

Meses antes de esta polémica dije á los folk-loristas peninsulares, que me invitaban á promover la organización de sociedadas folk-lóricas en Filipinas, lo que mas tarde me había de repetir *Astoll*, por lo que el Sr. Director del "Boletin Folk-lórico" de Sevilla me contestó aquellas palabras, que he trascrito en mi segunda epístola, para animar á *Astoll*: "por muchos obstáculos que se opongan á un pensamiento tan grande como el mundo, aquel se desarrollará."

Días después de haber yo publicado mis artículos folk-lóricos, se insertaron en *La Oceanía Española* otros de Bulacan, Pampanga y Tayabas, debidos á los ilustrados jóvenes filipinos don Mariano Ponce y Collantes, el Sr. Serrano Lactao y D. Pio Mondragon.

Para escribir artículos folk-lóricos, se necesitan buena fé, exactitud y verdad absoluta, estando desterrados del *Folk-Lore* las prosas y todo lo que sea puramente imaginario, porque se trata de reunir datos para las ciencias y claro aparece que aquellos deben ser positivos.

Ahora bien: si esta colección de mis artículos folk-lóricos tiene algun mérito, que no encuentro, consistirá únicamente en la fidelidad y buena fé en la descripción, y en su novedad, versando sobre conocimientos populares y costumbres de las que no se leen con frecuencia en los libros sobre Filipinas.

Y tanta es mi imparcialidad, que he sacrificado á la ciencia el cariño de los ilocanos, pues que se quejan de que he sacado á relucir sus prácticas no muy buenas.

Pero he de advertirles que he recibido entusiastas plácemes de varios sábios de Europa, los
cuales dicen que con el *Folk-Lore ilocano*, dejando á un lado patriotismo mal entendido, he prestado señalado servicio á Ilocos, mi patria adorada, pues con él he dado materiales abundantes
á los doctos para que puedan estudiar su prehistoria y otros problemas científicos, referentes
á aquella provincia; y mis artículos publicados
en *La Oceanía Española*, fueron traducidos al aleman por las muy importantes revistas científicas
de Europa el *Globus* y *Ausland*, lo cual prueba
que se trata de algo mas serio que el ridiculizar
á mis paisanos, que ya sabrán corregirse, después de verse retratados.

Y hablando de patriotismo, ¿acaso no se ha dicho
varias veces en periódicos que para mí solo son
buenos Ilocos y los ilocanos? Esos artículos y
gacetillas de la prensa filipina dando á conocer
los méritos de éstos, defendiéndoles y pidiendo
para ellos buenas reformas, ¿á quién se deben?...
Cada uno sirva á su pueblo segun su manera
de pensar, y yo con el *Folk-Lore ilocano* creo
contribuir á esclarecer el pasado del mío. Todo
esto he sacado á relucir, porque para mí, el peor
de los hombres es el infeliz que no esté dotado
de ese sentimiento noble y sagrado, que llaman
patriotismo.

TERMINOLOGÍA DEL FOLK-LORE

(Informe del autor pedido por los folk-loristas españoles)

Hermano de los selváticos aetas, igorrotes, y tinguianes y nacido en esta apartada colonia española, donde la civilización brilla aún con luz muy ténue, confieso sinceramente que muy poco, ó mas bien dicho, nada sé yo de la nueva ocupación del pensamiento humano llamado *Folk-Lore.*

Impulsado por la atenta invitación de mi amigo el ilustrado Sr. Director del *Boletin* (*), tomo sin embargo, la pluma para indicar el humilde concepto que me he formado de las diversas opiniones sobre el verdadero sentido del vocablo sajon *Folk-Lore.*

La primera cuestión que se me presenta, al definir el *Folk-Lore,* es la de si es ciencia ó no,

(*) Este artículo se publicó en el número del *Boletin de la Institución Libre de Enseñanza* de Madrid, correspo, diente al 31 de Agosto de 1885.

Para Mr. Nutt es ciencia: dice que es la *Antropología referente al hombre primitivo*, y la Antropología es ciencia. Afirmo lo mismo de Mr. E. Sidney Hartland, que define el *Folk-Lore* así: *la Antropología que estudia los fenómenos psicológicos del hombre inculto;* de Mr. Gomme, autor de la definición siguiente: 'La ciencia que trata de las supervivencias y costumbres arcáicas en las edades modernas;" y de Wake, que da esta definición: *aquella parte de la Antropología, que trata de los fenómenos psicológicos del hombre primitivo.* Según el Sr. D. Alejandro Guichot y Sierra, los españoles han sido los primeros en considerar como ciencia el *Folk-Lore.* En efecto, el Dr. Machado y Alvarez es de los que sostienen que el *Folk-Lore* es ciencia y lo define de esta manera: 'La ciencia que tiene por objeto el estudio de la humanidad indiferenciada ó anónima, á partir desde una edad que puede considerarse infantil, hasta nuestros días."

Mr. Wheatley asevera á su vez que el *Folk-Lore* apenas puede llamarse ciencia, si bien es verdad que esta afirmación es difícil de compaginar con la definición que da del *Folk-Lore: la ciencia no escrita del pueblo.*

La eminente escritora Sra. D.ª Emilia Pardo Basan, presidente del Folk-Lore Gallego, asegura que el objeto del *Folk-Lore* es "recoger esas tradiciones que se pierden, esas costumbres que se olvidan y esos vestigios de remotas edades, que corren peligro de desaparecer para siempre, para archivarlos, evitar su total desaparición, conservar su memoria y formar con ellos, por decirlo así, un museo universal, donde pueden estudiar los doctos la historia completa de lo pasado."

Como se observa, para ella el *Folk-Lore* por su objeto, no es más que mero colector: no es ciencia.

Antes de dar la razón á una de las dos opiniones contrarias, voy á recordar á mis lectores el adagio vulgar y muy práctico que dice: *el que mucho abarca poco aprieta.*

En efecto, el *Folk-Lore*, con solo recoger y acopiar todos los conocimientos, usos y costumbres de la gente no ilustrada, aún no estudiados, tiene muy larga tela que cortar.

Y si no se contenta con reunir materiales y pretende además estudiarlos científicamente ó reducirlos á un sistema bien ordenado, es decir, llegar al *desideratum* de todas las ciencias, yo no puedo calificar el objeto del *Folk-Lore* si no de casi imposible.

¿Qué se entiende por *ciencia?*

Si me fijo en la definición, que de ella dan los filósofos, me espanta sobremanera la idea ó pretensión de los que consideran como tal el *Folk-Lore.*

Sin embargo, en esto de limitar el trabajo del folk-lorista á recoger materiales, encuentro un inconveniente: tal es la prentesión muy general de parecer sábio, erudito ú otros epítetos por el estilo.

Por eso, es necesario transigir con la vanidad de todos, so pena de morir en su infancia el *Folk-Lore*, en razon á que alguien diría: recoger cuentos y otras simplezas, es ocupación de viejas.

Y además, esta prentensión de los folk-loristas de explicar científicamente y de comparar, haciendo, alarde de su erudición, es útil, no ociosa.

Convengo, por consiguiente, en que una nodriza ó cualquier palurdo que sea colector de cuentos, no pueda llamarse folk-lorista, porque éste es instruido y se sujeta á ciertas reglas.

Pero la definición rigorosa del *Folk-Lore* es. segun mi entender, la siguiente:

La ocupación del pensamiento humano, que tiene por objeto recoger todos los datos que la gente no ilustrada conozca y tenga, que aun no hayan sido estudiados.

Por manera que estoy muy conforme con Wheatley en que el objeto del Folk-Lore puede existir actualmente en el siglo XIX.

Quizá muchos folk-loristas europeos no se conformen con nosotros: pero veamos un ejemplo:

Supongamos que un salvaje de los bosques de Abra descubra en estos días por mera casualidad que tal fruta cura el cólera-morbo con mayor eficacia que el virus anticolérico del doctor Ferran, decidme, folk-loristas: ¿no os apresurariais á apuntarlo en vuestros mamotretos folk-lorísticos?

¿Nó?

En este caso, el *Folk-Lore* perdería una joya que puede muy bien reclamar, dado que su significación etimológica no excluye los conocimientos del pueblo, que no sean tradicionales.

Y aquí veis que la medicina folk-lórica no

siempre es magia. cual) parece pretender Mr. Wake.

No encuentro mal la primera división del *Folk-Lore* en *Folk-Thought* (pensamiento popular), y *Folk-Wont* (usos y costumbres del pueblo). que hace Mr. Hartland; y me parecen excelentes las secciones científicas del *Folk-Lore Andaluz*, que trató de establecer el Sr. D. Alejandro Guichot y Sierra; pero como no cuento con ningún colaborador para escribir este libro, adoptaré una división mas sencilla arreglada conforme á mi opinión y los materiales de que dispongo.

Es bueno economizar los términos extrangeros, cuyo derroche. á más de ser ridículo. siembra confusión.

Hé aquí mi humilde opinión.

Enseñad ahora al modesto indígena de Filipinas si ha incurrido en error.

Folk-Lore ilocano

CAPÍTULO PRIMERO

Materiales folk-lóricos

SOBRE LA RELIGIÓN Ó MITOLOGÍA, Y LA PSICOLOGÍA

(Folk-Belief ó Worship)

I

LOS MANGMANGKÍK.

SIR George Cox confunde lastimosamente el Folk-Lore con la Mitología, como muchos españoles confunden ésta con la Teogonía.

El Folk-Lore, como hemos visto, es mero arsenal de datos al servicio de las ciencias todas, á las cuales toca el estudiar sus respectivos materiales.

El Folk-Lore recoge del vulgo y presta luego á la Mitología, materiales como las consejas, leyendas fabulosas etc. y la Mitología se encarga de averiguar si son propias ó exóticas, estudiarlas á la luz de la historia y en una palabra, servirse de ellas, para reconstruir una Religión ya extinguida por completo ó en parte. En resúmen, el Folk-Lore representa fragmentos, que no pueden formar un todo sin el auxilio de la Mitología.

Ya he publicado la *Mitología ilocana* (1) que forma parte de la época prehistórica de mi *Historia de Ilocos*.

Aquí reproduciré en forma de materiales folklóricos los que me sirvieron para reconstruir la antigua religión de los ilocanos.

Los que comparen este capítulo con la *Mitología ilocana*, notarán á primera vista la diferencia que existe entre el Folk-Lore y la Mitología.

Los ilocanos (en particular los de Ilocos Norte) al principiar á cortar árboles en los montes, entonan los siguientes versos:

Barí, barí!
Dika agunğet pári
Ta pumukan kamí
Iti pabakirda kada kamí.

Cuya traducción literal es la siguiente: "*baribarí* (interjección ilocana que no tiene equivalente en castellano) no te incomodes, compadre, porque cortamos lo que nos mandan." Esto lo hacen á fin de que no les odien los espíritus llamados *mangmangkík*, que habitan en los árboles, los cuales, según cree el vulgo de Ilocos, suelen vengarse produciendo graves enfermedades. En la Memoria sobre etnología y etología de Filipinas para la Exposición filipina de Madrid, se halla un cuento ilocano que el autor de la citada memoria me hizo escribir. Se titula *Ni Juan*

---

(1) Traducida al alemañ bajo el título de *Die religiösen Anschauungen der Ilocanen*. Wien 1888.

Sadút (Juan el Perezoso); según este cuento, se apareció al héroe de la narración un *mangmangkík* en forma humana, cuando trataba de cortar un árbol, sin haber antes pedido permiso á dicho *anito*.

Los ilocanos. no pueden darnos perfecta idea acerca de la naturaleza de los *mangmangkík* y dicen que *nó son demonios*, según la idea que los católicos tienen de los demonios, ni sombras ó espectros, ni cafres; por lo cual yo opino que son los antiguos *anitos* (1) *de los árboles*, aquellos ilocanos en la época de la conquista. que habiendo sido víctimas del rayo, caiman ó cuchillo, se enterraban por lo regular al pie de algún árbol con su especie de túmulo, y á quienes. según el P. Concepción (2) se pedía licencia para entrar en los montes ú otros lugares á cortar árboles ó plantas.

II

KATATAO-AN Ó SANGKABAGI.

Los *katatao-an* (3). Son unos .. no sé qué diré; si no *anitos*. Al igual de los *mangmangkík*, ni son demonios ni fantasmas ó espectros; son según

---

(1) Además de un Dios superior, llamado *Bathala* (acaso *Boni* ó *Cabunian* entre los ilocanos), los filipinos adoraban en dioses secundarios que venían á ser unos patronos tutelares como los del politeismo griego.

(2) Historia general de Philipinas, 1788.

(3) Los PP. Buzeta y Bravo citan en su *Diccionario* como uno de los dioses filipinos á *Tatao*. Si se han equivocado, al escribirlo, se confirma mi opinión de que el actual Katatao-an de los ilocanos, es anito antiguo.

la fábula ilocana, séres visibles unas veces, y
otras nó; suelen tomar las formas humanas ú
otras de gigantescas proporciones y tienen una
barangay (barca), en la cual viajan por el aire
como en globos aerostáticos, solo de noche. Cual
piratas, cogen á los que encuentren en parage
despoblado así como los cadáveres humanos:
por cuyo motivo los ilocanos se desvelan guardando los cadáveres de sus muertos, antes de
enterrarse.

En Ilocos Norte no se conoce al *katatao-an*.
En cambio tienen á los llamados *sangkabagí* (1)
que son análogos al primero y creo que *katatao-an*
y *sangkabagí*, indican un mismo *anito*, lo cual no
será extraño porque en Ilocos Norte hay palabras que no se entienden en Ilocos Súr, como
salaysay, *kain*, *buyubuy* etc. Hay en Ilocos Norte
curanderos que pretenden ser amigos de los
sangkabagí y dicen que por ningún valor se ganan el aprecio de los espresados *anitos*. Estos
se aparecen á media noche y sus escogidos en
las ventanas ó en los agujeros, desde donde
les despiertan con voz apenas perceptible y les
hacen embarcarse en una *barangay* ó nave aeros-
tática, parecida á la de los *katatao-an*, en la
cual viajan por el espacio á la una de la madrugada, dando en media hora la vuelta al rededor del mundo. El vulgo ilocano dice que
los *sangkabagí* se aparecen á muchos; pero algunos hombres no aceptan su amistad, porque
estos *anitos* prohiben á sus amigos usar rosarios.

_____

(1) Léase *sangcabagui*.

oir misa, persignarse y cumplir con sus obligaciones religiosas de cristiano, confesando los
sangkabagi que no pueden acercarse á sus amigos, si estos practican actos piadosos. (1)

Los *sangkabagi* se vengan de los que desde-
ñan su amistad, arrastrándoles por el suelo.
cuando están dormidos ó llevándoles á otros lugares ó sacándoles el hígado. para llenar el
hueco con yerbas. Y cuéntase que los *sangkabagi*
tienen una vista tan perspicaz, que pueden ver
las entrañas de los hombres vivos, al través
de la piel. Y otras veces hacen que el *anay (ter-
nes monoceros)* ó el gorgojo destruyan las ropas.
el palay, el maiz y semillas de la persona que
les haya causado algún disgusto. En cambio, entregan á sus amigos mas estimados, un *libro* (llamado) *de la compañia* (2) y este libro les conducirá con inconcebible prontitud á donde quieran
aunque sea á lugares muy lejanos, con solo señalar el sitio á donde deseen trasladarse. Se
cuenta que un viejo natural de Sarrat (Ilocos
Norte) iba de su pueblo á Laoag (cosa de una
legua de distancia) á hacer compras y á los cuatro minutos volvía con los objetos comprados.
Y esto lo hacía todos los días por la mañana,
mediodía y noche. Los *sangkabagi*-- dice además

(1) Compárese esto con lo que escribe Concepción
del *Tigbalan.*
(2) Esta preocupación indudablemente fué añadida
por los españoles á las puramente ilocanas. Hay una
conseja, según la cual los Jesuitas poseen libritos mi-
lagrosos.

el vulgo—enseñan á sus amigos á hacer relojes
y les entregan raices para curar en un momento
cualquier enfermedad, con solo acercar esas raices maravillosas á los pacientes.

El *sangkabagí*, como el *mangmangkik*, mora invisiblemente en los árboles. Por eso, los curanderos, que dicen ser amigos de los *sangkabagí*,
cuando son llamados para curar á algun enfermo, llevan una orquesta al pie del árbol, que
se cree morada de los *sangkabagí* y allí ofrecen
una mesa (1) adornada con banderas, y repleta
de platos sin sal (2) (ésta no gusta á los *anitos*).
Algo alejados de la mesa, bailan hasta la puesta
del sol. Prohiben acercarse á la mesa, porque
no agrada esto á los *anitos* obsequiados, sin que
nadie lo vea—dicen los charlatanes—los manjares y el *basi*, (vino) desaparecen como por encanto, de los platos y copas. Probablemente los
mismos curanderos (pillastres) roban las viandas
y el *basi*, porque no se permite acercarse á las
mesas, cuando comen los *anitos*, es decir, los
falsos amigos de los *sangkabagí*. Después de esta
fiesta dedicada á los *sangkabagí*, el curandero va
á la casa del enfermo, y cerca de la cama coloca dos ó cuatro asientos para los *anitos* y prohibe sentarse en dichas sillas, puesto que están
ocupadas por los *sangkabagí*. Hechas estas cere-

---

(1) "Y además de los sacrificios ofrecian comidas á
los Anitos." Colin, pág. 63. *Labor evangélica, Madrid 1663.*

2. Los tagalos ofrecen también viandas sin sal al
Matandá sa punsó, viejo fabuloso que creen vive en
los montones de tierra, que forma el *anay*.

monias el curandero, al igual de las antiguas pito-
nisas filipinas llamadas *katalonan* ó *babailan*, predice si es curable ó no la enfermedad, señalando
el mes y el día de la completa curación ó la muerte
del doliente.

Los palurdos de Ilocos Norte esparcen un poco
de morisqueta y sal, antes de sentarse á la mesa,
diciendo: ¡vamos á comer! y creen que así se evita
que los *sangkabagi* les arrebaten la comida. Cuando
trasnochan en los bosques, valles, montañas ú otros
lugares fuera de 'la casa, fijan cruces en la cabecera de la cama, (1) en los costados y en el
lugar de los piés; con esta, precaución—dicen—no
pueden acercarse los *sangkabagi*.

Y cuando improvisan una choza donde pasar la
noche, fijan en la puerta una cruz para el mismo
objeto. En Ilocos tambien hay la creencia de que
cuando los gallos se asustan y chillan por la noche,
los consabidos anitos *sangkabagi* están robán-
dolos y es fatal ir al gallinero para averiguar
la causa del susto. Cuentan los indígenas de Ilocos
Norte que uno que intentó ir a ver si había
algún escamoteador, murió repentinamente, apenas
se movió de su sitio.

III

EL KAIBAAN Ó KIBAAN.

Según se dice, es una criatura como de un año
de edad; anda automáticamente con piés puestos
al revés, tiene una cabellera extraordinariamente

(1) Algunos de los amuletos antiguos de los filipinos,
están sustituidos por el signo de la Redención.

4

larga y vive invisiblemente en ciertas malezas; rarísimas veces aparece, haciéndolo solo á sus amigos, pretendidas ó novias. Hay muchos *kaibanes*, son de dos sexos y procrean juntándose, ó bien un *kaiban* y una mujer humana.

Y cuando los *kaibanes* se enamoran de una mujer, se aparecen á ella, en forma de hombre con boca abierta, mostrando sus dientes, que despiden una luz intensa que deslumbra á la mujer pretendida. Dá el *kaibaan* serenatas con su guitarrita á su amada. Si la mujer humana acepta el amor ofrecido, el *kaibaan* la regalará un capote de los que tienen la especialidad de hacer invisibles á los *kaibanes* y á cuantos se vistan con él. La novia del *kaibaan* vendría pues á ser invisible como su amante; participaría de su poder y no le faltará el pan cuotidiano, porque valiéndose de su invisibilidad, irá á hurtarlo. El *kaibaan* muere, y en ese caso irá la viuda (humana) á llorar al lugar mortuorio, llevando un *tabo* (1) lleno de sal en señal de luto. El dolor de la viuda, por lo regular, es premiado por los *kaibanes* sobrevivientes y parientes del difunto, entregándole los bienes que hubiera dejado el finado.

El *kaibaan* posee un *tabo* llamado *kiraod*, que tiene la virtud de producir arroz, siempre que se introduzca en una tinaja, aunque ésta se halle vacia; y además una olla, que, sin embargo de su estremada pequeñez, contiene de un modo misterioso cuatro chupas de arroz.

Cuando el *kaibaan* desea ganarse la amistad de algun hombre, le agasaja con una serenata, per-

(1) *Tabo:* tazon de cáscara de coco.

maneciendo invisible, y una vez ganada la voluntad del amigo, le regala tinajas de oro, plata, es-
quisitos manjares, el maravilloso *tabo*, el capote má-
gico y otros objetos valiosos. El *kaibaan* á pesar
de ser rico, tiene mucho gusto en hurtar y encarga á sus amigos (hombres) que si desaparece
algun objeto suyo, no lo busquen; y si no cumplen
este encargo, el *kaibaan* les arroja un puñado de
ciertos polvos, que les produce asquerosas enfermedades de la piel, que son rebeldes á todo tratamiento. Los ilocanos tienen miedo á los *kaibaanes*
y siempre que derramen algun líquido caliente en
cualquier sitio, dicen ¡alejaos! antes de efectuarlo.
La persona, que les haga algun daño ó propor-
cione disgustos, padecerá tambien de enfermedades
cutáneas. Estas enfermedades se atribuyen casi
siempre á los *kaibanes*, y abundan muchos crédulos,
que van á las malezas á decir: *pakaoanennak kadi,
apo* (perdóname, señor,) y creen que con esta satis-
faccion, se obtiene el perdon del ofendido *kaibaan*,
que hará desaparecer los efectos de su venganza.

IV

EL «LITAO» Y LA SIRENA.

Probablemente *Litao* fué el anito del mar y de los
rios, y nó la Sirena: la idea de ésta fué intro-
ducida en Filipinas por los españoles (1), lo cual
confirman las mismas tradiciones ilocanas, y además
la sirena es nombre español, y no tiene equivalente
en ilocano.

(1) Más adelante encontraremos una larga lista de supersticiones ilocanas, que pertenecen á España y Portugal.

La sirena, al decir de los ilocanos, era al principio una niña hermosa; vivía con su madre en un
tugurio, asentado en las orillas de un río, cuyas aguas
bañaban el zaguan de la referida casucha; un dia
en que estaban cosiendo ellas, cayó la aguja de
la niña y ésta intentó bajar á buscarla; pero su
madre se opuso á ello, diciendo á su hija dejase
ya el objeto perdido, pues temía que el *litao* (deidad
varon de las aguas) la raptase con sus encanta-
mentos ó poderes sobrenaturales. Sin embargo, la
niña, viendo su aguja en el fondo del agua cris-
talina, se bajó furtivamete, cuando su madre estaba distraida y apenas puso sus lindísimos piés en
el líquido, éste la tragó produciendo muy grandes
burbujas. Desde entonces quedó dotada del poder
de *encantar* ó hacer cuanto guste. La sirena de
los ilocanos es muy diferente de la sirena de la
tradición española, según la describe una colabo-
radora del *Folk-Lore Andaluz*, y creo que muchos
de los caracteres de la ilocana, proceden del anti-
tiguo anito, llamado *Litao*.

Este ha perdido su importancia desde que la sirena se ha introducido en las preocupaciones ilocanas, y hoy está casi olvidado del todo, *Litao*. Este,
según he oido en Vigan, es un varon pequeño,
que vive en las ramas de las cañas, que se encuentran en las riberas de los ríos; es el marido
de la sirena, y él fué quién la dió el poder sobrenatural que tiene.

¡Qué curiosa combinación de fábulas ó consejas,
la española é ilocana! Los Agustinos Buzeta y Bravo
dicen que «como los filipinos no creen posible vivir
sin muger, á cada Dios dan también una diosa.»

Los ilocanos dicen que la sirena vive en un mag-
nífico palacio de oro (¿*domus aurea?*) submarino ó
que está debajo del agua de un río. Es creencia
bastante común en Vigan que en el horno, que según me aseguran, está dentro del río hácia la parte
Norte del Palacio Episcopal, vive la reina de las
aguas.

En toda la comarca ilocana ninguno (hasta los
indígenas ilustrados) he oido que se haya atrevido
á gritar ó hablar de la sirena estando en un río.
Temen que salga á matarles.

La sirena siempre lleva desplegada sobre las espaldas una exhuberante cabellera, cuyas extremidades
las arrastra en el suelo.

Ella suele ir al pueblo á cazar víctimas humanas;
se presenta en forma de mujer hermosísima é in-
vita á ir al río con pretextos y halagos; y allí ya,
el agua la ayuda en su empresa con una súbita
crecida ó con descomunales remolinos y *burbujas*,
como dicen. Y con sus uñas fenomenalmente largas,
mata á su víctima; pero si ésta no tiene antigua
culpa á la sirena, como por ejemplo, si no ha
hablado mal de ella, le perdona la vida y allí agasaja con manjares exquisitos, regalándole prendas
valiosas y contándole su pasado.

Cuéntase que una mujer fué llevada á su magnífica
morada por un cetáceo, y al llegar, éste la presentó
á su augusta soberana, quien le había confiado
aquella órden.

Apareció la sirena y se mostró sobremanera
afable, diciéndole que nada temiese, que no iba á
ser asesinada por su bondad y virtudes extraordinarias. Y en efecto, la sirena la trató como una

amiga ó hermana y no la hizo nada desagradable, sinó al contrario.

La cautiva tuvo vivas ansias de ver á su familia y pidió permiso á la sirena. Esta se la concedió con órden de volver, so pena de morir ahogada. La ingrata ya no regresó y temerosa de su culpa, no quiso bañarse nunca en ningun río ó mar; pero se lavó en una artesa y murió ahogada en ella.

A veces, dicen, se vé á la sirena detrás del carro de la Vírgen en las procesiones; anda majestuosa, grave y con los ojos fijos en el suelo.

Cuandó sale del fondo del agua, ésta se divide en dos muros dándola paso, como á un Moisés, que pasa con los piés enjutos.

La sirena tiene por sirvientes á los peces; es hermosísima en toda la plenitud del pensamiento, pero tiene el olor desagradable de los pescados podridos. En su cabellera está el *quid encantador*, el poder preternatural. Si alguien puede arrancarle una hebra, á él pasará la virtud de encantar ú omnipotencia; Su cabellera es poderosa como una red metálica con que envuelve y arrastra á su víctima

A pesar de estar en el fondo de su babilónica habitación, puede oir todas las conversaciones sobre ella.

Si me tomara la molestia de contar sus hazañas, llenaría muchas páginas. Citaré solo una muy curiosa.

Cundía la noticia en 185... de que la sirena prestaba febril actividad á sus cazas (en Ilocos nadie muere ahogado que no sea por la dichosa sirena) y que todas las madrugadas aparecia al Nórte de la Catedral de Vigan. Varios jóvenes acordaron ir á cogerla (¡qué valientes! iban á jugar con fuego....

sobrenatural,: la empresa era atrevida, pero en fin la llevaron á cabo.

Llegó la hora de la cita; la sirena, en efecto, estaba ¡qué horror! habrá sabido los propósitos de sus adversarios y salió á su encuentro. Los jóvenes avanzaban y retrocedían con los pelos erizados; más por un esfuerzo lograron acercarse á la sirena y conseguir la captura de la soberana de las aguas... ¡supuesta! Era una soltera, que estaba esperando á su amante.

V.

EL PANANGYATANG Y EL CAIMAN.

Morga (1) y Colin dicen que los filipinos adoraban, en la época de la Conquista del país por los españoles, al *caiman* llamándole *nono* y le rogaban no les hiciese ningun mal, dándole algo de lo que traian en el barco, y que los pescadores arrojaban como primicias los primeros pescados, que sacaban de su red, y de lo contrario, no entrarían otros peces en ella. Esta preocupación existe hasta el día en Ilocos y según el *Catecismo ilocano* del P. Lopez (que estuvo en Ilocos á principios del siglo XVII) se llama *panangyatang*: pero en aquellas provincias no se encuentra este anfibio. Probablemente el P. Colin se había equivocado al aseverar que los filipinos llamaban al caiman *nono*, porque esta palabra es tagala, y significa *abuelo* y *espectro*, y tanto los ilocanos como los tagalos llaman *buaya* al caiman. Parece ser exacto que en los puntos de Filipinas donde hay caimanes, arrojen morisqueta á estos y otros objetos supersticiosos, como las rocas de formas singulares, á fin de que el viaje sea próspero.

(1) *Sucesos de Filipinas.* Mexico 1609.

VI.

EL «PUGÓT.»

Los ilocanos temen al *Pugót* que toma diversas formas: unas veces la de un gato con ojos de fuego, que creciendo, se metamorfosea en perro siniestro y aumentando más y más su bulto, se transforma en un gigante negro de horripilantes dimensiones. Figúrese el lector que sentado en el alfeizar de la ventana de una casa de 18 metros de altura, sus piés tocan en el suelo y dice el vulgo que el *Pugót* gasta cigarros de grandísimo tamaño.

Los naturales de Vigan aseguran que allá por los años 1865 á 67 cayó una lluvia de piedra sobre una casa durante algunas noches y como se atribuyera á incógnitos pillastres, se rodeó la casa y sus alrededores de agentes de policía, cuya presencia no impidió la continuación de la tirada de piedras y lo más curioso era que, según se dice, no dañaban las piedras á quien tocaban, á pesar de que al parecer eran tiradas con fuerza.

Según la versión ilocana, el *Pugót* (algunos españoles lo llaman *cafre*) se alberga en las habitaciones desocupadas, en las casas en construcción ó en las ruinas de un antiguo edificio. Por esto opino que el *Pugót* es uno de los *anitos caseros* de la antigüedad.

VII.

OTROS SERES Y OBJETOS VENERADOS.

Los ilocanos temen mucho á una ave fabulosa, invisible llamada *kumao*, que según el vulgo, roba cosas y personas.

—El ilocano detiene sus pasos, cuando encuentra una culebra ó estornuda, como los *tinguianes*.

—Dicen los ilocanos que el canto de la lagartija anuncia la llegada de alguna visita, y los ahullidos de los perros, la presencia de un espectro.

—El raton dá ó cambia los dientes, de modo que cuando les cae alguno, lo arrojan al tejado del escusado, suplicando al raton lo cambie, y cuidando de no reir, cuando miran al monte *Gosing* (mellado) de Ilocos Súr, so pena, dicen, de que no crecerá el diente caido. ¿Podemos, pues, opinar que el raton fué el *anito de los dientes?*

—La lechuza, según el vulgo ilocano, anuncia alguna muerte, como el pájaro *salaksak* y la mariposa negra; pero esta preocupación parece la han introducido los españoles.

—Si mal no recuerdo, en la vía fluvial de Ilocos Súr al Abra, hay algunas piedras tradicionales, en cuyo obsequio tiran los viajeros, morisqueta.

Pasando las aguas de Zambales en mayo de 1880 á bordo del vapor *Rómulus* en dirección á Manila, á indicación de mis paisanos, nos arrodillamos juntos para rezar delante de un peñasco en forma de horno, y me dijeron que si no cumpliamos con aquella obligación, habíamos de enfermar continuamente en Manila. En vista de todo esto, debe ser cierto, que los ilocanos adoraron en promontorios y peñascos.

Tanbién veneraron á ciertos árboles, entre ellos el Bagao, según los PP. Buzeta y Bravo. Hasta ahora temen al árbol llamado *tigbey*, pero si respetan este árbol, no es porque de suyo es sagrado, sino porque se cree morada del consabido *mangmangkik*.

VIII.

SABEISMO Y ASTROLOGÍA.

Es probable que los ilocanos hayan rendido culto
al sol y la luna, á los qué hasta ahora dan el
tratamiento de *Apo* (Señor). Aseveran que las
manchas de la luna son un árbol, bajo cuya
sombra está durmiendo San José, recordando su
huida á Egipto (1). Se observan aquí dos noticias de diferente procedencia, curiosamente enla-
zadas: una conseja ó tradición fabulosa y otra verdad evangélica, como el sueño de S. José en su
huida á Egipto. En vista de ésto, ¿no se puede
opinar que el hoy durmiente S. José, era antes
de la introducción del catolicismo en Ilocos, el Dios
Superior de la teogonia ilocana primitiva? Es decir,
que los ilocanos adoraban á la luna, no como divi-
nidad, sino morada del Bathala, esto es, como cielo.

Según el P. Villaverde en su *Informe* publicado
en el *Correo Sino-Annamita* en 1879, los igorrotes del
Kiangan entienden por lugar de los dioses, las
estrellas y planetas, especialmente el sol.

Hay un canto popular, del vulgo no ilustrado, que
he oido en dialecto ilocano, tagalo y pangasinan, de
música *puramente filipina*. Este canto reseña un banquete celebrado en el *jardin del cielo* (¿Paraiso?), diciendo que un manco tocaba la vihuela, (es histórico que
los filipinos tuvieron una especie de vihuela de cinco

_____

(1) Esta conseja trae á las mientes á la fabulosa vieja
adivina de los Iroqueses (salvajes de la América del Norte),
que fué trasportada á la luna, donde está tejiendo sin cesar,
hasta la eternidad.

cuerdas, que los ilocanos llamaban *kolibeng*, cantaba un mudo, bailaba un cojo, contemplaban un ciego, un tuerto y un bizco, reía uno sin dientes, tocaba la flauta un mellado, palmoteaba un débil y otros cuyos defectos físicos eran contrarios á sus instrumentos: de modo que al tocar ellos, provocaban la risa. Es de advertir que este canto curioso es antiguo y muy popular y no se conoce su autor. Ahora nos preguntamos: si es cierto que los cantares filipinos por lo regular eran *sus antiguallas y fábulas*, como dice un historiador antiguo, ¿no podremos deducir del citado *dal-lot* (canto) que el cielo de los filipinos ó al menos de los ilocanos, era un jardin, donde se riera á mandíbula batiente?

Respecto á los cometas, podemos copiar literalmente lo que un autor había escrito, refiriéndose á la astronomía china. Según los chinos, como los ilocanos, «los cometas son precursores de hambre y miseria y pronostican casi siempre pestes, guerras, caídas de reyes, derrumbamiento de imperios.»

Los astros fugaces venían á ser su estrella del amor (los ilocanos creen que se *mudan de lugar* y se llaman *layáp* los aerolitos, cuando caen cerca), y el vulgo de Ilocos cree que si se hace nudo en un pañuelo, cuando *pasa el layáp* (cuando cae un aerólito,) se consigue encerrar en el nudo el *bubatú* (piedra milagrosa) del amor. Pero también en Ilocos se comparan los frenéticos amantes á un ser fabuloso llamado *Dongguial*, que según el vulgo ilocano «se ahogó de amor en un pantano, donde no pudiera ahogarse una mosca por su poca agua.» ¿Es *Dongguial* una especie de Cupido? En la nomenclatura de dioses filipinos, que trae el *Diccionario* de Buzeta y Bravo, se encuentra uno ó una, (no se sabe), llamada *Sehal*, palabra ilocana que significa *hermosura;* y los ilocanos como los tagalos invocan casi siempre en sus cartas amorosas á *Venus.* ¿Hubo quizá antiguamente una especie de Venus, que se llamára *Sehal?*

IX.

DIOSAS.

En Ilocos Norte hay curanderos teomaniacos llamados *maibangbangon* además de los *amigos de los sangkabagi.* Los *maibangbangon* dicen estar inspirados en sueños por una *vieja.* Tambien dice el vulgo ilocano que en las epidemias de viruelas, hay una vieja que en sueños ofrece maiz frito y el que lo acepte, padecera aquella enfermedad. Una anciana formal, no mentirosa, me ha dicho seriamente que la Madre de María Santísima no fué Sta. Ana, como dicen los católicos, y el que llegue á conocer el nombre de su madre verdadera, irá al Cielo. La vieja me dijo que sólo me descubriría aquel nombre secreto en la hora de la muerte. Aquí tenemos tres viejas fabulosas, cuyos nombres no se conocen; y los Agustinos Buzeta y Bravo dicen: «Como los filipinos no creen posible vivir sin mujer, á cada Dios dan también una diosa» (1). Por lo tanto, además de los *anitos* varones, hubo también diosas ó *anitos* mujeres, una de las cuales probablemente se llamaba *Aran*, nombre de la esposa de *Angngalo* (Adan fabu-

_____

(1) Los gaddanes dan á su Dios *Amanobay* como esposa á *Dalingay;* las rancherías de Ibanut y los altabanes creen que *Buhan* es esposa del dios *Kabiga;* y los ifugaos y muchos igorrotes, dicen que su dios Cabunian tiene cuatro hijos.

loso de los ilocanos.) El P. González de Mendoza confirma que había ídolos de mujeres. (1)

Además de los anitos de ambos sexos y los animales venerados, los ilocanos han tributado, si no culto verdadero, cierto respeto á los objetos muy útiles. Los campesinos ilocanos dan el tratamiento de *Apo* (señor) al oro (2), plata, dinero, arroz, sal, la tierra y todo lo muy útil en general, (lo cual recuerda á los chinos que no comen carne de buey, porque dicen no es justo, despúes de haber servido tirando del carro, y lo entierran como muestra de agradecimiento), y como dice Anot de Maizieres, llegó un tiempo en que todo sobre la tierra fué Dios, excepto el verdadero. Dios.

X.

PSICOLOGÍA.

Yo creo que los ilocanos conocieron una especie de alma porque hasta ahora dicen que hay una cosa incorporal, llamada *karkarmá* innata al hombre: pero que se la puede perder en los bosques y jardines, y el hombre que la pierde se queda *sin razón* (ya sabemos que hombre sin alma es hombre sin razón) y como loco ó maniático, callado, como si estuviera pensando en una cosa muy profunda, no habiendo nada que le distraiga: abstraido. Y el que pierda su alma ó *karkarmá*, no tiene sombra, de modo que el *karkarmá* parece ser la misma sombra del hombre.

---

(1) *Historia de China*, Roma 1585.
(2) Buzeta y Bravo citan como *anito* á Balitok. Esta palabra significa *oro* en ilocano.

Los ilocanos cuando se retiran de un bosque ó campo exclaman: *intayón, intayón* (vámonos, vámonos). llamando á su *karkarmá*, para evitar que éste se distraiga, se quede en aquel sitio y se pierda. Cuando uno se queda loco meditabundo ó maniático, creen los ilocanos que ha perdido su *karkarmá* y sus parientes acuden á los curanderos, para que éstos lleven al loco á los lugares por donde haya andado y allí gritan *¡intayon, intayon!*, con objeto de que el *karkarmá* extraviado vuelva al cuerpo del que lo ha perdido.

Hay otra razón para creer que los antiguos ilocanos conocieron una especie de alma. Es indudable que las supersticiosas creencias de los ilocanos, de hoy, que no fueron introducidas por los españoles y asiáticos, son heredadas de los antiguos ilocanos, sus ascendientes. Pues bien, hay en el día una preocupación ilocana de que los *espectros* (no quiero decir *almas* según las ideas cristianas: el alma del Catolicismo tiene nombre en el idioma ilocano, que es *kararí* de los difuntos al tercero y noveno dia de su muerte, visitan su casa y todos los lugares por donde hayan estado en vida. Los ahullidos de los perros, anuncian la presencia de un *invisible* espectro y para verlo, debemos poner legañas de perro en nuestros ojos. Este espectro se llama *al-alia, araria y anioa-as*, en ilocano.

Además, los ilocanos aseguran que las almas de los difuntos suelen entrar en el cuerpo de algún vivo y que allí se las oye hablar con su propia voz. Me han dicho algunos campesinos que una mujer sin causa alguna cayó desvanecida, tiritando como si sintiera frio. Los presentes comprendieron que era un alma que se introdujo en el cuerpo y que deseaba hacer algún encargo: por eso, se apresuraron á cubrir con un *lambong* (velo de negro brillante) á la atacada, y empezaron á hacer preguntas al alma ó almas (porque eran muchas las que entraron) y éstas contestaron con voces iguales á las que tenían en vida. Dejo á los lectores el adivinar si aquella pícara atacada, merecía palos ó era ventrílocua, ó si la credulidad de los campesinos les engañó.

De estas supersticiosas preocupaciones muy comunes en Ilocos, se deduce que los ilocanos conocieron una especie de alma, pero grosera ó absurda, esto es, que además de ser espiritual, era susceptible de caracteres materiales como la voz, su visibilidad en algunas ocasiones etc.

XI.

GINGINAMMÚL Ó BABATÓ.

Son estas unas piedrecitas á las que los ilocanos atribuyen virtudes milagrosas. Su hallazgo es imposible, porque según la preocupación ilocana, se encuentran en donde no hay posibilidad de hallarlas. Se llaman *babató* en Ilocos Norte y *ginginammul* (1) en Ilocos Súr.

El *corazón* ó fruta embrionaria del plátano echa una piedra, que metamorfosea en un Samson al que tuviere la dicha de encontrarla. Para poseerla, debe uno situarse en su tronco por la noche, esperando que en forma de fuego la arroje la flor del plátano, al inclinarse al suelo; pero el que desee poseerla, debe armarse de valor, para hacer frente á los diablos, que

(1) Léase *ginguinammul*.

indefectiblemente aparecerán á arrebatarle la piedra, y si la presencia de los demonios le infunde miedo, se volverá loco. El hombre meterá en su boca la piedra. que teniendo él. nunca se le vencerá.

—El limon tiene tambien una piedrecita milagrosa. la cuál suele encontrarse en las grietas de la cáscara. El poseedor de la piedra será amado y disputado por las mujeres.

La piedra del limón es redonda y pequeñita con una mancha negra en medio, como el ojo de un pescadito. Así lo dicen. como si hubieran visto alguna.

—Las habas tienen tambien su *babató*, el cual aleja al poseedor de los peligros y enemigos, moviéndose cuando estamos cerca de alguna contingencia.

—El que consiga el *babató* del *tabtabá* (especie de lama), adquirirá la especial virtud de penetrar en los lugares más impenetrables, v. g. un cuarto cerrado.

—El huevo de la garza hace invisible á su poseedor.

—El *babató* de la anguila hace que su poseedor no pueda ser sujeto con ligaduras, pues se evade siempre que quiera.

XII.

TAGIROOT (1)

Se llaman así las yerbas amatorias, en ilocano; *gayuma* en tagalo.

El que adquiera la flor de la yerba llamada en ilocano *pakó*, será rico y amado frenéticamente por las mujeres. Parece que esta yerba no es florífera. Nos recuerda la encantadora *carissia* de los antiguos, á que se atribuye igual virtud.

---

(1) Léase *taguiroot.*

—El que pueda adquirir la flor del *kanönong*, que dá el *tamarindo*, (1) será admirado en las peleas y guerras, pues los proyectiles no le hieren, y el que intente descargarle puñetazos, garrotazos ó apedrearle, tendrá los brazos inmóviles y extendidos. En una palabra, será del todo invulnerable; pero como se ve, es imposible que un árbol produzca flores de otro de diferente especie.

Las yerbas amatorias se encuentran en el dia del Viernes Santo, según los ilocanos.

—Si en el lugar, donde se enlazan las ramas de varios árboles, se encuentra una flor y debajo de ésta, allá en el suelo y en línea vertical, se halla una yerba, ésta será la deseada. A más de ella, se debe buscar otras dos de diferentes colores y con las mismas condiciones.

Las tres yerbas se ponen en un cañuto lleno de aceite de coco, que servirá de alimento á las yerbas. Con éstas se consigue el caso singular de que las mujeres se enamoren del dichoso poseedor.

—Si la yerba es la llamada *aribobo*, su virtud de atraer será mayor que en otro caso, pues basta pensar en enamorarnos de cierta jóven, para que ésta, por mas virtuosa que sea, llegue á declararnos su amor.

—En mi niñez tuve un amigo tinguian. Era el famoso capitan Aquino, que envenenó a muchos chiquillos. El me vendió en dos cuartos unas raíces que se parecian á cabellos crespos, aseverándome, que tenian el poder de conquistar corazones.

«Para eso, me dijo, ponlas en un frasquito lleno de aceite, para que no mueran; mójalas con tu len-

---

(1) *Tamarindus indica*

»gua antes de aplicárlas á la mujer, que te agrade.
»Y cuidado con comunicar este secreto á otro, por-
»que perderían su virtud.»

Á pesar de este encargo, se lo dije á nuestros
criados, los cuales me aconsejaron arrojarlas, di-
ciéndo que el tinguian trataba de envenenarme.

No hubo tan mala intención: los chiquillos de
mi amistad me las pidieron y aplicaron á una vendedora de golosinas. que.... la emprendió con ellos
á bofetadas.

—El humo de cigarrillo, rociado con aceite de
coco que tiene un solo *ojo*. tambien atrae el amor
de las *babbalasang*. Llaman *ojos de coco* los ilocanos,
los agujeros, que tienen las frutas de dicha palma en
la parte superior.

XIII.

CURANDEROS TEOMANIACOS, ADIVINOS ETC.

Los ilocanos tienen curanderos supersticiosos, denominados *maibangbangon*, *mango-odon* y *amigos de
los sangkabagi;* á los llamados *mannuma (tauak* en
tagalo) que dicen haber nacido en un mismo dia
que una culebra y por esta sola circunstancia son
respetados y temidos por los reptiles y tienen poder para curar por medio de piedras milagrosas las
mordeduras de las culebras y son obedecidos cuando
llaman con un silbido á todos los reptiles del lugar donde ocurrra la desgracia; y además, nosotros
los ilocanos tenemos á los adivinos llamados *mam-
madlés* ó *mannilao.*

Para averiguar quién ha encontrado ó hurtado un

objeto perdido, se hace mascar arroz á aquellos, sobre quienes recaigan sospechas. Y mascado ya, qué lo arrojen. El que haya mascado arroz, que ha salido *amarillo*, será el autor del hurto.

—Hay otras muchas maneras de averiguar quién es el ladron de las cosas perdidas. Se escriben separadamente los nombres de los sospechosos en varios papelitos. Estos se ponen en una olla de agua hirviente; se enciende una vela bendita y se rezan unos *credos*, Al final de estas *ceremonias*, se examinan los papelitos, en los cuales desaparecerán los nombres escritos, excepto el del ladron. (1)

—En Ilocos abundan *taos* que dicen saber adivinar quién es el ladron y el lugar donde se encuentran las cosas perdidas.

Parece probable que no hubo en Ilocos *Mangasalat*, pues allí se dice que las yerbas, piedras ú otros objetos amatorios no se confeccionan ó se hacen, sino que por su naturaleza misma son maravillosos, á diferencia de lo que la historia de Filipinas dice del *Mangasalat*.

XIV.

COSMOGONÍA

Tenemos los indígenas una tradición, que en ninguna crónica hallé escrita y que sin embargo ningun ilocano ignora; según ella, en un principio, ó sea antes de la creación del cielo, de la tierra y del mar (no digo del hombre, pues según dicha tradición, el hom-

_____

(1) Los ilocanos á la llegada de los primeros españoles tenían escritura propia.

bre existió antes que el cielo etc.) habia un gigante
llamado Angngaló—¿seria el citado por los PP. Buzeta y Bravo?—de formidables proporciones. Figúrese el lector que de pié tocaba su cabeza en el cielo
y con un paso venía de Vígan á Manila, es decir,
salvando cosa de setenta y una leguas.

Angngaló cavó el suelo que antes era plano, y
las tierras que extrajo son hoy los montes, siendo
las colinas las tierras que caian de los agujeros que
formaban sus dedos mal unidos.

Hecho un abismo, alivió su vejiga y formó los
océanos y los mares; pero no por eso sus aguas
fueron saladas como la orina. *Angngaló* tenía una
mujer nombrada *Aran*, de la cual tuvo tres hijas.
Estas trataban de venir á Manila, para traer sal
y rogaron á su padre las trasportase. *Angngaló* ac-
cedió á ello; pero estando en medio del mar ca-
yeron con sus cargas al agua y desde entonces el
mar se quedó salado.

Angngaló fué tambien el que colocó la bóveda del
cielo, (1) el sol y las estrellas.

Los ilocanos del campo todo lo materializan, efecto
quizas de su escasa penetración, por manera que
para ellos el cielo no es mas que esa bóveda azul
y cóncava que nos cubre. Se figuran que la tierra
no es esférica, al igual de los antiguos geógrafos;
es una circunferencia plana, sobre cuyos límites se

_____

(1) En algo se parece Angngaló al gigante Bore de los
adoradores de Odin. Los hijos de Bore arrastráron el cadáver de éste cuando murió, al medio del abismo, y de él
hicieron la tierra, de su sangre el agua y el mar, las montañas sus huesos, las piedras sus dientes, su cráneo la bóveda
celeste sostenida por cuatro enanos.

levanta el cielo; y para ellos, es de extensión muchísimo mayor que la real, de modo que para que
uno pudiera llegar á sus límites ó á los piés del
cielo, necesitaria, desde que nace hasta su vejez, correr sin cesar en dirección al horizonte.

Según esta tradición, pues, *Angngaló* y *Aran* fueron los primeros hombres, y quizás los padres de
los demás, como Adan y Eva; pero debemos advertir que en esta tradición no se menciona la creación del hombre, y que los ilocanos cuando quieren decir que aún no había nacido Fulano en tal
tiempo, expresan con esta frase metafórica: *estaba
aún en el otro lado del mar*, que viene á ser el Asia, lo
cual parece indicar que según creencia antigua, los
hombres vienen del extrangero como el trozo de
caña arrojada por las olas á los piés del milano,
de que salieron los primeros hombres, según otra
tradición antigua de Filipinas, que mentan algunos
historiadores. En Ilocos, cuando uno dice en broma
no haber nacido de mujer, le contestan:—Entonces
has salido de un trozo de caña.

En el monte de piedra, Bangbang, que hay en
la bocana del Abra, hay una huella muy grande
al parecer de hombre, y otra, según dicen, en la
cumbre del Bul-lagao, Ilocos, ó en Cagayan, que
se atribuyen á *Angngaló*. (1) Lo cual nos recuerda
la tradicional y fabulosa *Bota del Mandarin*, que hay
cerca de Fóchow, más arriba de los puertos de
Mingan. *Angngaló* dejó estas huellas al subir al cielo.

En Abra hay un gran subterráneo que dicen ser

____

(1) Los tagalos dicen que también hay huellas semejantes
en los montes de Mariveles y S. Mateo.

de Aran, y cuyo agujero llega á Cagayan, según la conseja, cual un tonel.

Angngaló fué el Criador; según la tradición ilocana, pero de órden de un Dios cuyo nombre se ignora, y no hay noticia de que fuera objeto del culto de los ilocanos, lo cual es incomprensible, puesto que según todas las demás religiones de que tengo conocimiento, todo Criador del Universo es Dios, y es acorde la creencia de que sólo la omnipotencia de un Dios es capaz de obrar tantas maravillas como las que encierra la creación.

¿O es que la actual conseja ilocana es aborto de un contubernio de ídeas religiosas, de las puramente ilocanas y de las extrañas, quizás las chinas, introducidas después de la conquista?

Angngaló, por ser gigante (los mandayas de Mindanao hablan también de un gigante llamado *Tagamaling*) se asemeja al *Atlas* ú *Océano* filipino de los PP. Buzeta y Bravo.

Como en la conseja ilocana citada, no se menciona la filiación de Aran y Angngaló, éstos pudieron haber sido los mismos hombres, que salieran de dos cañutos expresados por el P. Colin. (1) Y por último, hemos visto que las consejas relativas á las huellas de *Angngaló* son semejantes á las chinas.

He aquí lo que sobre ésto me escribe el sábio Blumentritt:

«Mi muy querido amigo: acabo de recibir su muy,

(1) Mova pretende que los primeros hombres se llamaban *Silalaque* y *Sibabae*; pero nos parece que esto es invención suya ó de quien le ha proporcionado la especie; dichos nombres son voces tagalas, que significan *el hombre* y *la muger*, que expresan los sexos, pero no son nombres propios.

muy interesante artículo sobre la cosmogonia iló-
cana (1). No solo las Visayas sino tambien otros pueblos de la raza malaya, dicen que los primeros hombres salieron de un trozo de caña ó bambú. Así
los indígenas de las Islas de Mentawei (O. de Su-
matra), los naturales de la parte SE. de Borneo
(Pasir), los de Holontalo y los alfuros de la Mina-
hassa (Célebes septentrional), los indígenas de la
isla Kabroeang ó Abotean (grupo Talaur entre Célebes y Filipinas), cuentan que el primer hombre
fué Hoera Boelauro (Hura Bulao). Este cortó en el
monte un bejuco ú rotang, y en este bejuco halló
á un hombre y una muger, de quienes proceden
dichos insulares. Según la conseja, los reyes de
los alfuros de la isla de Ceram traen su orígen de
árboles «Waringi» (especie de balete) y otros de
un cocotero. Algunas tribus de los indígenas de
Amboyna ó Ambueno descienden de trozos de bambú, otras de caimanes ó anguilas. Hay tribus de
alfuros de Ceram que cuentan los primeros hombres deben su existencia á la cópula del cielo y
de la tierra, y los temblores son las tentativas de
la tierra para restablecer dicho *statu quo* anterior.
La misma leyenda (muchas veces solo en rudimentos) se encuentra en otros paises malayos. Los ja-
vaneses piden ó pidieron al *Bopo-Koso* (Padre Cielo)
y á la *Ibu Pratiswi* (madre tierra).

«Huellas de dioses, demonios y gigantes, como
las de Angñgaló, se encuentran en todo el mundo
y buscamos los etnólogos las leyendas que se re-

(1) Se refiere al que publiqué en 26 de Marzo de 1888 con
el título de *Tradiciones filipinas sobre la creación del mundo*
en el *Comercio* con el pseudónimo de *Deloserre*.

fieron á ellas, así es que mucho agradecemos á usted
su artículo, que traduciré al aleman y se publicará
en una Revista científica de Austria ó de Alema-
nia, probablemente el mes de Junio próximo. En
las cercanías de Leitmeritz hay tambien en una
piedra huellas (pero de manos) del diablo, llamadas *Teufelsplatze* (*Teufel*=diablo, y *Platze*=mano
grande de un gigante ó pata de leon ó tigre).

XV.

CONSEJAS METEOROLÓGICAS

Según mis paisanos, el rayo ó el trueno (casi
son una misma cosa para ellos) es un cerdo que
sale de la tierra en tiempo de tormentas. Una persona respetable y fidedigna (no digo ilustrada), me
aseguró bajo palabra de honor que en una tormenta
vió salir cerca del tronco de cierto árbol un cerdo
blanco, que convirtiéndose en fuego ¡horror! tronó
y desapareció.

En Ilocos Norte se dice que el rayo al principio
es cerdo ó gallo blanco, y asegura un *tao* haber visto
con sus propios ojos (?) un gallo blanco antes de
haber descargado una chispa eléctrica sobre el tribunal del pueblo de Sarrat; el cual gallo, corriendo
velozmente, se convirtió en rayo, que luego redujo
á cenizas el referido tribunal.

Y ¿cómo se esplica esto? ¿Una descarga eléctrica
habrá quizás abrasado, reducido á cenizas y hecho
desaparecer de un modo horroroso el gallo? Muchos
meteorólogos aseveran que el rayo puede reducir
á pavesas á su víctima; pero los ilocanos cuentan

que el rayo *absorve solo los sesos* de sus víctimas
animales, fundándose ellos en que los muertos por
una descarga eléctrica no presentan otra lesión
que algunos agujeros en la cabeza, y no tienen sesos.

Los ilocanos temen más al trueno que al rayo, y
narran que es peligroso comer al tiempo de esta-
llar una tormenta, porque puede que el trueno ham-
briento venga á arrebatarles la comida. Asimismo
es peligroso para ellos montar en cualquier animal
cornígero; usar alhajas de valor como oro, plata y
brillantes (por esta creencia se suele encontrar
en los campos muchas veces alhajas de valor,
que sus dueños arrojan mientras dura la tormenta),
estar debajo de los árboles y tener en la mano es-
pejos, vidrios, cristales y metales relucientes.

Según los ilocanos, el rayo respeta el agua y teme
las hojas de la caña de azúcar, y así, un hombre
que esté debajo del agua ó metido en la espesura
de un caña-dulzal, queda libre del rayo. Y dicen
que las hojas de la caña de azúcar *hieren al rayo.*

Los de Ilocos Norte suelen vendar su cabeza,
cuando descarga una tormenta, con palmas de coco,
benditas el Domingo de Ramos, para evitar el
peligro.

Es creencia entre los ilocanos que el fuego producido por el rayo y por la centella, no se puede
apagar con agua, sino con vinagre. Por esto, cuando
se quemó la Casa-Gobierno de Abra, todas las casas de Bangued sufrieron carencia absoluta de vinagre.

Digamos entre paréntesis que los ilocanos extraen
el vinagre de la caña-dulce á diferencia de los peninsulares, que lo sacan de las uvas. El vinagre

ilocano es de la clase superior que se conoce en Filipinas, y es mas fuerte que el que viene de Europa y América.

Algunas viejas ilocanas aseguran que el trueno no es mas que el ruido producido por el coche de Dios, cuando sale.

Los ilocanos atribuyen al relámpago la aparición del hongo.

Decir que fulano es «rayo» ó «víctima del rayo», es un insulto para los ilocanos y tagalos.

Las personas que por casualidad no mueran, al descargar cerca de ellos una chispa eléctrica y pierden por algunos momentos el conocimiento, dícese que solo han recibido el *hedor* del rayo.

—Es malo señalar con el dedo el arco-iris, pues el dedo se acortará.

—Si en el día de S. Lorenzo sopla un viento fuerte, creen los ilocanos que el mártir de la parrilla está despierto, y en otro caso aseveran que está dormido.

—El fuego de San Telmo extravía á los caminantes. Aparece como si estuviese cerca y si nos aprocsimamos á él, creyendo que es luz de una casa, se aleja insensiblemente. Si en una noche nos extraviamos, debemos desnudarnos la camisa y luego volver á vestirla pero puesta al revéz.

Con esto se evita el extravío, que según los ilocanos, es obra del diablo.

XVI.

PREOCUPACIONES ZOOGRÁFICAS.

El perro que mame leche humana será feroz.

—Cuando una perra pare por primera vez, cogen los cachorros y les dan de comer, y durante la comida tocan un tambor, á fin de que sepan ladrar, y les hacen tragar un escorpión, para que sean valientes. Esto se hace en Ilocos Norte.

—En Ilocos Sur, los cachorros de perra primeriza los tiran al rio, porque dicen que son *buisit* (término chino que quiere decir *fallo de suerte buena*) y acarrean á los dueños desventuras.

Los ilocanos no fuman, cuando van á pedir un perro, á fin de que no sepa cazar gallos, y al regresar á su casa después de haber conseguido algún can, dan un pellizco á cualquiera de los que encuentren en ella, sin advertencia alguna, á fin de que el perro muerda calladito.

—Tambien se prohibe fumar, cuando van á comprar vacas, á fin de que éstas no muerdan sus amarraduras.

Asimismo prohiben mascar buyo y fumar, cuando van á comprar cerdo, porque éste no mate los gallos de la casa. Y cuando llegan á la suya despues de la compra, comen y beben mucho con objeto de que el animal adquirido coma y engorde.

—Lo mismo hacen cuando van á comprar ó pedir algun gato, y luego suben á los árboles las viejas, para que el gato sepa subir y buscar ratones.

—Cuando el cerdo se sienta frente á la escalera. está maldiciendo á su dueño, y para evitar contratiempos, persiguen al animal.

—Es bueno ir á cazar el día del Viernes Santo, porque los venados son en ese día muy mansos y fáciles de coger.

—Cuando canta la lagartija ó *alutiit*, como llaman en nuestra tierra, llegan visitas.

—Los ratones, cucarachas y otras alimañas, que los ilocanos encuentran en las urnas de imágenes sagradas, se cree que son *juguetes de Dios*. Por ésto, los simples temen matarlos.

—Los ilocanos cuidanse mucho de que ninguna rana vaya á echar huevos en las tinajas de agua de beber, porque dicen que se vuelve venenosa.

—Los indígenas dicen que los *gallos* (no gallinas) ponen algunas veces un huevo pequeño que contiene escorpion. Esta creencia está muy generalizada aún en Europa.

—Cuando la gallina ya acabó de empollar, la sacan con las crias de la pollinera y pellizcan á los presentes, á fin de que la gallina sea brava y pueda defender á sus crias de las aves de rapiña.

—Cuando en el crepúsculo vespertino los gallos se recogen en los árboles y uno de ellos canta y nadie le contesta, dicen que este gallo maldice á su dueño y suelen en Ilocos Norte matarle enseguida. á fin de que la maldición no llegue á cumplirse.

—En la citada provincia es creencia que el gallo que tararea bajito, maldice á sus dueños, así que. cuando sucede esto, le persiguen con un palo ó sin él á fin de que no prosiga.

Cuando el buho (*kul-laao* en ilocano), canta alrededor de la casa, indica que los que viven en ella están cercanos á enfermar.

—Cuando algún pájaro entra por el dia en una casa, temen cogerle, creyendo que los que lo hicieran, enfermerían: lo único que hacen los que viven en la casa, es cuidar de ver en qué habitaciones entra, pues creen que el que habita en aquella, en donde penetre, morirá. Esta señal, dicen, es infalible, especialmente si son pajaritos.

—Cuando un pájaro pasa, casi tocándola, por encima de nuestra cabeza y vá á posarse á un árbol muerto, anuncia la próxima defunción de algún deudo.

—La mariposa que revolotea á nuestro alrededor ó entra en la casa, es señal de que en otro lugar habrá muerto un pariente.

—La luciérnaga es la luz ó el candil del espíritu maligno.

XVII.

OTRAS SUPERSTICIONES.

El que quiera ver algun demonio debe rezar el *Credo* al dar las ocho de la noche y al pronunciar la resurreccion de la carne, incline su cabeza hasta casi tocar la tierra y verá entre sus piés la mar de espíritus malignos.

—Se prohibe barrer en el crepúsculo vespertino, para evitar se toque á algún ser invisible ó que éste se manche, en cuyo caso el ofendido se venga causándonos enfermedades.

—El que tiene remolino en la frente, sufrirá vientos contrarios, cuando navegue.

—El que sueña algún suceso, espera otro real contrario al que vió en sueños, como por ejemplo. Si se sueña que un enfermo ha muerto, éste no morirá.

—Es malo silbar por la noche, porque acuden fantasmas.

—El que zurza alguna ropa, de que está vestido, y no se la quite antes de hacerlo, ya nunca podrá desnudársela. Como observareis, se diferencia esta superstición ilocana de la análoga malabonesa.

—El que se muerde la lengua, sepa que de él se está hablando en otra parte.

—Cuando los de Ilocos Norte arrojan ceniza, exclaman: ¡Jesús, María y Josef! apartaos amigos, que voy á arrojar ceniza, porque temen tocar á algún espíritu maligno ó sea el consabido sangsangkabagi.

—El hijo que pone las manos en sus padres, será desgraciado y maldito.

—Cuando un ilocano está gravemente enfermo, es asistido por varios amigos ó deudos durante toda la noche, turnando; y si uno de los que están de turno, se queda dormido ó tiene muchas ganas de dormir, el paciente morirá.

—Los ilocanos para hacer el basi, vino que extraen de la caña-dulce, encierran el líquido después de preparado en una tinaja para su fermentación, y cuando después de un año abren la tinaja, prohiben ver en el acto el contenido, pués cuentan que de lo contrario se vuelve vinagre el basi. También prohiben ver, cuando abren por primera vez la tinaja, el bagon en conserva, porque, dicen. se corromperá.

—Es de mal agüero la caida de un hombre desde

una casa en construcción y los ilocanos suelen deshacer lo empezado, si ocurre este suceso.

—Cuando los solteros sueñan con una soltera, dán una vuelta á la almohada, á fin de que la soltera sueñe también con ellos.

—Será sordo, cuando llegue á grande, el niño que tenga por juguete algún *pudunan* (este vocablo ilocano no tiene equivalente en castellano, es un cañuto sin nudos, en el cual enrollan hilo de algodon ó seda.)

—Es malo morder, ni por cariño, el cuello de los niños, pues cuando queden grandecitos, si les cojemos en brazos, inconscientemente los soltaremos por su travesura.

—Al niño que coma sesos, le saldrán temprano canas.

—La niña ó el niño que tiene algunas rayas, entre las ordinarias de los dedos, tendrá hijos ilegítimos, cuando crezca.

—En las épocas aciagas del cólera, los ilocanos niéganse á contestar al que llame á la puerta de sus casas, y creen que el que llama es el Sr......... *cólera.*

—Los ilocanos narran que es pesado dormir á la puesta del sol, especialmente para los enfermos, y que con ello se agrava la enfermedad. Por ésto prohiben acostarse á los dolientes.

—El que duerma en la cocina, se casará con una anciana.

—Las viejas del Norte prohiben apoyar la cara en las manos y llevar éstas en la cabeza, porque tales actitudes parecen indicar que uno reniega de su vida.

—Los ilocanos dicen que tantos sean los sonidos

del canto del chacon, cuantas son los años de vida que hasta entonces lleva.

Gracias al difunto D. Pastor Velazquez, Presbítero indígena, que con celo perseguia á los superticio-sos; desaparecieron en Vigan muchas preocupaciones, que en otros pueblos ilocanos aún se conservan.

—En el pueblo de San Vicente, Ilocos Sur. abundan escultores que tallan imágenes de Santos, que por su fealdad solo se asemejan á esos cuadros religiosos procedentes de China.

Y vá una anécdota interesante:

En una sementera del pueblo de Bantay, denominada *Anannam*, había un escultor, llamado Severino Marzan. Este labró un Crucifijo con un *bolo* ó machete. Los amigos de Severino decían que el referido Crucifijo era milagroso, á juzgar porque cada vez que iban á visitarle, cambiaba de rostro.

¿A que obedecían aquellas admirables mudanzas? Personas de mi completa confianza lo atestiguaban!.....

Pues nada, en las horas, en que el famoso Severino se encontraba en su casa, observaba que el Crucifijo era imperfecto, y casi todos los días arreglaba con su bolo las imperfecciones, que, según notaba él, se multiplicaban cada vez más.

Si: en Ilocos abundan escultores de esta ralea y por ende imágenes estrambóticas. Y cuando vivia el citado padre Pastor, mandaba quemarlas. Esta acción le valió por parte de la gente baja de Ilocos afirmaciones supersticiosas. Desgraciadamente el padre Pastor padeció de la enfermedad que tantó atormentó ai pacientísimo Job y hé aquí que los escultores la atribuyeron á dicha acción para ellos cruel é indigna.

—Ninguno pase por encima de los chiquillos, á fin de que éstos no sean desgraciados.

—No midas al chiquillo, si deseas que se desarrolle.

—Ni le des coscorron, á fin de que no se vuelva tonto.

—Para que las criaturas tengan narices aguileñas, tócalas el paladar.

—Será bravo el chiquitín cuando llegue á ser grande, si tiene en la coronilla dos remolinos. Si tiene uno sólo y muy en medio, será cura.

—Cuando abundan *mangas* (frutas), el sembrado de palay es pobre y escaso.

—Es malo no recoger el petate, al levantarse de la cama, porque el dueño vivirá achacoso.

—El que duerme teniendo por cabecera el Sur ó Este, se levantará enfermo.

—El que afila bolos por la noche y no se pone *salakot* (especie de sombrero), sufrirá quebradura ó hérnia.

—El que silba por la noche será raquítico. Esto es en Ilocos Norte; en Vigan se cree, como hemos visto, que llama á su alrededor espíritus malignos.

—Es malo manifestar nuestra sorpresa, cuando en una fuente vemos *formarse* algún pez ó cosa parecida, porque nuestra boca en castigo sufrirá una deformidad.

—También es malo tirar piedras ú otro objeto ó señalar con el dedo á los árboles en lugares retirados, porque á veces los espíritus malos nos castigan teniendo el brazo extendido que señale ó arroje, sin poderse doblar.

—Asimismo es funesto bañarse en los ríos antes de

despuntar el sol ó cuando aún no ha amanecido, porque en esas horas todavía están bañándose los *sangkabagi*, y si vamos á turbarles, antes de regresar á nuestras casas, sentiríamos dolores en el cuerpo, se nos lo
hinchará, tendremos horrorosas erupciones cutáneas
é indefectiblemente hemos de morir.

—Cuando los ilocanos solo ya de noche se acuerdan
de la ropa que hayan expuesto al sol, no las recogen
y esperan que el del siguiente día la caliente otra
vez, porque los *sangkabagi* se la han vestido y prohiben que se use antes de que los rayos solares la puri-
fiquen, ó se lave. El vestir ropa no purificada produce enfermedades mortales, entre otras la de malos
embarazos, si se trata de mugeres. Esto es en Ilocos
Norte, y en Ilocos Súr, se funda la prohibición en
que no se deben usar trajes que hayan recibido el
rocío de la noche.

—De los *malos embarazos* ó sea la enfermedad que
consiste en la hinchazon del vientre, nacerá Anticristo.

—Cuando soñamos que nos cae algún diente, ó
sentimos picor en el recto, es señal de que morirá
pronto algún pariente.

—Es nuncio de buena suerte en la lotería y otros
juegos el soñar que muchos pescados entran en
nuestras redes.

—Si soñamos encontrar mucho dinero, padeceremos
de herpes, y para evitarlo, debemos untar con aceite
nuestro cuerpo.

—Cuando soñamos comer *baduya* ú otra golosina,
pronto sentiremos dolor de vientre, y para alejar el
mal futuro, al despertarnos, hemos de mojar con
saliva nuestro dedo pulgar, y hacer cruces con él
sobre la garganta y el vientre.

—Además de las viejas mitológicas, de que hablamos anteriormente, hay otra pequeña que despierta á algún favorecido suyo, diciéndole:—Búscame un gallo blanco con patas amarillas, cerdo blanco con patas negras y perro blanco, los cuales deben ser unigénitos, y si los encuentras, vete á cavar para recoger una tinaja llena de monedas de plata de á peso en tal lugar, alrededor de cierto árbol, y si la hallares, no tengas miedo, aunque haya un ser sobrenatural en forma de europeo que la custodie; pero una vez ya adquirida, no te alegres tanto.—Y en efecto, si se cumplen todos los encargos de la vieja, se consigue dicha tinaja.

—En Vigan he oido en un árbol sonidos, acaso el canto de la cantárida; pero me aseguraron los palurdos que eran sonidos de la guitarra del *kaibaan*.

—Si conseguimos encerrar con un sombrero ó cosa así el remolino de viento, cuando esté ya en calma, se halla en medio un *babató*, que nos da agilidad extraordinaria, sin que nadie nos pueda alcanzar cuando corremos.

XVIII

CRÍMENES FOLK-LORÍSTICOS.—ANTING-ANTING

Así se llama en Filipinas el amuleto, que ora nos libra de peligros, ora nos dá poderes maravillosos. Es propio de los bandidos, los cuales se sirven de él de buena fé ó acaso para rodearse de prestígio ante la gente menuda, quien por el *anting-anting* les teme casi tanto como á seres sobrenaturales. Hay muchas clases de amuletos: unos consisten en pieles

de fetos. humanos, con que los bandidos se cubren el pecho, creyéndose así invulnerables; otros son libritos impresos ó manuscritos como p. ej. la *Oración del Testamento que. fué hallado en el Santo Sepulcro de N. S. J.*, de la que un malhechor me proporcionó una copia manuscrita,

Mas adelante hablaremos de otras clases de *anting-anting*; y aquí nos limitaremos á copiar algunos párrafos de una correspondencia de Vigan (Ilocos Sur), fechada en 19 de Julio de 1885 y publicada en *La Oceania Española*, y cumplimos con ello nuestro deber de folk-lorista, de mentar las relaciones de ciertas causas criminales con el Folk-Lore.

Dice la carta:

«Hace algún tiempo que una cuadrilla de gente *non sancta* viene merodeando por estos alrededores, y en algunos pueblos, ya asaltando algunas casas que se hallan en despoblado, ó á algunos pobres viandantes ó carretoneros que se arriesgan á seguir su camino de noche; pero de pocos dias á esta parte se han propuesto llamar la atención con algunas fechorías más notables, cuando una muerte en Magsingal y otra en Sta. María.

Dos veces salió la Guardia civil á perseguirles en los sitios donde se decía que han sentado sus reales; pero no ha logrado verles el bulto.

Esta partida está capitaneada por un tal Estéban Sales, de quien se cuentan por estos naturales tantas hazañas bandoléricas, gracias á su *anting-anting*. Pero el mártes á media noche unos cuantos hombres que se cree pertenecían á esta partida, se apostaron cerca de un puente en el pueblo de Santa María, é intentaron apoderarse de una cantidad bas-

tante considerable que el pueblo de Sta. Lucia re-
mitía á esta cabecera, y eran más de dos mil pesos
recaudados por el primer tercio de cédula personal
ó impuesto provincial; pero gracias á una precaución
del conductor que pidió en Candon tres guardias
para escoltar el carreton en que iba el caudal, no
lograron su objeto, antes bien cayó en manos de
los guardias el que hacía de jefe Fabian Ramos,
escapado de la cárcel, y los demás se dieron á
precipitada fuga.

Uno de los guardias fué herido en una mano al
querer arrebatar un puñal que el malhechor llevaba,
y éste á su vez quedó herido en una oreja. Dicen
que llevaba puesta una cota hecha con pequeñas
piezas cuadrilongas de carey y asta de carabao, uni-
das por medio de anillitas de alambre, y efectivamente, era un recurso defensivo que podía librarle
de unos cuantos machetazos. Se encontraron también en él dos objetos, que según persona que los
vió, parecian un garbanzo y una abichuela, y eran
anting-anting, con los cuales se creía invulnerable.
De todos modos, es una aprehensión importante.

Parece ser que esas preocupaciones son muchas
veces la causa de que esos desgraciados se entre-
guen á una vida de peligros, pues creyendo poseer
esos dones maravillosos, se engrien y buscan ocasiones de probar con esas aventuras que son hombres valerosos.»

XIX

FOLK-LORE DEL MAR

Como ya está admitido que todo lo supersticioso debe pertenecer á la Mitología ó á religiones, ya extinguidas ó no, vamos á incluir en este capitulo, todas las supersticiones de que tengamos conocimiento, dejando solamente para los siguientes las que se relacionen con ciertas costumbres y la medicina, que se consignarán en sus respectivos lugares.

Este articulo sirve para contestar el cuestionario de Mr. Paul Sébillot, el autor de *Les contes des marins*, manifestándole lo que sabemos en Filipinas sobre el *Folk-Lore del mar*, siguiendo el órden de su citado interrogatorio.

La parte del mar cercana á la playa se llama *baybay* en ilocano, y *dagat* en tagalo; y la lejana, *taao* en el primero, y *kalautan nang dagat* en el segundo.

ADIVINANZAS SOBRE EL MAR: No recuerdo ninguna de Ilocos; pero los tagalos conservan las siguientes:

1) *Bibingka nang hari*
   Hindi mahati-hati.

Traducción: *Bibingka* (golosina del país que remeda la forma de una torta, la que, según el vulgo filipino, la tiene tambien el mar) de rey, (que) no se puede dividir.

2) *Baboy sa Marigondon*
   Hangang dito gumugulong.

Versión: Cerdo de Marigondon, (que) hasta aquí llega rodando:—La ola.

Probervio:

Kung ang dagat ay mababao
Ay maugong.

Traducción: Si la mar es de poca profundidad, es ruidosa, lo cual significa que mientras uno más charla, sabe menos.

LA MAREA: El flujo y reflujo se llaman *atab* y *tayui* en ilocano. En Ilocos atribuyen al *crecimiento* y *decrecimiento* de la luna este fenómeno. El reflujo influye favorablemente en los dolientes, y vice-versa el flujo.

Es malo arrojar excremento en el mar, mostrar el trasero á él, y gritar, porque nos traga, si lo hacemos.

La mar es sagrada, y todo el que muera ahogado en ella, irá al cielo.

La causa de las olas es el viento.

El agua del mar cura la sarna y la tuberculosis.

Ya hemos indicado en la pág. 52 la causa de la salazon del mar.

Cuando una culebra llegue á tener proporciones extraordinarias, se dirije al mar acompañada de muchas más pequeñas, que van á despedirla, y ya en la playa, se vuelve la primera á las demás, las saluda con una inclinación de cabeza y luego se lanza al mar yendo á parar á la isla imaginaria de las culebras, á donde vá a morir. Dicen los ilocanos que una nave tocó en esta isla y la tripulación encontró muchos culebrones momificados ó convertidos en piedra ó madera.

Ya hemos visto que en Zambales hay un peñasco tradicional que tiene la forma de un horno.

Diz que un pueblo de Ilocos Norte por su excesivo orgullo fué tragado por las olas y convertido en el lago que hoy se conoce con el nombre de *Nalbuan* (tragado por el mar). Los habitantes eran tan vanidosos que cuando uno estrenaba algún vestido, todos los demás le imitaban. En castigo de Dios, sus habitantes se convirtieron en peces, por lo cual, según la conseja, los que se hallan en dicho lago se ven con aretes. La maldición divina es causa de que sea completamente inútil, y se han frustrado todos los exfuerzos de los Gobernadores de aquella provincia para convertirlo en puerto, uniéndolo con la mar por medio de un canal.

Una campana de la iglesia de San Francisco de Manila fué hallada flotando en la bahía de esta ciudad, y todas las órdenes religiosas hicieron grandes exfuerzos para sacarla á tierra; pero no lo consiguieron por su gran peso á pesar de su pequeñez y sólo cuando fueron los PP. Menores se dejó llevar con admirable facilidad. Según la conseja, esta campana suena, sin tocarla.

En el mar, no muy lejos del Corregidor, según el vulgo, se suelen ver dentro del agua algunos edificios encantados ó de hadas, que detienen los buques, si no se les arroja algún tributo de morisqueta ó arroz cocido.

El arco-iris, si aparece en Oriente, es señal de que no prosigue la lluvia que haya empezado á caer ó amaga; si en Occidente, anuncia temporal; y si alrededor de la luna, predice vientos secos.

El viento, según los ilocanos, nace de ciertos cañaverales solitarios del Abra.

La rosa de vientos de los ilocanos se reduce á los puntos cardinales, ó sean: *Amian* (viento del Norte), *Puyupuy* ó *Laud* (Oeste), *Abagat* (Sur), y *Dugudug* ó *Daya* ó sea el que se cree proceder de la Bocana del Abra, llevando fiebres en sus alas.

Es más completa la siguiente de los tagalos, que he formado en Manila, y supongo haber dejado de recoger algunos datos.

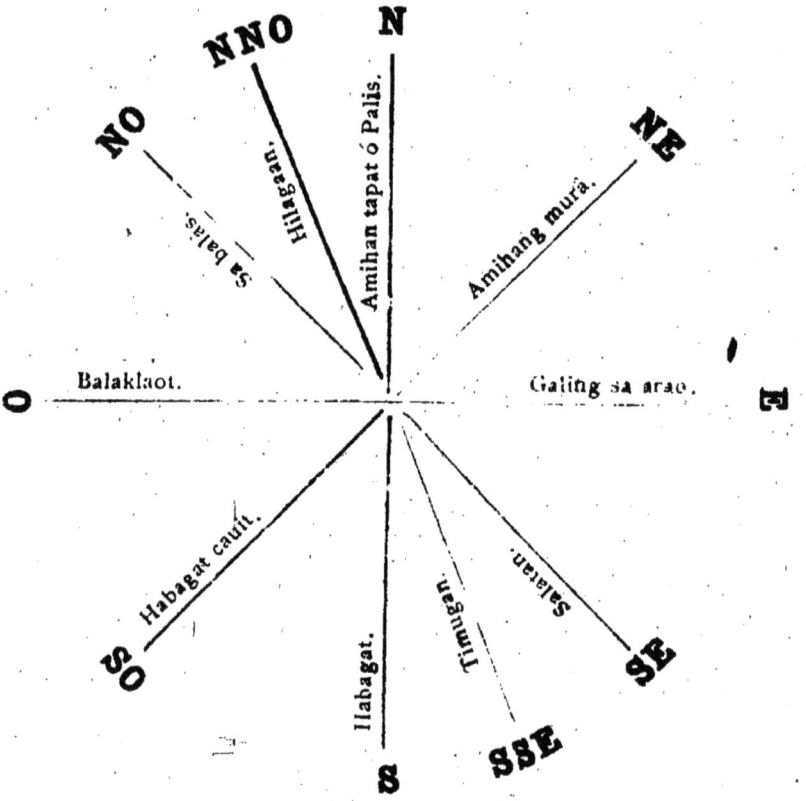

Cuando los peces *tumbá-lumbá* (tag. é iloc.) siguen la dirección del buque, es presagio de viaje próspero; pero si saltan en dirección opuesta, anuncian vientos contrarios.

En Vigan he visto representar una comedia, en la que estaban personificados los cuatro elementos.

A veces, de noche se oyen en la tierra los repiques de campana del cielo, y el que tiene la dicha de escucharlos, tendrá larga vida.

Los ilocanos dicen que el sol zambulle en el mar, porque viviendo ellos en costas, parecen verlo así.

XX.

SUPERSTICIONES ILOCANAS QUE SE ENCUENTRAN EN EUROPA

Aprovechando los materiales folk-lóricos recogidos en Andalucía por D. Alejandro Guichot (1) y D. Luis Montoto (2), en Madrid por D. Eugenio de Olavarría y Huarte (3), en Cataluña por D. José Perez Ballesteros (4), en Asturias por D Luis Giner Arivau (5), en Portugal por Consiglieri Pedroso en su *Tradições populares portuguezas*, y otros autores, he formado la siguiente lista de supersticiones, que supongo hayan introducido los españoles en los pasados siglos, lo que no sería extraño, puesto que en los primeros dias de la dominación española, estaban en boga en la Península las creencias más absurdas.

En la *Biblioteca de las tradiciones españolas*, hay un curioso trabajo folk-lórico del autor de la *Historia de D. Pedro I de Castilla*, D. José María Montoto, que es una versión del libro V. del «Hormiguero» del P. Nyder con interesantes adiciones del traductor,

(1) *El Folk-Lore Andaluz.*
(2) *Costumbres populares andaluzas.*
(3) *El Folk-Lore de Madrid.*
(4) *Folk-Lore Gallego.*
(5) *Folk-Lore de Asturias.*

en el cual se habla extensamente de los maleficios y demonios, según los *sabios* de pasadas centurias.

Ahora bien, casi todas las creencias ó noticias que contiene dicha obra fueron introducidas en Filipinas, y para probar este aserto, vendría aquí como de perlas mi largo juguete literario intitulado *El Diablo en Filipinas, según rezan nuestras crónicas;* pero para evitar repeticiones, remito á los lectores á mi humilde libro ARTICULOS VARIOS *sobre etnografía, historia y costumbres de Filipinas,* que interesará á los folkloristas, aunque me esté mal el decirlo.

—Los gallos en llegando á viejo, ó estando siete años en alguna casa pone un huevo del que nace cierto lagarto verde que mata al dueño de la casa; ó una serpiente que si mira primero al dueño, éste morirá; pero si se adelanta en mirarla, ella es la que fina, según los portugueses (1) y franceses (2). Del huevo nace el basilisco, según los italianos (3) é ingleses (4), y también en el centro de Europa (5). El P. Feijóo dice que «es verdad que el gallo, en su última vejez, pone un huevo.» Los gallegos é ilocanos estan acordes en que es un escorpión el contenido del huevo.

—En Castilla como en Ilocos, se tiran los dientes caidos al tejado, para que nazcan otros.

—Según las andaluzas, las cualidades personales

(1) *Tradiçoes populares portuguezas,* de Consiglieri Pedroso
(2) *Faune populaire de la France,* de Rolland.
(3) *Credenze ed usi popolari siciliani,* de Castelli.
(4) *Notes on the Folk-Lore of the North-East Seoland,* de V Gregor.
(5) *Grand dictionnaire encyclopédique du XIX siécle* por P. Larouse.

del sacerdote que bautiza, han de influir en la suerte del bautizado. Algo de esto creen las ilocanas; pero atribuyen especialmente á la madrina ó padrino esa influencia.

—Los ilocanos creen en la superstición madrileña de que si el niño enferma, cuando esté próximo á morirse. debe recibir la bendición de su madrina, pues si no, sufrirá mucho; y que todo niño que fallece, guarda una silla en el cielo á su madrina.

—Si al recibir el agua del bautismo, la criatura llora, será impresionable, y si no, será de temple sufrido, segun los andaluces; y al decir de los ilocanos llegará á grande ó morirá, segun haya llorado ó no.

—Las nubes bajan al mar para recojer agua.

—En mi citado trabajo *El Diablo en Filipinas,* se menciona un caso de un temporal producido por el demonio. lo cual recuerda los *nubeiros* de Asturias.

—Los castellanos y tagalos dicen que los gatos son muy duros para morir, porque tienen *siete* vidas. Segun los ilocanos son nueve las vidas del gato.

—Los andaluces untan con aceite los piés del gato, que desean trasladar de una casa á otra, para que de ésta no se escape. Los ilocanos lo meten en un saco para conseguir el mismo objeto.

—Es señal de viento correr mucho los gatos, dicen los gallegos, y los filipinos sustituyen por dichos animales las cucarachas.

—Cuando el gato se lava la cara, anuncia lluvia, segun los gallegos, y al decir de los ilocanos, llueve, si bañamos á dicho animal.

—Los portugueses creen que «cuando un gallo canta cuatro veces antes de media noche es presagio de muerte». Los de Vigan dicen que cuando el gallo se asusta por la noche y grita es señal de que algún pariente ó amigo ha muerto.

—Los ilocanos cuando bostezan, hacen una cruz sobre los labios, no para que no entre el demonio, según creencia española, sino para no ser atacado de cólera. Cuentan que en las épocas de epidemia, muchos mueren al bostezar.

—El refrán castellano dice: «A quien madruga, el día (ó Dios) le ayuda.» Los ilocanos afirman que es bueno madrugar, porque el, Papa bendice al mundo por la madrugada.

—Lo que nos pasa el día de Año nuevo, se repite en todo el año. Así creen los castellanos ó ilocanos.

—El *niñon crú* (lignum crucis) se encuentra entre las ricas ilocanas y llaman «Cruz verdadera de Jerusalem ó pedazo de la cruz, donde murió crucificado el Redentor.» Las ilocanas como las andaluzas, creen que la cruz crece echando espigas.

—Los peninsulares dicen: «Tirar el pan al suelo, ó quemarlo, es pecado.» Los ilocanos creen que si desperdician la morisqueta, sufrirán hambre.

—Es malo fingirse muerto, porque Dios suele hacer que el que lo imite fallezca verdaderamente.

—No conviene cruzar miradas con el que tenga mal de ojo porque nos contagiamos.

—Dormir con la cabecera de la cama al Este es malo para los ilocanos. Para los peninsulares (españoles y portugueses) es bueno. El Sur es mala cabecera, para ambos: peninsulares ó ilocanos.

—Para que las visitas no se prolonguen mucho, los ilocanos ponen sal en sus sillas (las de las visitas). Los españoles colocan una escoba puesta verticalmente, detrás de la puerta: los portugueses un zapato ó banco en el mismo sitio, ó echan sal á la lumbre.

—Es creencia vulgar en la Península que algunas personas, nacidas con *privilegios especiales*, tienen en la niña del ojo singulares figuras. Los ilocanos creen que los asesinos tienen una niña del ojo puesta al revés; esto es, cabeza abajo y piés arriba.

—«Estirándose mucho, cuando se duerme, crece el cuerpo» dicen los castellanos. Los ilocanos creen crecer siempre que se estiren.

—«Por cada cana que se arranque de la cabeza salen siete,» así aseguran los castellanos. Los ilocanos también aseguran que si se arrancan las canas, se multiplican.

El que se baña con agua de Mayo, se le curarán los *sarpullidos* (1), dicen los ilocanos. Los andaluces creen que el agua de Mayo hace crecer el ca-

---

(1) Los europeos padecen habitualmente una erupción conocida con el nombre de *sarpullido*, que consiste en una multitud de papulillas rojas, efecto de la inflamación de los mamelones cutáneos y que produce una sensación semejante á la picadura de muchos alfileres. Los niños y las personas robustas, que sudan con más abundancia, la adquieren en todas las épocas de fuertes calores, que corresponden á los meses de marzo, abril y mayo. El sarpullido, á pesar de su molestia, es un síntoma favorable, pues se observa muchas veces como fenómeno crítico en las enfermedades, y las personas que más lo padecen, suelen ser las que gozan de mejor salud. La sarna del país y herpes son para el europeo enfermedades crónicas, cuya habitual adquisición puede atraer le consecuencias de más ó menos bulto.—A. Codorniu y Nieto, en su libro *Topografía médica*. Madrid 1857.

bello, por eso los muchachos de aquellas provincias cuando atraviesan la calle, van descubiertos para
que la lluvia les moje el cabello, cantando á la
vez estos versos.

Agua de Mayo
Crece el pelo:
¿Quién te lo ha dicho,
Mis dos luceros?

—En viernes te cortarás las uñas para que no
tengas dolor de muelas. Así se dice en España; pero
los ilocanos y tagalos cuentan que es malo cortarlas
en ese dia, porque «está el diablo cortándoselas tambien,» añaden los portugueses.

—«De los esposos, muere primero aquel que tenga
la oreja mas pequeña.»

Así creen los españoles. Los ilocanos aseveran que
los que tienen oreja pequeña, tienen vida corta, y
vice-versa.

—En España está bastante generalizado contar cosas
ridículas sobre los antojos. En Ilocos es creencia que
el niño debe tomar el color ó forma del objeto con
que se antojen las preñadas.

—Los españoles y portugueses observan para averiguar el sexo del feto con qué pié acostumbra la
preñada á subir primero una escalera; si el derecho
será niña, y si el izquierdo, niño. Los ilocanos observan, cuando la preñada se levanta de la cama,
que pié levanta primero al andar; según sea el derecho ó izquierdo, será varón ó mujer el que nazca.

—«El niño que nace de pié (en ilocano se llama
sani) es dichoso;»—dicen los castellanos. Los de Ilocos
creen que tiene el tal niño la virtud de hacer pasar
la espina que se clava en la garganta del que come

pescado, con solo sobar lijeramente aquella parte, ó con invocar el paciente el nombre del *suni*.

—Cuando los niños recien naĉidos miran al techo y se rien es que ven angelitos, afirman los andaluces. Los ilocanos creen que en ésto, los niños se sonrien, porque se les aparece su ángel de la guarda.

—Para quitar el hipo á una persona, conviene que beba siete buches de agua, según los portugueses. Tambien los ilocanos beben agua.

—Es señal de muerte el que el enfermo manifieste deseos de vestirse y empieze á arreglar su cama. Los ilocanos tienen otra señal muy parecida, que es cuando el paciente se límpia las uñas.

—Los ilocanos y españoles rezan un padre nuestro, en sufragio del alma del que en sueños se les aparece, para que no vuelva á hacerlo.

Los aparecidos—según el vulgo de Ilocos y Asturias—sólo se aparecen á los que sean capaces de resistir las emociones que su presencia ha de causar: á veces solo se anuncian por la voz, como ocurre por conducto de los *maluganan*, de que hablamos en la pág. 46; y en otros casos—aunque son los menos—revisten formas de animales, como el alma de un tal *Insó* (Lorenzo) *Manangkong*, que murió en Vigan, y que después volvió en forma de perro tísico al mundo para sufrir una pena impuesta por el Eterno. Los asturianos cuentan que el alma en pena se despide dando una bofetada á la persona que cumple lo que el *difunto* la mandó; y los ilocanos atribuyen á pellizcos de almas el cardenal con que algunas personas suelen amanecer sin haber recibido golpe, ó lo han recibido sin sentirlo.

—La bruja, tal como la pinta el citado Arivau, es ni más ni menos que la *mangkukulam* de los tagalos, tambien muger que tiene pacto con el demonio, y si apaleamos á los que ataque invisiblemente, ella es la que sufre los golpes, como ocurriera al zapito de la conseja asturiana.

Pero en Ilocos llaman bruja á un ser fabuloso, muy parecido al *asuang* de los demás filipinos, el cual, como la bruja de los españoles, tiene horror á la sal, y vaga por la noche desde las doce ó antes.

—En Inglaterra, España y este archipiélago, los ahullidos de perro anuncian muertes ú otras desgracias.

—Don José Perez Ballesteros en el *Folk-Lore gallego* escribe:—«En Filipinas comer en un plato en el que haya comido un perro chino, quita el ahogo ó fatiga.» No he oido confirmada esta noticia.

—En Ilocos, como en la Península, está muy generalizada la creencia de que S. Antonio de Padua hace aparecer los objetos perdidos, por lo que los ilocanos encienden á él velas, cuando desean encontrar alguna cosa.

—Los Katatao-an se aparecen á veces en forma de sudarios extendidos en los campos, lo cual recuerda á las Xanas ó lavanderas nocturnas.

—Cuando son muy agudos los cuernos de la luna nueva, predicen desgracias.

—Se lava la cara el sol, cuando llueve brillando éste.

XXI

LOS DUENDES

El duende es uno de los séres mitológicos introducidos en Filipinas por los españoles, á juzgar porque hasta su nombre exótico se conserva y no tiene equivalente en ilocáno. Sin embargo, me parece cierto lo que dicen varios autores relativo á que en el Folk-Lore Universal se observa que todos los pueblos tienen idea de demonios-niños ó sea el duende. Éste se parece al *diaño burlón* de los asturianos y catalanes; á los *brownies* de Irlanda, los enanos de Bretaña, los sátiros de la mitología pagana, el *kaibaan* de los ilocanos y al *tianuk* de los tagalos.

El duende en Filipinas está modificado, atribuyéndosele algunas de las fabulosas cualidades del *Kaibaan* ú otros *anitos* del país, como el enamorarse de las mujeres humanas, tirar piedrecitas, hacer bromas pesadas etc.

En Vigan he visto á una muchacha de 15 á 16 años de edad, al parecer simplota; decía ella haber encontrado en unos sotos criaturas tan pequeñas como muñecos, y que sin embargo, andaban, dándose á conocer como que eran ya hechos unos hombres. Les recogió en su *tapis*, especie de delantal, y desaparecieron internándose en su cuerpo.

Desde éste, hablaban y contestaban á los que les preguntasen el paradero de objetos perdidos, y quién los haya robado.

Me presenté á la muchacha, para hacer algunas preguntas á las famosas criaturas que llamaban

duendes, y ella, como su familia, me contestaron
que no eran ciertas mis noticias sobre este particular, temiendo que las autoridades eclesiásticas
llegasen á 'saber su picardía.

Más después, aparentando yo creer en los duendes, y con dinero, conseguí que me descubriesen
su secreto.

Una vieja de la familia me presentó la muchacha
de los duendes; ésta se sentó delante de mí, y
entónces la vieja llamó:

—Ciriaco, oh Ciriaco!

Como nadie contestaba, volvió á llamar. Entonces
oí una especie de silbido, apenas perceptible, que al
parecer partía, del interior de la muchacha, la cual
no despegó sus lábios.

Aquella repuso.

—Ah! qué estabais haciendo?

La contestación fué otro silbido.

—¿Lo has entendido?—me preguntó la vieja.

—No.

—Pues decía estar dormido.

Y así ella continuó preguntando, é interpretando
á su manera los silbidos.

Sospechábase que dentro de la nariz de la muchacha había cera ó cosa así, con la que se pudiera producir dichos sonidos con la respiración.

XXII

CALENDARIO POPULAR Y FIESTAS CRISTIANAS.

Hé aquí la segunda parte del presente capítulo:
en la primera consignamos los restos de una Re-

ligión inculta y prehistórica (no extinguida), que por
la gran antigüedad y el atraso que revela, ha descendido á la categoría de Mitología, es decir, patraña ó invención, sancionada por la ignorancia de
los antiguos y por el tiempo más ó menos largo
en que fué creida.

Ahora, pasamos á hablar del Cristianismo, que
también ya vá pareciendo incompatible con el progreso intelectual del día, á los que pretenden mo-
nopolizar el amor á la luz de la inteligencia y á
la libertad del pensamiento.

Lunes: este día y el sábado, muchos en Manila
acuden á comprar á las tiendas chinicas por ser
baratos los artículos, pues los chinos se conforman con ganar poco estos días, por cerrar sus
cuentas con sus principales. En Ilocos, se cree que
el lunes es *buisit* ó falto de suerte, y que se presentan
pocos compradores, por lo cual las verduleras del
campo no son exigentes.

—Lo que acaece este día, se repite en toda la
semana.

Martes: Nada.

Miércoles: Idem.

Jueves: Por la noche, hay serenata frente á las Casas
Reales de las cabeceras, como los domingos.

Viernes: es *buisit,* ó de mal agüero, y es malo
cortarse las uñas.

Sábado: Si no sale el sol, la lluvia se prolonga.

Domingo: Misa, desde las 4 de la madrugada hasta
las ocho, en que se celebra la llamada *Mayor* (can-
tada,) á la que asiste el pedáneo, acompañado de
los cabezas de barangay, tenientes de justicia, alguaciles y de su banda de música, y es de saber

que casi todos los pueblos ilocanos cuentan con una, sostenida á expensas de la principalía, de modo que tiene el carácter de municipal, á diferencia de las bandas de Manila, que pertenecen á particulares.

El órden que se guarda en el camino, es diferente del que siguen los tagalos: rompe la marcha la banda en hileras de 4 ó 5: detrás siguen dos filas de alguaciles, tenientes, cabezas y ex-gobernadorcillos, cerrando ó cortando estas líneas paralelas otra más corta, en cuyo centro van al gobernadorcillo, á la derecha de éste el teniente 1.º y el teniente 2.º á la izquierda.

En Ilocos se distinguen los subalternos de los gobernadorcillos por los bastones de color que llevan, siendo verde el de los tenientes y encarnado el de los alguaciles.

A las ocho, ó poco antes de esta hora, los gobernadorcillos de Vigan, acompañados de sus subalternos y una banda de música, se dirigen á la Casa-Real, para acompañar al Alcalde á la Iglesia, donde se canta una misa solemne.

Después de ésta, los gobernadorcillos van á conducir al Jefe de la provincia á su morada. Algunas veces pasan por el palacio episcopal á saludar al Iltmo. Sr. Obispo y otras autoridades eclesiásticas.

En otros pueblos, se dirigen al convento parroquial para saludar y besar la mano al Cura Párroco. Este les agasaja con tabacos y bebidas. Y después van al municipio para recibir órdenes del pedáneo local.

En la cabecera de Ilocos Norte vá la principadía, después de saludar al Párroco, á la casa del Gobernador de la provincia, á recibir órdenes.

En dicha provincia, á eso de las diez, según un amigo mío, el gobernadorcillo baja del tribunal, dirigiéndose al grupo de *kailianes* y cabezas de barangay, que le espera alrededor del edificio; lo cual anuncian cuatro tambores y una flauta tocando el *Pasabet*, con que suelen anunciar la llegada de las personas de alguna autoridad.

El gobernadorcillo se sienta, apenas llega, y empieza á comunicar al pueblo las órdenes de carácter general que haya recibido de sus Superiores.

Por lo regular esta reunión se acaba á las once, en cuya hora los *kailianes* van á la casa de sus cabezas de barangay para asistir á otra junta popular llamada *purók*.

En esta reunión el cabeza comunica á su vez las disposiciones de sus superiores á sus tributantes.

La asistencia al *purók* es obligatoria, incurriendo el que falte á la hora determinada, en la pena convenida por todos. Hay un auxiliar del cabeza llamado *panglakayen*, además, del primogénito. El *panglakayen* es el encargado de poner en órden al barangay, y de ejecutar las penas convenidas por los que lo componen.

El cabeza de barangay suele utilizar á sus tributantes, quienes le ayudan á construir su casa y siempre que haya menester de sus brazos; y le regalan gallinas, frutas, etc. espontáneamente ó no.

Los cabezas acuden al tribunal ó casa municipal al toque del bombo, como los músicos; y cuando el gobernadorcillo quiere llamarles, manda tocarlo en tres ó más lugares céntricos de la población, siendo diferente el toque de llamada á los cabezas, del de los músicos.

Las disposiciones superiores se promulgan en Ilocos Norte por medio de bandillos, que deben hacer un número de cabezas y tenientes de gobernadorcillos, precedidos de una banda de música.

Los ilocanos del Norte van á misa vestidos de chaqueta con los faldones de la camisa fuera, con la cabeza descubierta y descalzos, á diferencia de cuando van al campo y hace sol, que entonces usan sandalias y *salakot*.

XXIII

AÑO NUEVO.—PASCUA DE REYES.—FIESTA DE VIGAN

Baró á tao-en (nuevo año):—Lo que nos sucede este día, se repetirá en todo el año.

Los ilocanos, especialmente las ilocanas, visitan bien vestidos á sus amigos y parientes en las Pascuas, y si nó el 25, 26 ó 27 de Diciembre, lo aplazan para el año nuevo ó la Pascua de Reyes. Este día es alegre en Ilocos.

Pascua de Reyes.—Ni la gente sale al campo muy de mañana para esperar á los Magos, ni los niños colocan sus zapatos en las ventanas.

Pascua de Reyes es en Ilocos Pascua de españoles. Por lo cual, los principales (especie de nobleza) de ambos gremios de Vigan, en masa, acompañados de sus señoras y de sus bandas de música, van á felicitar por las Pascuas á las autoridades españolas de la provincia. tales son: el Gobernador, el Prelado diocesano, el Provisor, el Administrador de H. P., el Cura Párroco y los Superiores del Seminario. Andan á paso lento, tocando danza la música. Lo mismo se practica en otros pueblos.

FIESTA DE VIGAN. Se celebra en el día de la conversión del apóstol San Pablo, patrón tutelar de la Ciudad Fernandina, con grandes y ostentosas funciones en su Iglesia Catedral.

En la víspera, á las doce del día, y después del toque del *Angelus*, repican tres veces las campanas, alternando con la música que toca paso-doble, lo cual también tiene lugar en las vísperas de otros días festivos extraordinarios. Por la tarde, frente á la casa del hermano mayor, suele haber juegos populares como cucañas, juego de anillo etc. Por la noche, paseo de música é iluminación general.

Desde las primeras horas de la mañana del último día del novenario, se oyen atronadores disparos de versos (1) y repiques de campanas.

De los pueblos inmediatos acuden muchos vecinos á Vigan para completar la alegría de los fernandinos.

Después del Evangelio se pronuncia un sermón, siendo el exordio en castellano y la exposición y confirmación en ilocano. Al predicador se le pagan seis pesos.

En el Evangelio, sermón, *sanctus* y consagración, se hacen varios disparos de bombas y versos.

Si hay comedia, á las nueve de la *mañana* se representa alguna parte de ella, pues las ilocanas suelen durar tres ó más días.

_____

(1)   Especie de culebrina de poco calibre para hacer salvas.

Y si nó, juegos de anillo ó de *karahay* (1) frente
á la casa del hermano mayor.

Por la tarde, á las seis, sale de la Iglesia una
procesión, por lo regular lucida, sacándose en
ella, entre otras imágenes sagradas, la del Apóstol
de las gentes que lo representan de pié, pues es
de advertir que la imágen del Santo en su tradicional conversión, ó sea montado á caballo, ra-
risimas veces se saca en procesión, porque es preocupación entre los fernandinos que llueve siempre
que salga, interrumpiéndose por ésto el curso de
aquella.

A las ocho de la noche entra la procesión en la
Iglesia, pues allí recorre solo determinadas calles
y no como en los arrabales, y otros pueblos de Manila en que la pasean por todas las de la población
y no acaba su trayecto sinó algunas veces á altas
horas de la noche. La procesión siempre pasa por
frente de la casa del hermano mayor, dó se levanta
un bonito arco (además de otros en varias partes),
á veces con un corazon grande de cartón de caprichosas formas, el cual, al pasar la imágen del Santo
por debajo, se abre dando paso á un niño vestido
de ángel que desciende á depositar perfumadas flores
en sus plantas.

En las demás procesiones, la repetida imágen de
San Pablo vá delante de todas las demás, pero en
ésta ocupa el último lugar.

_____

(1) El juego de *karahay* consiste en pegar á la parte
carbonizada de una cacerola, monedas de plata y los que
optan á sacarlas lo hacen con sus dientes sin agarrar la cacerola pendiente de una cuerda. Sus delicias se reducen á
ver caras con carbon y como se escapa á lo mejor aquella

Alli no se señalan las calles de la carrera con anuncios impresos, como se hace en Manila, sino por medio de un fiscalillo que con campanilla en mano, recorre durante la mañana de la fiesta, las calles por donde luego ha de pasar la procesión.

Los fernandinos guardan ceremonias especiales para elegir hermanos mayores de las fiestas más celebradas de Vigan.

El Párroco de la ciudad visita á las personas más pudientes y les ofrece la hermandad.

Aceptada ésta, se reunen en junta los principales de los gremios de Mestizos y Naturales, en medio del templo después de la misa mayor.

Les preside el C. Párroco, quien de antemano, les advierte el nombre del que haya aceptado la hermandad, y acto seguido pregunta á los gobernadorcillos que vienen á representar á sus respectivos gremios, por el elegido de ellos. Regularmente nombran al que lo ha aceptado.

Después de las ceremonias de ritual, el Párroco entrega al electo hermano mayor, que debe estar allí presente ó representado por otro, la imágen de S. Pablo, que á su vez irá dando de besar á los individuos de la junta. En esto las campanas tocan al vuelo y *Birót* (el organista) toca las más chillonas piezas de su repertorio.

En seguida, el nuevo hermano mayor se lleva la imágen a su casa, hácia donde le acompañan en procesión los principales con las bandas de música de sus gremios, siendo de advertir que la de los mestizos, en ésta como en las demás procesiones, siempre vá delante y la de naturales después de la comitiva que es el lugar de preferencia.

Estas ceremonias deben tener lugar en un domingo del novenario.

Todos los gastos de Iglesia ocasionados por el novenario, son costeados por el hermano mayor á diferencia del de la *Naval*, en que los gastos de vela corren á cuenta de la Iglesia.

XXIV

LA CANDELARIA.—CUARESMA.—EL «TOKTOK»

La Candelaria, (2 de Febrero).—Los ilocanos llevan velas á la Iglesia, para bendecir.

Estás candelas bendítas ó *perdon*, se encienden cuando estalla una tormenta y rezan trisagio; se colocan en las manos de los moribundos, y sirven para ahuyentar á los diablos. Se adornan con tiras de papel colorado para distinguirse de las demás.

MIÉRCOLES DE CENIZA.—Empieza la cuaresma. Los niños de las escuelas oficiales de instrucción primaria, van á la Iglesia en filas de á dos, precedidos de su indispensable cruz, para ponerse ceniza en la frente. Esta señal, dicen, les imposibilita moralmente á tomar carne en toda la cuaresma.

Desde este día, empiezan las canturias de la Pasión, música del canto llano. En Ilocos se emplea una sola música, y cada uno la canta, en su casa sin formar concierto como hacen los tagalos. Éstos suelen por las noches leer la Pasión en las ermitas ó visitas: dos ó tres mugeres se ponen de rodillas con las manos apoyadas en el altar; una de ellas empieza entonando alguna estrofa, la segunda contesta con la siguiente, canta luego la tercera otros versos.

y después vuelve a empezar la primera, ya subiendo, ya bajando el tono Y todo esto es presenciado con respetuoso silencio por el público que se sienta en los bancos de la Iglesia. Después pasa á la sacristía á tomar té ó la cena, preparada por el que organizó la fiesta, y entran á cantar otras mugeres. También se hacen conciertos análogos en las casas, agasajando con una cena á los amigos que acudan.

Otras veces, toman la Pasión como objeto de distracción, y cantando, la representan con todos sus detalles, empezando por amarrar bien al inocente que haya aceptado el papel de Cristo, y acabando por abofetear, azotar, desnudarle, etc.

VIERNES DE CUARESMA.—Ninguno, absolutamente ninguno, come carne en Ilocos. Por la tarde, desde las dos pasadas hasta las cinco, acuden las ilocanas á rezar las estaciones dentro de la Iglesia, recorriendo en grupos de 3, 4, 5 ó más, los pasos, colocados en las columnas, en cuyo acto prescinden del manto (velo negro y bruñido que les cubre desde la cabeza hasta los piés, arrastrando cola á diferencia del *lambong* de las tagalas, que solo llega poco más abajo de la cintura), que casi siempre usan al ir al templo.

Fuera de éste, en las plazas que suele haber en sus alrededores, grandes cruces de madera señalan los pasos, y van á rezar delante de ellas á eso de las tres y media, los alumnos de las escuelas municipales de instrucción primaria, de ambos sexos, formando cada escuela un grupo.

Entre cuatro y cinco, sale del templo en procesión el Nazareno, acompañado de unos doscientos devotos, y recorren rezando los mismos pasos.

El *Viernes de Dolores*, ó sea la festividad de la Virgen de esta advocación, á la imágen del Nazareno, se agregan las de la Virgen y del evangelista San Juan.

Durante la cuaresma, tiene lugar en los mercados nocturnos el juego de *toktok*, que consiste en el choque de dos huevos, perdiendo el suyo el dueño del que reviente. El extremo agudo del huevo se llama *siko* (codo), y el opuesto, que es más blando, *kolo* (del parecido castellano). Los jugadores gritan *siko* ó *kolo*, según la parte del huevo, con que quieran jugar; si se encuentran dos que llaman *sikos*, se cambian los huevos para reconocerlos, porque suele haber *embirriados* ó embreados. Expliquémonos: por medio de agujeros practicados con una aguja, chupan la yema y la clara del huevo, y una vez vacío, introducen en él, y ¡con qué paciencia! brea amasada con rocio ú otro aguardiente, (habiendo no poco de superstición en esto), que endureza la cáscara. Por eso, antes de jugar los examinan, mirando la luz al través de la cáscara, y si ven en ésta algo negro que no se parezca á yema, los rechazan. El exámen tiene otro objeto, y es el de ver, si ya está roto el huevo, porque al cambiárselos para el reconocimiento, suelen trocarse verdaderamente para los efectos del juego, y de aquí que esta clase de jugada se llame *trocada* ó *torkada*, como dicen en Ilocos.

Los ilocanos no conocen el Carnaval; los tagalos tienen una especie de tal, y es el domingo que llaman *de la Paz*, ó sea el anterior al miércoles de ceniza. Para despedirse, dicen, de la carne, matan *lechones* y comen mucho de aquella.

El Domingo de Ramos, los muchachos, y los

que no lo son, llevan á la Iglesia muchas palmas de coco, y algunos ramos de oliva. Las primeras van adornadas con pajaritos, culebras, estrellas, piñas y otras figuras, todas hechas de dicha palma Después, la palma bendita se coloca en las ventanas para precaverse de los malos vientos, y las usan en zahumerio para desinfectar las casas.

Por la noche, se sacan en procesión muchas imágenes de Santos y judíos, y recorren las estaciones ó altares situados en las principales calles de la población.

En varias estaciones hay enramadas, de las que cuelgan toda clase de frutas y en un lado, hay altar, donde se entonan los trenos de Jeremias. Esto es en Vigan. En otros pueblos, tiene lugar la estación general, que así se llama, otro día, para que no coincidan.

El mártes santo, procesión.

El miércoles empiezan las Tinieblas. en que hay necesidad de colocar vigilantes en las puertas de la Iglesia, para que los muchachos no introduzcan piedras con que golpear los confesionarios y bancos.

El jueves santo, después de las ceremonias del día, ya no suena la campana hasta el sábado sino la matraca, á no ser á las tres de la tarde del viérnes, en que toca á muerto. Por la noche, procesión. El jueves y viernes santo, se establece el mercado en la plaza de la Catedral de Vigan. Todo el día, bajo un sol que abrasa, no cesa la gente de recorrer los pasos rezando las estaciones en una plaza de la Iglesia, lo que también hacen otros dentro de ésta.

El viernes santo, además de las ceremonias ri-

tuales, suele haber en Vigan sermon de Siete Palabras, si hay quien paga predicador. Por la noche
procesión, á la que asisten vestidas de luto entre
otros, las solteras de buena familia, las cuales sólo
se ven en esta procesión y en la de las hijas de
María.

—En viernes santo se dejan cazar fácilmente y
abundan venados y javalíes en los bosques.

—Los tagalos creen que es malo meter ruido y
correr, porque se mueve la cabeza del Señor.

El sábado santo, al echarse al vuelo las campanas, los ilocanos sacuden los árboles y plantas,
para que sean lozanos.

El Domingo de Pascua, el *posabét* ó encuentro
tiene lugar en una plaza de la ciudad bajo un arco
triunfal, del que desciende un ángel que quita á
la Virgen el velo de luto.

Y á la retirada, se quema á Judas en efigie ó
sea un figurón relleno de bombas.

—S. José es patron de los casados y de los
moribundos.

—S. Vicente Ferrer, abogado de los niños en-
fermizos.

—S. Juan de Dios, de los enfermos.

—Ntra. Sra. de los Remedios, patrona de las
parturientes.

XXV

FLORES Y CRUCES DE MAYO

FLORES DE MAYO. El primero de este mes empieza en Vigan la fiesta de una Asociación de sol-

teras, tituladas *Hijas de Maria*, las cuales adornan
el altar con flores artificiales, oyen misa á eso de
las seis de la mañana, y las cinco de la tarde
van á rezar rosario y recitar oraciones á la Madre
del Amor Hermoso, habiendo sermon los domingos.
Después, un coro de bellas muchachas cantan la
Letanía, y las designadas (unas seis ú ocho jóvenes) suben las gradas del presbiterio para entregar
cada cual una palma de flores artificiales ó naturales y una bandeja llena de naturales. Dos mo-
naguillos las reciben y colocan las palmas en los
floreros del altar preparados *ad hoc*, y esparcen delante de éste el contenido de las bandejas. El 31 de
Mayo terminan las *Flores*: entonces hay misa solemne con sermon por la mañana, y por la tarde
lucidísima procesión que recorre las plazas de la Iglesia, asistiendo como alumbrantes verdadero *bouquet*
de lindas *babbalasang* (solteras).

En el trayecto de la procesión se levantan bo-
nitos arcos, y una vez entrada aquella, se encienden fuegos artificiales ó elevan caprichosos globos
de papel que van á perderse en el espacio.

En Manila no llama la atención la manera de
que se celebran las *Flores*, y sí las procesiones
nocturnas llamadas *Cruces de Mayo*, que se prolongan hasta agosto.

Varias jóvenes ó sus padres acuerdan celebrar
patapusan ó banquete, y por sí y ante sí sin necesidad del auxilio del cura párroco ni de la Iglesia, improvisan en cualquier sitio una capillita ó
altar bien adornado y frente á él, como cimborio,
una enramada de la cual cuelgan muchas frutas
y otros comestibles, como pellejos de cerdo etc.

confundiéndose las sandías, mangas, *siniguelas (ciruelas)*, plátanos, makupa, pepino, lanka, kamanchile, kasoy, melon, santol. coco y camote; con pañuelos, biscochos, escobas, cucharones de olla. bilaos, sombreros, *ampao*, gatos vivos, pellejo de cerdo cocido, gallos, lechon y una ó varias ollas llenas de culebras de mar, de sangre ú otro líquido de olor no muy grato; para chasquear á la gente.

El *bilin*, que así se llama, remeda mal la forma de un arco triunfal, y tanto éste como la fachada del altar suelen adornarse con follaje ó tela blanca abullonada, con banderolas y otros trapos encarnados.

Se procuran una ó dos bandas de música. y naturalmente la hija del que costea los gastos, ha de ser la heroína de. la fiesta y representará en la procesión el papel de Sta. Elena. Y si no es *presentable* ó bonita que digamos, se busca alguna que lo sea. La tarde señalada se reunen una docena, ó más, de jóvenes y jovencitas bien ataviadas con flores en la cabellera. La Elena es la mejor vestida y ostenta un largo velo blanco á guisa de manto real con una diadema en la cabeza, y lleva en las manos una Cruz. A su lado va el Rey Constantino, que representa un muchacho vestido de capitán general con una corona y manto, y el obispo S. Macario resucitado en otro mocosuelo, con su mitra, báculo y todo. Van precedidos de dos filas de alumbrantes, los arrapiezos del vecindario, llevando faroles de papel; siguen luego lindas muchachas, y cierra la comitiva una banda de música. Después de la procesión, las invitadas toman la cena, á veces se canta y baila; pero el principal motivo de los regocijos es la repartición de los comestibles de la enramada. Cuando tocan á ello, una turba de rapazue-

8

los la asalta y allí fué Arcadia: ¡qué de gritería y
de arrebatiñas y de pisotones! Ya aquella tiembla con
la acometida, y con el peso de tantos que se es-
fuerzan en arrancar los objetos, el *Bitin* vacila,... y
se hunde aplastando á los hambrientos que estan debajo. Sin embargo, el hundimiento no ha causado
ninguna desgracia, y la algazara, en vez de cesar,
sube de punto. Y los *musiqueros* casi reventando de
tanto soplar y soplar, completan la animación. A
todo ésto, aumentad los efectos de aquella olla, de
que hablamos anteriormente, al reventar delante del
altar, y los chillidos de los animales colgados.

Y como cualquier hijo de vecino puede hacer su
Cruz de Mayo, casi todas las noches se vé en las
calles de Manila procesiones de esta clase, hasta
Agosto, y es natural que según los recursos de
cada cual, lo celebre con mayor ó menor lujo. Y
á veces representan en plena calle un simulacro de
la Invención de la Sta. Cruz y declaman en tagalo
la Elena, Constantino y el Obispo, cavando en varios puntos para encontrarla, y cuando hallan
las de los tres crucificados en el Calvario, las
acercan á una señora que finge estar enferma, y
sana momentáneamente al darse con la verdadera
del Redentor. Es el *tibag* que llaman.

En Ilocos no se conocen estas procesiones, y en
Vigan la Invención se celebra en la capilla del cementerio con un novenario y procesión.

XXVI

CORPUS.—FESTIVIDAD DE VARIOS SANTOS.—KIRING

Corpus. La procesión recorre el pátio ó la plaza de la Iglesia. Las calles del trayecto se entoldan con velas de buque ú otras telas, y en cuatro esquinas se levantan altares.

24 de Junio. En el día de S. Juan Bautista, los ilocanos se creen con perfecto derecho para bañar á cualquier transeunte, por lo cual uno que va bien vestido ó sudando ó enfermo, suele recibir sin consideración una mojadura cuando menos lo piensa, y bueno si es con agua pura.

Este día bajan al río á bañarse y allí por distracción se echan mútuamente agua en la cara con una sola mano y lo hacen con tanta destreza, que seguramente se ahogaría alguno de los contendientes, si no pusiese piés en polvorosa el menos hábil.

Los pillastres del vecindario llevan lavativas de bambú ó grandes cañutos, y se sitúan en los puentes ú otros puntos de tránsito, para bañar con gran algazara á los que por allí pasen.

Diz que un gobernadorcillo del pueblo de Santa fué bañado por los pilletes que estaban en el puente del gremio de Mestizos de Vigan, mojándose con todos los pliegos oficiales que llevaba, y habiéndose quejado ante el Gobernador de la provincia, le contestó que las costumbres de cada localidad son siempre dignas de respeto, y que la culpa fué suya por haber pasado el puente, sabiendo que era habitual bañar á los transeuntes.

Animados por esta tradición ó conseja, los bromistas casi no respetan á nadie.

Varias familias acomodadas van á hacer *bencomer* (bien comer) en el rio: invitan á sus amigos á bañar juntos, mugeres y hombres, y después, comen en una orilla, siendo de pescado casi todos los platos.

—S. Antonio de Padua, abogado, para encontrar objetos perdidos.

—Sta. Ana, *presunta*, madre de María Santísima (véase pág. 44).

Acertijo:—*Balay ni Sta. Ana.*

Saan a makita.

La casa de Sta. Ana no se puede mirar:—El sol.

—S. Lorenzo, véase pág. 58.

—S. Roque, abogado contra la peste. En las épocas de epidemia se saca en procesión. En Nóviembre de 1888, si mal no recuerdo, como contra la voluntad del gobernadorcillo de Aringay, los vecinos llevaron en procesión la imágen del Santo y las de otros dos, mandó aquel llevarlas al calaboze del tribunal y al tercer dia murió repentinamente, según se dice, en castigo de esta profanación.

—S. Miguel Arcángel, hermano menor de Lucifer; por tener más virtudes, éste le envidiaba y diariamente fastidiaba sin motivo alguno hasta que un dia, exasperado S. Miguel, embistió con él y le pisoteó,

—S. Agustín, patron contra la langosta, un dia se dijo:—Si las piedras pueden llevar las Iglesias (se refiere á las que están debajo de los cimientos), ¿porqué no he de poder hacer lo mismo? Y dicho y hecho, metió sus manos debajo de los cimientos de una Iglesia, y héla ya aquí en ellas, según el cuento ilocano.

—S. Ramon Nonnato, abogado de las parturientes.

KIRISG: es una división del año que los ilocanos primitivos tenían, y según el *Vocabulario hispano-ilocano* de Fr. Andrés Carro, reproducción perfeccionada de la obra del P. Lopez, que estuvo en Ilocos á principios del siglo XVII, correspondía al espacio de tiempo que comienza de fines de Octubre á Noviembre. Pero, al menos actualmente, me parece que el *Kiring* no dura más que dos ó tres días, y cae en el día de S. Lorenzo, (Setiembre). Se llama así, porque en este tiempo revolotea el fabuloso pajarito de este nombre, y según la conseja, muere el que se baña en esos días.

XXVII

LA NAVAL.—CONMEMORACIÓN DE LOS DIFUNTOS

LA NAVAL. Esta festividad se celebra con semejantes solemnidades á las de la Conversión de S. Pablo que dejamos reseñadas.

En el día de la Virgen del Rosario, se hacen las elecciones de hermanos mayores ó sea el llamado *pasukát*.

Este día se conoce por los ilocanos con el nombre de *Naval de naturales*.

Por la noche hay procesión, pasando por frente á la casa del nuevo hermano mayor. La Virgen ostenta esta noche media gala.

El novenario comienza en la víspera de este día.

A los que predican en las tardes del novenario

se pagan tres pesos, siendo de advertir que éstos siendo del clero secular deben subir al púlpito con la estola puesta, á diferencia de los predicadores de Manila que van sin ella. En otros años, estas pláticas se confiaban, prévia licencia del Prelado Diocesano, á los seminaristas ordenados *in sacris*, los que cumplían su cometido con la estola puesta á guisa de banda. Las pláticas se dicen en ilocano.

La *Naval de mestizos*, de mayor solemnidad, se celebra al final del novenario. Entonces la Virgen ostenta sus más lujosos vestidos.

Antes de este día hay triduo con manifiesto de S. D. M.

Las funciones de Iglesia son solemnes, y los regocijos del pueblo fastuosos.

Comedias, si las hay; juegos de *karahay*, de anillo, comilonas y bailes.

Por la noche, procesión que pasa frente á la casa del hermano mayor saliente, el héroe de la fiesta ó quien la celebra pomposamente en su casa, costeando los gastos de Iglesia. de los fuegos artificiales. de los juegos populares, etc.

En algunos años se levantó una tribuna frente á la casa del *Hermano mayor*. Esta tribuna remeda la forma de un castillo, donde aparece un centinela que da la voz de ¡quien vive! al pasar el carro de la Virgen, la cual entonces se para.

El soldado después de repetirlo tres veces sin conseguir contestación, dispara tres tiros, y observando que su adversario sale incólume, se postra reconociendo en él á Nuestra Señora, y acto seguido la saluda con la siguiente loa, ú otra.

«Dios te salve Virgen pura;
«De los astros eres brillo,
«De los campos bello lirio,....
«La luz de la clara luna.
   «Se hallan en tu entendimiento
«Tesoro divino y bello,
«Dones, riquezas del cielo...
« Y la claridad de Febo.
   »Eres María, la rosa
«Cuyo embriagador perfume
«Tiene el Eterno afan dulce
«De aspirar allá en la Gloria.
   «Tus virtudes se asemejan
«En número á las estrellas,
«Más en altura, en grandeza
«Y en pudor escedes á ellas.
   «Verdor eres de las selvas,
«De los trinos el objeto
«Del ruiseñor mas parlero...
«¡O deliciosa azucena!
   «De pasiones la borrasca
«En mar anchuroso encuentra
«La muy fragil nave nuestra,
«Quitándonos la esperanza.
   «¡Iris de paz y bonanza!
«A nuestra vista apareces,
«Para anunciarnos alegre
«La tempestad sosegada.»

Ahora sigue la *Naval del alma* (*ti kararua*) ó sea
la Conmemoracion de los fieles difuntos, que tambien
se celebra con un novenario.

Los ilocanos no colocan coronas en las tumbas

de sus parientes finados ni las iluminan; pero llevan
velas á un gran catafalco que se coloca en medio
de los templos, y los campesinos arroz, huevos,
sinuman etc., cuyo producto, una vez vendidos, parece que se aplica á misas en sufragio de las almas
de los difuntos.

Los rústicos creen, al llevar los comestibles,
que sirven para alimentar á las almas de sus parientes. En algunos pueblos se llevan á la Iglesia
hasta guisados.

XXVIII

LA CONCEPCIÓN.—LAS PASCUAS

La Concepción, patrona de los estudiantes del
seminario de Vigan. Cuando estaban los Paulistas al
frente de dicho establecimiento, se celebraba en
grande esta festividad: los estudiantes, vestidos de
marinos ó cosa así, daban en la víspera un paseo
que podríamos llamar de antorchas, si en vez de
éstas. no llevasen faroles de papel. Iban acompañados de una banda de música y paraban delante
de los cuadros de la Vírgen que algunas casas po-
nían de manifiesto en las ventanas, para entonar
el canto religioso *Juro seguir, Dios mío.*

La fachada del seminario, adornada con banderolas y arcos de telas abul000adas, se iluminaba pro-
fusamente. Delante de ella, daba serenata una ó dos
bandas de música y se elevaban globos aerostáticos de papel.

Al día siguiente, misa, sermón, comunión general
de los escolares y procesión.

Ahora las hijas de María rivalizan á los estudiantes en celebrar mejor esta festividad, pues recono-
cen asimismo como Patrona á María Inmaculada.

Las Pascuas: Empieza la animación con las Misas
de Aguinaldo. Un cuarto de hora antes de las cuatro
de la madrugada, un repique general de campanas
interrumpe el tranquilo sueño de los ilocanos, é inmenso gentío acude en tropel á la Iglesia del pueblo
para oír la misa de aguinaldo. El templo de Vigan se
ilumina en esta sola ocasión con arañas de papel.

Después de la misa, grupos de lindas jóvenes,
acompañadas de sus pretendientes (tambien los hay
de un sólo sexo), recorren las calles de la ciudad,
iluminadas en varias partes por cilíndricos hornillos
de barro, del tamaño de un plato pequeño, donde
se cuece la golosina ilocana llamada *bibingka*.

Los transeuntes que rebosan de alegría, se acercan á estos hornillos para comprar lo que allí se
confecciona, y la *bibingkera* para atender á tantos
consumidores aventa con su *paypay* (abanico) de
bambú que recuerda la forma de un guión de Iglesia y á cada momento levanta la tapadera con
su carga de brasas, para ver si ya está sazonada
la *bibingka*, y si vé que falta calor debajo, mete más
leña por allí. En Ilocos no se usa el carbon como
combustible, sino en las fraguas.

Cuando ya cada cual tiene su *bibingka* en la mano,
comiendo en plena calle, sin necesidad de mesa ni de cubiertos, se dirigen á la próxima colina de Mira, situada al SO. de Vigan, desde la cual
se descubren la población, las fértiles huertas y campiñas de los alrededores, la mar, el pueblo vecino
de Bantay y los montes de Abra. Y si nó, á los

amenos jardines de S. Julian, Ayusan, Kotta, etc. ó á tomar baños en las aguas del manso Abra.

Antes de salir el sol, cuando la aurora ya llena de resplandores la faz de la tierra, entonces son de ver hermosas pollitas con sus camisas de franela de varios colores y con su pañuelo casi tan grande como un abrigo, liado al cuello y tendido sobre el hombro derecho; y sobre las espaldas un haz de finos y negros cabellos. Ya se retiran alegres á sus casas llevando flores en las manos ó en la cabellera, y al rededor de ellas algunos galanes, llevando cada cual una caña-dulce con sus punzantes hojas, que no parecen sino como signos de elección por parte de sus bellas compañeras, cual nueva vara de S. José.

Y por las noches, los niños y muchachos del vecindario arrastran por las calles encendidos conejos de papel con ruedas, y la población se ilumina con faroles de papel, de múltiples figuras, como de estrellas, buques, culebras, hombres, mugeres etc., etc.

En la Noche-Buena, la alegría aumenta. Unos preparan con dulce afan el *sinuman* ó golosina que se ha de dar á los chicuelos y mendigantes, que acudan á pedir algún aguinaldo; otros terminan ó hacen las primeras pruebas de algún farol, á veces de mecanismo curioso, como p. ej., el que se requiera para despertar la hilaridad de los transeuntes, presentándoles la figura de una culebra que acomete á un chino, el cual se defiende con un palo.

Varias bandas de música, alguna orquesta ó comparsa de jóvenes, vestidos de marinos, recorre la población ó dá serenatas tocando y cantando frente á las casas en demanda de algún aguinaldo.

La animación se prolonga hasta el amanecer, cuidando de tomar el tradicional *arroz-caldo* y otros sabrosos platos, con que apagar el hambre que han tenido por la abstinencia del día anterior, porque es de saber que los ilocanos son católicos hasta el fanatismo.

En la Noche-Buena se abre en Vigan al público el Arbol de Navidad, el Belen de doña Pateria. que es bastante bueno y no hay ningún vecino que durante las Pascuas no vaya á visitarlo.

A la mañana siguiente, después de la misa, circula por las calles mucha gente: los campesinos visitan las casas de los ricos recibiendo por aguinaldo algún tabaco, *sinuman*, cuartos ó vino.

Lo mismo hace la orquesta de la Iglesia, yendo á las casas á repetir los villancicos, que cantara la noche anterior en el coro.

Y la clase acomodada visita personalmente á sus amigos y conocimientos. En las provincias ilocanas todavía no se emplean para estos casos las tarjetas, á no ser los estudiantes que envian á sus padres ó alguna tía, parienta ó novia una *andanada* de versos en ilocano ó castellano, pero arreglados según la especial poética filipina, que veremos en su lugar. Pero cuidado que el papel es lujoso, y las letras góticas, á veces doradas.

Las bromas del día de Inocentes no se conocen en Ilocos.

CAPÍTULO SEGUNDO

Materiales folk-lóricos
SOBRE TIPOS, COSTUMBRES Y USOS
(Folk-Wont)

I

LOS ILOCANOS

Es rutinario entre los autores, que han descrito las razas filipinas, presentar á los indígenas civilizados en un grupo y hacer una descripción común de ellos, atribuyenddo á todos las cualidades y costumbres que observaran en los tagalos, como que si entre éstos y los bícoles, ilocanos, pangasinanes, pampangos, cagayanes y zambales no existieran algunas diferencias.

Los que comparan las costumbres tagalas con las que se leen en este libro, seguramente pensarán de otro modo que muchos de nuestros autores.

Se puede decir que los ilocanos son casi desconocidos; lo cual obedece á que las personas aficionadas á escribir no han llegado á Ilocos, excepto

muy contados, que por desgracia no han escrito
nada de las costumbres, cualidades y demás caracteres distintivos de los ilocanos, lo cual es de lamen-
tar, porque en aquellas apartadas provincias se hallan muchos materiales preciosos para el Folk-Lore,
siendo las costumbres, prácticas y creencias ilocanas
de las pocas del país que se conservan con mas
pureza, y más semejantes á las de la época de la
Conquista.

Y aún el tagalo ó el indígena de Filipinas en general «únicamente ha sido retratado—como dice muy bien
el Sr. Lacalle,—por brochas de torpes enjalbegado-
res,» como Sinibaldo de Más, Gaspar de San Agustin,
y otros, que han creído encontrar buen efecto en
ridiculizar al indio, pero haciendo pasar por reali-
dades los extravíos de su enferma imaginación.

No pretendo, sin embargo, llenar este vacío, sino
contribuir con mi grano de arena, emitiendo lealmente el concepto que me he formado de mis paisanos, de modo que este artículo pudiérase denomi-
nar, mas que «los ilocanos pintados por sí mismos,» «los ilocanos según un imparcial, que es y
siente lo mismo que ellos.» Así no desmentiré al
erudito *Astoll,* que benévolamente me ha llamado
«hombre que lleva el corazon en la mano».

———

Los ilocanos son iguales á los demás filipinos
civilizados en sus caracteres físicos.

Estatura de cinco pies y dos pulgadas por término medio en los varones, y cinco en las mugeres; rostro ovalado, cráneo algo oprimido por
detrás, cubierto con cabellos negros, lisos y fuertes,
grandes y negros ojos, nariz chata, gruesa en su

base, piel trigueña, casi amarilla en los contados mestizos; labios un poco gruesos, boca y estremidades regulares, y miembros musculados y proporcionados. En conjunto es airoso el ilocano y «mejor conformado que los tagalos,» como dice Lacalle.

—

Cualidades generales. Son más laboriosos que los demás filipinos, por lo que un *reporter* les denomina «gallegos filipinos;» algo indiferentes; pero no tanto que no sientan la muerte de sus próximos deudos, como afirman algunos autores de todos los filipinos en general: lo cierto es que el dolor, la cólera y otras pasiones pasan pronto en ellos, ó tardan en sentirlos. Tampoco es exacto que «los más espantables fenómenos de la naturaleza no logran arrancar al indígena una sola esclamación.» En los temblores, precisamente, gritan mucho. Y si á veces guardan silencio ante los fenómenos terribles, es por miedo y no por indolencia.

Son hospitalarios (1), de dulce carácter y buenos cristianos; pero á veces vician las creencias religiosas con supersticiones, lo cual no es estraño, si se tiene en cuenta que lo mismo se hace en Europa y otros paises.

Tienen aspiraciones, y hasta ridículas por su altura; pero desesperados de conseguirlas, no lo intentan.

Son tímidos; pero el temor, que los infunden sus superiores, les conduce hasta la temeridad ó he-

---

(1) Es sabido de todos el caso de uno que fué de Manila á Ilocos á cobrar cierta cantidad y que en su viaje no llegó á gastar los pocos céntimos que había llevado.

roismo. No faltan, sin embargo, algunos valientes como los generales ilocanos Peding y Lopez, que murieron escribiendo sus nombres en la Historia con brillantes hazañas, sosteniéndose en el campo de la batalla, mientras los españoles se vieron obligados á retirarse por la muchedumbre de los enemigos.

Es también digno de citarse Domingo Pablo, el soldado raso ilocano, que por sus hazañas acaba de ser condecorado con la cruz laureada de San Fernando.

La sensualidad no es tan frecuente y notable en ellos; por lo regular son de buena fé, crédulos y no espléndidos en sus fiestas, á diferencia de los tagalos.

Su saludo en las calles, se reduce á estas palabras: ¿A dónde vas? ó ¿De dónde vienes? Esto es entre amigos. Cuando en la calle encuentran los inferiores á sus superiores, se descubren, diciendo:

—Buenos dias, señor.

Al pasar delante de algunas personas, no hacen las genuflexiones que los tagalos.

—

Ahora, para describir con mayor exactitud á los ilocanos, debemos dividirlos en tres clases: 1.a. La principalía ó los que se distinguen por su riqueza, ilustración ó influencia, que se llaman *babaknang* (ricos ó *amaen ti ili* padres del pueblo); 2.a La gente baja, que vive en poblado, llamada *kailian*; y 3.a los *katalonan*, ó sean los que viven en el campo.

Los principales son de mas débil constitución física que las demás clases; son más ilustrados, y muchos de ellos demuestran felices disposiciones para el estudio, como el Obispo Arqueros y Bukaneg, cuyos nombres inmortaliza la historia; escusado será decir que son más cultos y de mejores costumbres.

En cambio, son aficionados al juego de naipes que la 3.a clase desconoce. Y algunos conservan el antiguo despotismo, que distinguia á sus ascendientes: hay cabezas de barangay que obligan á trabajar gratuitamente ó mal asalariados á sus tributarios y les exigen objetos que debieran comprar, abusando de su superioridad.

Por lo regular, los principales se visten de pantalon de *guingon*, tegido de Ilocos, fino, fuerte y de color azul oscuro, camisa de lienzo canton ó coco, con puños doblados, calzan zapatos de cuero de elefante ó chinelas, sin calcetines, especialmente los viejos; botonadura de oro; unos usan sombreros de Europa, y otros los del pais, llamados *salakot con chapas de plata* ú oro encima. Los jóvenes gastan vestidos de mejor gusto, calcetines y pantalones blancos ó de lana.

De lo dicho se exceptuan los de Vigan, que poco tienen de típico: muchos viganeses gastan trajes á la europea, con la diferencia de que llevan fuera los faldones de la camisa, y ván sin americana.

Los muchachos van sin pantalones, aún en las calles hasta tener la edad de siete ú ocho años.

Los *kailianes* visten calzoncillos rayados ó blancos aún en la calle, camisas de coco, ó rayados, sin calzado ó con chinelas, poco limpios, usan *salakot*, y algunos, sombreros. Varios de Ilocos Norte van sin él á la Iglesia.

Tienen mucho de la ilustración de los princi-

pales, con quienes viven; también conocen el juego
de naipes, constituyendo la mayoría de los que
llenan las galleras.

De esta clase son los pintores, músicos, herre-
ros, carpinteros, canteros, albañiles, escultores, pla-
teros y otros oficios mecánicos.

Los pintores no salen de la clase de medianos,
por carecer de buenos maestros y módelos, que
si tuvieran, quizás algunos podrian llegar á la altura de su paisano el celebrado autor del *Spo-
liarium*.

En cuanto á la música, tocan mal por falta de
buenos maestros, teniendo el capricho de querer
tocar pronto, sin aprender antes á leer y escribir las notas: de aquí resulta que muy pocos
sean los que saben leerlas, y menos los que las
escriben. Raro es el pueblo que no tenga una banda
de música y hay algunas que tocan bien.

Los trabajos de herrería, como se reducen á
hacer cuchillos grandes y otros utensilios é instrumentos para la construcción de casas, naves etc.,
no se puede juzgar por ellos de sus aptitudes para
este ramo. Y cómo carecen de instrucción por otra
parte, claro está que muy poco saben hacer.

Son abonados á los oficios mecánicos y trabajos de imitación: serían buenos discipulos y ayudantes de un europeo; pero por ahora no sirven para
maestros: nada tienen que sea de imitar.

Son apegados á sus instrumentos, teniendo poco
deseo en perfeccionarse; escasas herramientas europeas usan; el bolo, escoplo, sierra de cuerda,
barrena y cepillo son las principales. Sin embargo,
«es de admirar por cierto—como dice bien el Padre

Concepción (1)—que un indio rudo sea constructor de navios, sin más instrucción que unos toscos rudimentos para entender la formación de ios planos, y sacan con tanta perfección embarcaciones de todo género, segun se les presentan los dibujos, que son á todos los inteligentes de pasmo.»

Los escribientes tienen hermosa forma de letra, como casi todos los de Ilocos Norte.

———

Los *katalonan* (aparceros), ó los que viven en los campos, son de costumbres sencillas, poco pulcros, ignorantes y de rudo entendimiento.

Se visten por lo regular de calzoncillos de fuertes tejidos de Ilocos, rayados ó blancos, camisas tambien tegidas en aquellas provincias, con mangas sin puños, arremangadas, como sus calzoncillos hasta las rodillas. Si van á la Iglesia, algunos gastan zapatos y siempre con vestidos limpios, grandes botones en la pechera, y las mangas de la camisa con puños doblados. Casi todos usan *salakot*.

Los *katalonan* se alimentan de morisqueta pura ó mesclada con maíz, que es la base de su alimentacion, y de legumbres cocidas con agua salada ó con *bagon* (pescaditos en salmuera, que por estar muy salados los usan como sal); el *bagon* es en ellos como el *patis* en los tagalos: indispensable; cuyo alimento produce en algunos enfermedades cutáneas. Comen tres veces al dia, habiendo muchos que solo dos. Beben el vino *basi*, fermentación de la caña-dulce. Los *kailianes* tambien toman vino, y más que los *katalonan*; á aquellos, como á los principales, les gusta más el vino de nipa, que viene de Pañgasinan.

(1) *Historia general de Philipinas*, Sampaloc 1788.

Los *katalonan* son robustos y trabajan más que los agricultores tagalos; con faz resignada y sin mostrar cansancio, trabajan con todas sus fuerzas; son laboriosos y no duermen por la mañana á diferencia de algunos albañiles tagalos. Sus instrumentos de labor son el arado, bolo, peine, hacha y azada: plantan camote, cañadulce; y siembran palay, añil, maiz, tabaco y algodón.

Los que viven cerca de los montes, cazan si sus ocupaciones se lo permiten; pero la caza no es abundante.

—

La mayor parte de los criados vienen del campo; estos son mejores sirvientes que los *kailianes*, respetuosos y obedientes; pero son muy ignorantes y casi son los únicos que profesan las supersticiones de que hablamos en este libro. En Manila los ilocanos son preferidos á los demás filipinos para sirvientes, cocineros y cocheros.

Los que viven cerca de los rios y playas, se dedican á la pesca y á la navegación. Los del pueblo de Cauayan (Ilocos Sur) se distinguen como sufridos marinos. En los puertos de China se recuerdan hazañas de marineros ilocanos, que han rechazado valerosamente á piratas chinos.

—

Las mujeres son de simpático aspecto; se visten de saya, por lo regular tegida en Ilocos, con corta cola ó sin ella, segun sean las clases á que pertenezcan. No gastan enaguas, sino en las fiestas; las viejas nunca, como tampoco aretes. Cuando van á la Iglesia, usan los consabidos mantos. Siempre se las vé con rosarios y raras veces con esca-

pularios, á diferencia de las tagalas, que siempre
los llevan. Cuando se bañan, unas usan el que llaman *dinnua*. que es una especie de *tapis*, con que
se cubren desde el sobaco hasta las rodillas. Y
las del campo desnudas. Entre la gente baja cuando
van al rio ó trabajan en piso mojado, recojen la
saya por delante, y pasándola por entre las piernas, cuelgan la punta de la pretina por detrás, quedando descubiertos los piés hasta parte de los muslos.
Esto es por inocencia.

Las mugeres de los principales calzan chinelas aún
en sus casas: las de los *kailianes* solo cuando van
á la Iglesia, y lo mismo las campesinas: pero ocurre
que suelen colocárselas en la cabeza y solo las
usan al entrar.

—

Gaspar de S. Agustín, sin embargo de vomitar sapos
y culebras contra los pobres indigenas, no pudo
menos de hacer justicia á las filipinas, y de ellas
escribe: «Son dóciles y afables, tienen grande amor
»á sus maridos y á los que no lo son: Son verdadera-
»mente muy honestas en su trato y conversación,
»tanto que abominan con horror las palabras torpes; y
»si la frágil naturaleza apetece las obras, su na-
»tural modestia aborrece las palabras. El concepto
»que yo he hecho es que son muy honradas, y
»mucho más las casadas; y aunque se cuecen havas,
»no es á calderadas como en otras partes.»

Las solteras son ariscas con los jóvenes.

Tienen las mujeres cierta superioridad moral
sobre los hombres; pero en Ilocos no ocurre lo
que en las provincias tagalas, donde á veces la
mujer es la que alimenta al esposo. Allí las mu-

jeres se ocupan en labores domésticas y suaves;
siembran, siegan, riegan los sembrados, cargan palay
y legumbres, que llevan á vender al mercado.

Las ilocanas son buenas tegedoras y es sabida
de todos la buena fama de sus trabajos, especialmente las mantas peludas y los cortes de *guingon*, que só recomiendan para la indumentaria militar. Pero sus telas son algo caras, porque no
teniendo más que malos telares, emplean mucho
tiempo en teger.

II

PREÑEZ Y PARTO

Los ilocanos no conocen el *asuang*, pesadilla de
las tagalas preñadas.

Cuando las mugeres de los principales entran en
el noveno mes de su embarazo, frecuentan tomar
baños y purgas, para que se refresque el feto y no
muera; y para facilitar el parto

Las viejas prohiben á las embarazadas meter leñas
en el fogon. porque si equivocan la manera, me-
tiendo la parte del tronco antes que la de la punta,
la criatura nacerá de pié.

Cuando se sienten los primeros síntomas del parto,
mandan por una comadrona ó comadron. Las de la
clase superior necesitan uno de cada sexo: el varón sirve solo para empujar el feto, de modo que
ya fuera éste, se le puede despedir; la comadrona
recibe la criatura, la limpia.... en fin, es la que
asiste á la parida durante el puerperio.

Según los ilocanos, no deben asistir á una parturienta otras personas que su marido, madre y la partera, para que no sea laborioso el alumbramiento.

Las parturientas pasean antes de dar á luz: unas alumbran sentadas en cuclillas y otras acostadas.

Si el feto tarda en salir, bebe la parturienta algunos cocimientos. En Manila, toman á veces chocolate para conservar, dicen, sus fuerzas. Más, si sobreviene una angustiosa situación, entonces el comadron ó la comadrona se cortan las uñas y extraen con sus propias manos la criatura, acabando á veces con la vida de la infeliz, que haya caido en sus garras.

Después del parto, la comadrona baña con agua tibia la criatura y corta el cordon umbilical con un trozo de caña y es creencia que el acero ó hierro es perjudicial para estas aplicaciones.

Cortado ya, se quema la punta del resto, que luego secan ó curan con polvos de la cáscara de coco.

Después van á arrojar la placenta, con ceremonias especiales, según sea la provincia.

Los campesinos de Ilocos Súr la cogen y van á colgarla de la rama de un árbol, dejándola á la acción del viento ó de la lluvia. Con ésto, según ellos, el niño logrará la virtud de resistir á los rigores del frio. Otras veces arrojan la placenta al río, para que el niño sea con el tiempo buen nadador.

Los de Ilocos Norte tienen otra manera de hacer estas cosas. Uno, que es por lo regular el padre del recien nacido, despues de envolver la secundina para preservarla del aire, se dirije cabizbajo llevándola á un hoyo, abierto *ad hoc* de antemano, para sepultarla allí. Es necesario que no dirija su vista á ninguna parte más que al suelo, pues si en su camino se fija en cualquier objeto, la criatura será bizca.

Los naturales del Abra la ponen en una olla, la cual tapan con un pedazo de papel escrito, como los tagalos, para que la criatura sea ilustrada y de talento. Con tales requisitos entierran la olla en el solar de la casa.

El primer alimento, que los ilocanos dan á los recien nacidos, es el jugo de una legumbre conocida en el país con el nómbre de *amargoso* ó *ampalea* (*momordia balsamina*.)

A esto sigue la miel, y al cabo de dos ó tres días, la leche.

Las paridas ricas beben cocimiento de raices de corantillo ó zarzaparilla; las campesinas el cocimiento de la trepadora *anonang* (no es el *anonang* del padre Blanco), como las tinguianas.

Se soban por las comadronas unos quince ó más dias, según dicen, para reponer los huesos que se han dislocado por el parto.

III

BAUTIZO Y «REBAUTIZO»

Los ilocanos toman el nombre de los Santos, cuya festividad se celebra en el día, en que vienen al mundo. Raro es el que no celebre—en un solo tiempo sus dias y cumpleaños, porque, según me ha explicado una ilocana, si se dá otro nombre á la criatura, los Santos respectivos suelen darse por ofendidos, acabando por arrancar ó acortar la vida de la criatura;—porque parece que no sirven para patronos, sinó solo aquellos, cuyo nombre preferimos.

Sin embargo, los fiscalillos de aquellas parroquias

suelen dar nombre común á todos los que se bautizan en un mismo día, á fin de que el Sacerdote no se canse en decir muchos, apuntándolos con anticipación en los libros canónicos. El que dan, suele ser el del santo, ó santa según los sexos, cuya festividad se celebra en el día del bautizo. Esto lo hacen los fiscalillos con la gente del pueblo, que no se atreva á contradecirles.

Muchos de la clase baja se olvidan ó ignoran el día de su nacimiento y lo fijan como tal el. de su nombre ó bautizo.

Preocupaciones. Si durante las ceremonias del Sacramento, se apaga la vela del padrino ó madrina, la criatura tendrá pocos días de vida.

Lo mismo, si no llora la criatura, al echar el Sacerdote las saludables aguas del Jordan.

Si el bautizado no llora, cuando se pone sal en su boca, será virtuoso.

Padrinos. Suele haber uno para cada niño; es decir: si éste es varón no necesita de madrina y vice-versa. El padrino ó madrina, al volver de la iglesia, coge la criatura y la entrega á sus padres con cierta cantidad de dinero para el niño, el cual obsequio se llama *pauisit,* es decir: para que tenga buena suerte.

Rebautizo. Expliquemos este nuevo término hispano-filipino. La gente del campo suele volver á bautizar á sus hijos pequeñuelos, cuando éstos padecen de grave enfermedad.

Cuando uno es atacado de calenturas malignas, acuden á algún curandero. Y éste pregunta por qué sitios ha pasado, qué es lo que ha hecho su padre, y si ha estado cortando árboles ú otra ocupación en el

campo. Después, pide aceite de coco recien extraido
y pone en él alguna hoja de betel ó de *angelito*
(yerba que crece en los sotos, de hojas semejantes á las de siempreviva). Si éstas no se agos-
tan, es señal de que la enfermedad no obedece
á venganza de algun *anito*, y vice-versa. En el caso
contrario, el curandero encarga que preparen *diket*
(arroz pegajoso), cerdo y gallinas En el día señalado lleva guitarra ó *kotibeng*, sable, lanza *(gayang)*,
palmas de coco, huevo y una moneda de plata de
á real fuerte; los coloca verticalmente, sin apoyar-
los en nada, y se pone á bailar, zarandeándolos
delante del enfermo; luego atraviesa con la lanza
el cerdo que debe estar allí amarrado. Muerto éste,
le queman la piel, lo parten en dos y llevan una
mitad al lugar donde haya cortado árbol ó estado el
enfermo. gritando:—*Amigo,* (el *anito*) *aqui está lo que
te corresponde.* La otra mitad se condimenta para los
concurrentes. Después de la comida, el curandero
pone boca abajo un plato de madera (*latok*) y en
el respaldo traza una cruz, diciendo que cambia
el nombre del enfermo, para que éste se cure y
el que no siga aplicándole este nuevo nombre, padecerá de hernia, si es varon, y se le bajará la matriz,
si es muger. O descarga en el acto un golpe de
machete en algun harigue.

Estas ceremonias se llaman *buniág ti sirok ti latok,*
ó simplemente *buniág*, de *Kabunian* ó *Buni*, dios de
los antiguos ilocanos, según el citado P. Lopez.
por lo que se prohibió aplicar aquel vocablo al
verdadero bautismo en un concilio provincial de
Kalasiao, Pangasinan.

De ésto resulta el que muchos ilocanos son conocidos por nombres distintos de los que tienen en los libros canónicos.

IV

CASORIOS

Ilocos Sur. Cuando uno quiere contraer matrimonio manifiesta sus deseos á sus padres, los cuales si las apruéban, ellos mismos, ó buscan una persona de mucho valimiento con la familia de la jóven, que pida la mano de ésta.

Sólo los del campo usan las donaciones *propter nuptias* que se llaman *sab-ong.*

Y sin otras ceremonias, se toman los dichos.

Si se trata de pudientes, el Párroco vá á la casa de la novia, á donde acude el futuro esposo acompañado de sus amigos y parientes varones. Y si son de la clase media ó inferior, se llegan á la vicaría ó, como llaman, convento del Cura Párroco.

Tratándose de clases acomodadas, el casamiento se celebra á las cuatro de la madrugada. En esta provincia como en las demás ilocanas (1), es costumbre casar en lunes, miércoles ó sábado. Antes de la hora señalada, una banda de música recorre la población, tocando pasos-dobles, para despertar á los invitados á las ceremonias nupciales.

Celebrado el matrimonio, se retiran en dos grupos: vá primero el del sexo feo y sigue el bello, no companándoles ninguna banda de música.

_____

(1) La comarca ilocana se compone de 4 provincias: Ilocos Norte, id. Sur, Union y Abra.

Pero en la casa, donde se deben celebrar los festejos, les espera una que, apenas los divisa, toca
danzas.

Los del pueblo no gastan músicas.

Los del campo se casan á las siete de la
mañana en grupo con los del pueblo, si los hay;
y se retiran á las ocho. A esta hora llega la banda
de música, que les conduce á sus lejanas casas. Y
como en cada pueblo, excepto el de Vigan, sólo
hay una banda y los desposados son muchos, de
aquí el que la única suele no acabar de conducirles
hasta muy entrado el día. En *Ilocos Norte*, hasta las
12 de la mañana. Cuando el caso apura, la banda se
divide en dos ó tres grupos compuestos de seis ó
siete músicos; pero todos con el indispensable bombo,
pues no gusta el poco ruido.

La comitiva se divide también en grupos y tras
de ellos la música, que les acompaña tocando ensordecedores pasodobles.

Es indispensable que el novio vista una cham-
berga ó chaqueta negra ó de color.

Las ilocanas gastan mantos de tela negra y lus-
trosa, como ya hemos dicho; pero tanto la novia
como sus acompañantes no los usan en estos casos.
á diferencia de las mugeres de los principales, y
los llevan doblados encima de la cabeza con un
quitasol *cerrado*.

Los festejos varían casi en cada pueblo ó barrio.
En las afueras de Cabugao, he visto en cierta ocasión á dos muchachas arrojar desde la bóveda de la
casa de la boda, al llegar los desposados, unas golosinas que llamamos *okilas*; y todo el mundo las
recogía á porfía con grande algazara.

Ilocos Norte. A veces suelen los padres de familia celebrar capitulaciones matrimoniales para sus hijos recien-nacidos, ó antes aun del parto. Estos contratos se formalizan á la edad de 10 ú 11, y de 12 ó 13, según que sea muger ó varón, y á veces se casan, ocultando por supuesto sus verdaderas edades.

La mayor parte de los contratos esponsalicios se hacen sin el conocimiento de los hijos y de aquí el que muchas jóvenes se casen con disgusto y después de duras intimaciones. Es preocupación que el enlace celebrado sin consentimiento paterno, es funesto.

Los de esta provincia no se atreven á pedir la mano de ninguna muger sinó sólo en dias de jueves, sábado y domingo, creyendo aciagos los demás.

Forman el comité de solicitala regularmente la madre, una tia y la abuela, si aún vive alguna del novio, las cuales se cuidan de no encontrar en su camino mugeres en estado interesante, lo cual tienen por mal agüero, como los chinos.

Al llegar á la casa de la jóven pretendida y al fin de preámbulos, que tienden á ensalzar las cualidades del pretendiente, exponen el objeto de la extraordinaria visita.

Los padres de la muger suelen contestar que explorarian antes la voluntad de ésta.

Después de tres ó cuatro visitas, cuando los padres manifiestan aprobar el proyectado enlace, las comisionadas del novio suelen entregar una moneda de oro ö plata, llamada en esta provincia *paminting*, y *palalian* en otras de la comarca ilocana; cuya moneda formaliza el *si* ó la base de la sucesiva capitulación matrimonial.

Esta se otorga en otra visita. Se tratará de los bienes, que el novio debe aportar al matrimonio. Estos se llaman *sab-ong*, y los constituyen cierta cantidad de dinero, si el pretendiente es rico, terrenos, alhajas, valiosos vestidos, bonitas chinelas; si de pobres se trata, bastan un arado montado y lo necesario para ganar modestamente la subsistencia.

En la víspera de la boda, los parientes del novio se reunen en la casa de éste y juntos, á veces con una orquesta al frente, se dirigen á la casa de la novia para entregar el consabido *sab-ong* y unos cestillos primorosos, que contienen finísimo algodon, un puñado de arroz de primera clase, un salero, un *tabo* blanquisimo (corteza de la fruta de coco, que les sirve de vaso para beber,) y varios caprichosos cucharones de madera, llamados *alló*.

Sirve el algodon, segun el vulgo, para que los futuros cónyuges no carezcan durante su vida de buenos vestidos; el arroz, para que siempre tengan el necesario alimento, pues este cereal es su base; el salero, á fin de que no les falten manjares; el *tabo*, para que no perezcan de sed, y los cucharones, para que tengan todo lo necesario para vivir.

Pocos dias antes de la boda, prohiben al novio sus deudos pasear ó ir á los campos, y segun el vulgo, en este tiempo le amenazan muchos peligros.

Hé aquí otras preocupaciones relativas á los casamientos.

Si la novia contesta en voz muy baja, cuando el sacerdote le pregunta su nombre, los desposados no tendrán buena unión.

Si cae casualmente una de las arras en el acto de las ceremonias, los cónyuges derrocharán el dinero.

Cuando los desposados se dán la mano, la novia suele pisar algún pié de su futuro esposo, para que ella pueda dominarle después.

De los desposados, el que tenga vela más resplandeciente, tendrá vida más larga.

Al llegar los novios de la Iglesia á la casa de los regocijos, se detienen en la escalera. La comitiva á veces entona un himno *sui géneris*, lleno de ¡Albricias!, arrojando flores á los desposados. Después, van los padrinos por velas, que entregan á sus ahijados y juntos suben. Es preocupación que si uno de los cónyuges se adelanta al otro á subir, alguno de ellos cometerá adulterio y tendrán una vida ruidosa.

Ya arriba todo el mundo, rezan delante de una imágen sagrada un Pater noster, Ave María y Salve en acción de gracias, y acto continuo rezan por el eterno descanso de las almas de sus difuntos parientes mas cercanos. En este acto, según la preocupación, el desposado que tenga vela, cuya luz no se agita, vivirá menos tiempo. También es creencia que las bodas celebradas con excesiva pompa suelen resultar fatales, siendo castigado por Dios su orgullo.

Los concurrentes que se sientan á la mesa deben tener todos camisa blanca. Para sentarse uno de camisa rayada, necesita pareja que lleve semejante vestido, siendo necesario que el número de los de camisa rayada sea par. En la mesa principal no se admite á ninguno que vista luto. Estos comen en la cocina ó mesa separada.

En la boda los novios comen *mongos* gordos, á fin de que la mujer sea fecunda.

La fiesta se celebra en la casa del novio con libaciones, música, tertulias y juegos á los naipes.

En la noche del casamiento, el novio duerme en la casa de sus suegros, y la mujer en la de los suyos. Al dia siguiente se reunen de nuevo en la iglesia, para oir misa, después de la cual se dirijen todos á la casa de aquella y allí se celebra otro *dayá* (fiesta). Por la tarde, á eso de las cuatro, se interrumpen los bailes y otros regocijos, y empiezan las algazaras del *panagtutupák*. Este consiste en hacer sentar en cuclillas en medio de la casa á los desposados, rodeándoles sus parientes en un gran círculo. Al lado de los novios y tambien en el centro del círculo, se sientan los padrinos de boda. Cada uno de los desposados lleva una copita y un frasco de *basi*.

Los parientes de la novia ofrecen á ésta, y los del novio á él, cantidades de dinero, que van colocando en los platos que respectivamente deben llevar los padrinos. En cambio de estas ofrendas, los desposados dan varias copitas del consabido *basi*.

Los padrinos gritan alentando á los donantes, y éstos prorrumpen en mil aclamaciones de alegría, armando gran bulla.

En la mañana del tercero dia, se reunen otra vez en la iglesia, donde oyen misa, después de la cual se retiran á la casa del novio, donde se celebra otra fiestecita, que llaman *panag-guugas* (limpieza de los platos que se han usado).

Por la noche tienen lugar las ceremonias del *panangjikamén*. En la hora ya de dormir, extienden tres petates (esterillas) unidos, donde se acuestan los desposados y una vieja en medio de ellos. Esta cicerone pasa la noche sin dormir con una vela encendida en la mano. Después la apaga.

En la mañana del siguiente sábado, cónyuges, padrinos y parientes van al rio á bañarse todos. En la tarde del domingo siguiente á la boda, en horas de las cinco, los deudos del novio llevan el ropaje de éste á la casa donde se reunen las ropas del nuevo matrimonio, disputándose el honor de tener mayor número de ellas Finaliza la función con un bailecito.

A todo ésto añadiremos las siguientes líneas, que me ha escrito uno de Ilocos Norte:

«Los padres del novio llevan frascos del consabido *basi* á la casa de la novia, para celebrar con libaciones la formalización de las capitulaciones matrimoniales. Es de ver en estos actos á los consuegros cambiarse sus copas llenas de *basi* brindando por la salud del nuevo matrimonio.

Por lo regular, el novio viste en la boda camisa de lienzo Canton ó de color crudo, chaqueta y pantalon de seda, rosario de cuentas gordas, y *salakot* adornado de plata.

Y la muger, saya, camisa y *kandonga* lujosas, *tapis* de seda, peineta, agujas, anillos y rosario de oro, *tumbaga* ó coral. En fin, de todo menos de chinelas.

Cuando la boda se quiere celebrar con pompa se mete mucho ruido de tambores y repiques de campana, pudiéndose decir que casi todos los movimientos de los desposados se anuncian con tambores y campanadas.

Terminadas las funciones de Iglesia, el padrino y la madrina toman de su cuenta una banda de música (en todo el Archipiélago los gastos de bautizo, casorio y muerte de los ahijados), son costeados por los padrinos), que irá delante de la comitiva.

En el camino se distinguen los recien casados por el lujo. El novio cubre con un quitasol á su consorte y juntitos caminan despacio con los ojos clavados en el suelo».

La Union. En esta provincia hay otra manera de pedir la mano. Cuando uno desea casarse, lo dice á sus padres.

Estos á su vez trasmiten los deseos de su hijo á la familia de la pretendida y si aquella aprueba el casamiento proyectado, abre las puertas de su casa al pretendiente, á fin de que éste implore personalmente el consentimiento de la jóven. (1)

En lo demás, los usos semejan á los de Ilocos Súr.

Abra. En esta provincia, el consentimiento de los padres de la novia se consigue con ciertas condiciones: es necesario que los padres del novio se comprometan á dotar á los futuros cónyuges, de los bienes que la familia de la jóven requiera.

El pretendiente dá una lista de los bienes que debe llevar al matrimonio, la cual lista se formaliza en el día de la boda con testigos en un documento, que debe guardar la familia de la jóven, para demandar ante el juez competente á los padres del novio en caso de violarse después lo estipulado.

En Abra también se estila el consabido *palalián*, el cual suele consistir allí en anillos ó varias monedas.

A veces se pide la mano, por medio de cartas.

_____

(1) En mi libro ARTÍCULOS VARIOS *sobre la etnografía, historia y costumbres de Filipinas*, hay dos artículos titulados *Il libro dell' amore* y *Un tenorio indígena*, en los cuales se habla de las costumbres del país sobre amoríos.

V

DUELOS

Agonías. Los ilocanos ayudan al moribundo á bien morir, leyéndole á grandes voces el *Panang-Jesús.* Y en cuarto aparte, rezan los demás de la casa.

Los de Ilocos Súr cuidan mucho de que ninguna mosca se pose en el rostro del agonizante, creyendo que aquella pesa sobre éste, como si fuera una montaña.

En tiempos anteriores (y aún ahora (1) se citan varios casos en algunos pueblos de Ilocos Norte) se observa con mucha atención cuántos dedos extiende el agonizante en sus últimas convulsiones.

El número de dedos extendidos, es el de las personas, que los parientes más cercanos del moribundo deben asesinar por su mano ó por medio de otros, siendo preocupación que si no cumplen con este deber, morirán dentro de pocos dias. Los deudos del difunto no están precisamente obligados á matar á sus víctimas, sinó sólo deben cortar un dedo meñique (2) de la mano (no sé si la derecha ó izquierda)

---

(1) El ilustrado Profesor del Notariado en la Universidad de Sto. Tomás de Manila, D. José Moreno Lacalle que ha sido Alcalde Mayor de Ilocos Norte, me ha asegurado haber entendido en causas criminales sobre el *panagtutuyó,* ó *sibrong.* como lo llama el Diccionario del P. Carro.

(2) Los hotentotes del Africa, los guaranos del Paraguay y los californianos se amputan el dedo pequeño para mostrar dolor por la pérdida de un pariente.—Forster, *Viage alrededor del mundo,* tomo 1 pág. 435.

por cada uno de los extendidos por el agonizante;
pero matan al que le cortan algún dedo, temiendo
ser denunciados ante los tribunales de justicia.

Recogen los dedos cortados é ignoro á donde los
llevan.

Los comisionados á llevar á cabo el encargo del
difunto se visten de negro y ván á los lugares retirados para cazar hombres, sin distinción alguna.

En Abra la preocupación es otra: algunos viejos ó
viejas registrán los piés del cadáver, los cuales si
se encogen, presagían la próxima muerte de otro
individuo de la misma familia.

Los ilocanos señalan como caso de contagio el ponerse á la cabecera del agonizante, creyendo que al
morir, se escapa del cadáver la enfermedad y se
apodera de la persona, que está allí.

Mortaja. Apenas espira uno, varias viejas ó viudas,
lavan con agua tibia el cadáver antes de amortajarle.
La mortaja se compone de los vestidos más ricos del
difunto ó los de la boda, si aún existen; en Ilocos
Norte suele cambiarse tres veces durante el día y
todas las alhajas de valor se ponen en el cadáver, como postrimer adios á las cosas del mundo. Antes de
bajar de la casa el cadáver, se lo viste de hábito de
religioso franciscano.

Dícese que el que muere repentinamente se
corrompe más pronto que los demás cadáveres. En
Ilocos Norte se usa el oro, para evitar la descom-
posición rápida, introduciendo en la boca del cadáver una moneda ó alhaja cualquiera de aquel metal.

Es creencia que metiéndose cierta cantidad de azo-
gue en la boca ó en el recto del cadáver, éste se

levanta á perseguir á los concurrentes y cae apenas tropieza con cualquier objeto.

Visitas. El cadáver suele permanecer 24 horas en la casa mortuoria, á donde acuden á visitar los amigos del difunto.

Estos preguntan qué enfermedad causó la muerte y los de la casa refieren el asunto con todos sus pormenores, echando la culpa á alguno, pues en los pueblos ilocanos, no se muere si no por culpa de un prójimo.

Las viudas (raras veces los viudos) de la clase media é inferior suelen plañir, recitando el poema de su unión, desde sus primeras relaciones de amor hasta las últimas palabras ó encargos del difunto. Como es natural, todo el auditorio se entristece, derramando amargas lágrimas.

En las provincias ilocanas es costumbre que alguno ó alguna esté al lado del cadáver, cuidando de que las moscas no se posen en él. En algunos pueblos las parientas cercanas del difunto suelen turnar en plañir alrededor del cadáver. Los lamentos suelen ser estudiados de antemano y cantados en tono menor *sui géneris.* Los hay conmovedores y otros que incitan á reir, como la siguiente estrofa:

¡Ay anakko bunga!
Bilbilinenka, ama;
Ta no makitam ni Kal-lá
Pakomustaamto komá.

Traducción:—«Ay hijo y fruto mío, te encargo que si llegas á ver á Clara (alguna que habría fallecido) le des mis expresiones.»

Este es plañido de una, que no es parienta del

difunto, y que se incitó á llorar recordando la muerte
de su hija Clara.

Las mujeres de los principales suelen limitarse
á gemir.

Las puramente plañideras son *rara avis* en Ilocos
y suelen ser viejas borrachas, que entonan versos
capaces de volver la vida al cadáver, para acompañarlas con grandes carcajadas; como las ploratrices de los hebreos y las que hubo en Castilla en
tiempos del Cid.

Funerales. Los parientes y amigos del difunto regalan velas para los funerales, y asisten al entierro.

Si es de la clase pudiente el finado ó su familia, algunos Sacerdotes le acompañan desde su casa á
la iglesia, deteniéndose tres veces en el camino por los
responsos. La comitiva suele ir acompañada de una
ó más bandas de música.

Los acompañantes se dividen en dos grupos: de
varones y mujeres. Si hay viuda, vá la última con
la cara velada por el manto ó *lambong* y siempre llorando. En Ilocos Norte, vá rodeada de viejas.

Si se trata de pobres, los cadáveres se llevan á
la Iglesia en ataudes cuadrilongos *sui géneris.*

Los niños muertos son conducidos por una banda
de música, sin los grupos de que hablamos anteriormente.

Sus ataudes son adornados con flores de papel, singulares y curiosos.

Antes de cerrar el féretro, los hijos ó nietos del
difunto besan su mano, oyéndose desconcertados sollozos. Las viudas ó las cercanas parientas suelen
prorrumpir en desesperados gritos.

Desde el día del entierro, comienza el novenario
en sufragio del alma del difunto. Por la mañana las
mujeres de los parientes y amigos íntimos del finado
oyen misa en grupo; después van á la casa mortuoria á orar por el alma de él y terminado el rezo,
desayunan. Por la tarde vuelven á reunirse en la casa
mortuoria para rezar.

El último día del novenario, que llamamos *panag-
pámisa*, se celebra con una reunión, que viene á ser
una fiestecita.

Preocupaciones sobre difuntos. Las hay muchas y varían según las provincias; pero debemos advertir que las
prácticas supersticiosas son en las provincias ilocanas
como otras partes, propias solamente de los campesinos, siendo rarísimos los principales que las siguen.

Ilocos Norte. Al llegar la viuda ó viudo á la casa mortuoria, viniendo del cementerio, después de la sepul-
tura del cadáver, se le hace sentar en un rincón, de
donde solo se levanta cuando vá á dormir ó á la Iglesia; y dos viejas no se separan de su lado. La viuda
en esta posición, no se fija en ningún objeto, teniendo siempre la boca tapada con una mano.

Las ventanas del cuarto donde está ella, se
cierran durante el novenario. En cambio, todas las
puertas de la casa se abren á todas horas, para
que pueda entrar la sombra del difunto, por si algun encargo tiene que comunicar á la familia.

Según una conseja general en Ilocos, el alma vuelve
al mundo al tercero y noveno día de la muerte del
cuerpo, para visitar los lugares, donde había estado
en vida, como ya hemos dicho en el capítulo anterior. Es como una sombra, y no puede cami-

nar en medio de la casa sino apegada á las paredes! Muchas veces abraza á los vivos por la espalda
y se agarra á aquella parte; entónces, para que
se largue, debe uno coger un ramo espinoso y azo-
tarse la própia espalda.

En Ilocos Norte, se distingue mejor el alma, que
sale de este mundo *(cararuá)*, del alma ó sombra
llamada *anioaás* ó *alaliá*.

Creen allí que el hombre al morir, deja rastros de su
existencia en el mundo, que los naturales llaman *ara-
riá* ó *anioaás* (*alalia* en Ilocos Súr) y es general
la creencia de que esta sombra sobrevive en la tierra,
lastima, mata, apaga las luces, frecuenta los lugares donde el difunto solía estar en vida; á veces
toma la forma del mismo finado y suele aparecer
á sus allegados. Muchos ilocanos aseguran haber
visto sombras.

En Ilocos Súr, se cree que *anioaás* es diferente
del *alaliá*: es como una sombra invisible que se desprende del cuerpo humano, aún vivo, que repite lo
que aquel haya hecho. En Vigan á eso de las ocho de la
noche íbamos á la Iglesia á escuchar lo que hacian los
anioaás, cuyas pisadas, según se decía, se oian á aquella
hora. Se tomán por *anioaás*, otras veces, los fuegos fátuos.

El día siguiente al del entierro, hacen una mecha
de trapo, enciéndenla y ván al rio. Aquí queman
varias pajas de palay, de cuyas cenizas hacen una
infusión mezclada con *basi*. Con esta lejía se lavan
todos la cabeza.

Luego, una vieja, viuda por añadidura, agarra
la cabeza de la viuda ó viudo, la sumerge y hace
dar tres vueltas debajo del agua, cuya ceremonia se
repite tres veces.

Despues del baño, se retiran á la casa del duelo y allí toman la golosina indispensable llamada *niniugan*, que se confecciona de arroz pegajoso *diket*, y coco, sin azúcar ni nada dulce; entonces es bueno comer frutas de amargoso, para no contagiarse de la enfermedad del difunto.

Antes de sentarse los concurrentes á la mesa, colocan un plato de *niniugan* en algun rincon para la sombra del finado.

En la noche del quinto día, varias viejas y viejos parientes acompañan al viudo ó viuda, guardando absoluto silencio en el camino, á cualquiera sementera, donde tengan parientes, á cuya casa suben y le hacen al viudo asomar á la ventana. Si vé algún varon, es probable que se case otra vez; y viceversa en caso contrario.

En el último día del novenario, confeccionan golosinas de diversas clases y matan vacas y cerdos (si es rica la familia). Descuartizada la res, cuando de ella nadie ha comido aún, ponen un pedazo en el plato y lo colocan en algún rincon para el difunto. Si algún pillastre hurta el contenido del plato, los de le casa creen como dogma de fé que se lo ha comido el *alaliá* (sombra), pues según la preocupación, el que se atreva á hurtar este manjar crudo, irremisiblemente padecerá grave enfermedad.

Una mesa, espléndida de golosinas y manjares, se pone desde el toque del *Angelus*; pero nadie puede sentarse á dicha mesa, sinó después de las ocho de la noche y de las oraciones en sufragio del alma del finado.

Ilocos Súr. Los campesinos de esta provincia tienen prácticas análogas á éstas con pocas diferencias.

Dicen que si se detiene el ataud en la escalera, al bajar, se queda la sombra del finado internándose en el cuerpo de algún pariente. Éste pierde la razón y en él habla la sombra con la misma voz del difunto. Son los llamados *maluganan* (ocupados), de que hablamos en la pág. 46.

Es malo ver el ataud dentro del nicho ó al bajar á la fosa, so pena de morir dentro de poco, escepto los sepultureros.

Abra. Antes de cavar la tierra destinada á sepulcro, los encargados de esta operación, trazan una cruz en el punto señalado, rociándolo con el vino *basi.*

Abierto ya el hoyo é introducido el ataud, **cada uno de los sepultureros echa un puñado de tierra.** Morirá dentro de breves días el que no cumpla con este requisito.

Los sepultureros no pueden subir á la casa del duelo sin haberse antes lavado las manos y piés, primero con sangre de pollo blanco, luego con *basi* y últimamente con agua tibia.

Union. El día siguiente al del entierro, los parientes del difunto se dirigen á algún río ó mar, acompañados de una vieja, que sirve de sacerdotisa ó *katalonan,* como se llamaban las primitivas de Filipinas.

Ya en el río, encáranse con la parte, á donde se dirige la corriente. En esta posición, la vieja lava las cabezas de la viuda y los huérfanos con la infusión de paja quemada de palay, ó de go—

go. Durante estas ceremonias, la bendita murmura una oración.

Acto seguido, se bañan todos.

Ya en casa, la sacerdotisa les sahuma con una plancha llena de plumas de gallo ó trapo. Con esta medida dicen que se quita la languidez producida por la muerte del difunto.

Concluido ésto, se dirigen al cercado de la casa y pasean por sus orillas. En estos jardines ó cercados siempre debe haber algunos plátanos ó árboles, que dan frutas comestibles. Y si encuentran un plátano, lo arrancan de raiz, después de rezar un Padre Nuestro; y si tienen frutas se las comen.

Lutos. En Ilocos Norte no visten luto los parientes del difunto, sinó sólo desde aquella hora, en que éste usa su último vestido. Entonces las viejas cubren de luto al viudo ó viuda, y solo se les ven los ojos.

En la Unión tienen esta particularidad: en el último día del novenario, después de la comida, la viuda y los huérfanos se colocan en una fila, y la vieja que sirve de pitonisa, después de rezar unas oraciones, les quita el manto, que hasta entonces llevaban desde el primer día en señal de luto. Desde aquí ya pueden usar vestidos de cualquier color, con tal que lleven colgado del cuello un liston negro.

En general, las parientas del difunto llevan mantos cerrados por delante quedando abierta solamente la parte de la cara hasta el pecho, siendo menor ó mayor la abertura, según que sea próximo ó lejano pariente el difunto.

Por término medio el luto dura un año, según

sea el grado de parentesco, teniendo la viuda durante los primeros meses, que llevar el manto á donde quiera ir, aún no siendo á la Iglesia.

Entre los *varones* del campo es costumbre llevar mantos, si son huérfanos ó viudos.

Entre los ilocanos hay también lutos de alivio y medio luto.

VI

FIESTAS DE LAS AUTORIDADES

Pasemos á hablar de las tradicionales felicitaciones, con que los ilocanos agasajan á los jefes de provincia ó alcaldes mayores (1).

Acuden á festejarles por sus días ó cumpleaños todos los gobernadorcillos de la provincia.

Les acompañan sus respectivas bandas de música, graciosas pollitas (por lo regular las más bonitas del pueblo) y la principalía.

Llevan delicados regalos, consistentes muchas veces en caprichosas jaulas llenas de pájaros, palilleras, venados, dulces y mil frutas delicadas.

En la víspera de la fiesta, despues del toque de las oraciones, acude la flor y nata de la provincia á la *Casa-Real*, que así se llama la residencia del alcalde, para saludarle.

De grupo en grupo se presentan los pueblos con el gobernadorcillo respectivo al frente de la principalía; siendo el primero, en Vigan, el del gremio de

(1) Recientemente se han creado los Gobernadores Civiles en Filipinas, sustituyendo á los Alcaldes Mayores en sus funciones gubernativas.

naturales, al que suele representar un jóven elegante-
mente vestido á la europea, el cual pronuncia el
discurso de felicitación, terminando por ceñir la frente
del alcalde con una preciosa guirnalda de flores artificiales y por depositar en sus brazos una perfu-
mada palma.

Despues de la *coronación*, un coro de jóvenes y
niñas de voz sonora, entona un himno acompañado
de orquesta ó armonium.

Sigue luego el gremio de mestizos, que siempre
se distinguió por sus discursos é himnos, escritos
por ilocanos instruidos; por el lujo de sus laureles
y palmas, por el arte y primor con que los hacen.

Despues de las *coronaciones* y los cantos, suelen
soltar, especialmente los mestizos, algunos globos de
caprichosas fórmas y quemar varias piezas píricas,
á las que sigue una ruidosa lluvia de cohetes.

A las nueve, se retira la principalía con las señoras sin hijas, quedándose las pollitas con sus ma-
dres para el baile, que entónces comienza entre los
empleados, funcionarios y otras personas.

A las cuatro de la madrugada, las bandas de música recorren las calles de la cabecera, tocando dia-
na, para despertar al vecindario.

Poco antes de las ocho, los gobernadorcillos con
sus tenientes, alguaciles y bandas de música, se dirigen á la *Casa-Real*, desde donde se trasladan á la
Iglesia con el alcalde y todos los funcionarios públicos de la provincia.

Oyen misa solemne y se canta el *Te-Deum*.

Llegada la noche, otro baile tiene lugar. Algunas
veces por la tarde hay *cucañas*, juegos de anillo,
moro-moro y otras diversiones ilocanas.

Llámese como se quiera al que pronuncia discursos escritos por otros y hablemos algo entre paréntesis de él. La presencia de ánimo suele encontrarse entre los traviesos jóvenes, de los cuales se escoge un orador. Sin embargo, varios de ellos se aturden en el acto y muchas veces se olvidan del discurso al llegar á ciertos periodos: miran entónces á los gobernadorcillos, como si quisieran preguntarles algo; pierden la palabra y... allí fué Troya: *Plancha! calabaza!* se oyen por todas partes, estallando una ruidosa tormenta de carcajadas y voces de *fuera! fuera!!*

No solo á los alcaldes se felicita, sinó tambien á los Obispos y provisores de la Diócesis. Recuerdo que en cierta ocasión. un orador del pueblo de Cauayan... no hizo plancha, fué más que plancha aún: ignoro quién le había enseñado aquellos exageradísimos ademanes que no parecía sinó que estaba insultando al que entónces felicitaba.

Tambien varios alumnos del Seminario de Vigan felicitan á sus superiores, pronunciando discursos. En estos casi siempre se piden... no sé cuántas semanas de vacación de aulas.

Uno de estos oradores hizo plancha precisamente en aquello de «vacaciones.»

Entonces el público le apuntó diciendo *vacación! ¡vacación!...*

Todo esto en Ilocos Súr.

En Abra rarísimas veces se entonan himnos y en ese caso las cantoras y cantores van de Vigan. La paga suele consistir en algunas bueyes á cada individuo.

De los pueblos acuden igualmente la principalía y las indispensables pollitas á saludar al gobernador de la provincia.

En Ilocos Norte los regalos suelen consistir en finísimos tejidos de Ilocos, mantelería, pañuelos etc., etc.

Allí no faltan discursos, especialmente de los pueblos de S. Nicolás, Bacarra y la cabecera.

Acuden también á festejar al alcalde la principalía con sus bandas de música, lindas ilocanas y los graves gobernadorcillos con sus subalternos.

Bailes en la Casa-Real, comilonas en el tribunal de la cabecera y otros regocijos por todas partes, completan la fiesta. Raras veces se cantan himnos.

Los ilocanos felicitan á sus *alcaldesas mayores* en sus días.

Lindas *babbalasang* (solteras) se reunen en la casa del gobernadorcillo de cada gremio y al anochecer se dirigen á la Casa-Real.

En la sala de recepción, el gobernadorcillo presenta á la alcaldesa las señoras de la principalía que tambien ván á saludar á la *señora* (así se llama allí la esposa del alcalde); del *bouquet* ó grupo de bellezas, se adelanta una jóven y felicita á la *señora* con un correcto discurso.

Despues de la felicitación, las bellas ilocanas entonan himnos.

Los discursos terminan con la consabida *coronación*, ciñendo la frente de la alcaldesa con una guirnalda de flores artificiales y perfumadas, y depositando en sus manos una palma.

Y no sólo se felicita á los Alcaldes mayores y sus señoras, sino tambien á sus chiquitines. Los hijos (niños) de los Sres. Regidor y Marzan, jefes que fueron de Ilocos Súr, fueron pomposamente festejados en sus cumpleaños por la prin-

cipalía de ambos gremios de Vigan. Dos comitivas
(naturales y mestizos) de chiquillos uniformados con
chaquetas, imitando á los tenientes de justicia, con
sus gobernadorcillos correspondientes al frente, y
acompañándoles sus respectivas bandas de música,
acuden á la Casa-Real, donde uno de ellos felicita y
corona al niño ó niña.

Llama la atención la soltura con que los *oradorcitos*
pronuncian discursos en castellano.

Entre los diversos regocijos que los fernandinos dedican á sus jefes, hemos citado los globos de artísti-
cas formas. Tal vez ellos son los que los confeccionan mejor en el Archipiélago.

Pabonar: se llama así la fiesta con que los gobernadorcillos celebran el dia que toman el baston de
tales. Varían las ceremonias según los pueblos. De
la Casa-Real, después de prestar juramento ante el
Gobernador de la provincia, se dirigen á la Iglesia
á rezar, con numerosa comitiva de tenientes y alguaciles, y banda de música. Después ván á la casa
del nuevo pedáneo, donde se baila, canta y come.

VII

FELICITACIÓN Á PARTICULARES

Cuando las simpáticas y hermosas ilocanas (solteras) celebran sus cumpleaños, pues allí no se celebran los dias, sus pretendientes (vulgo, *dongguiales*)
las agasajan con cartas de felicitación. Estas suelen
ser dibujadas y lujosísimas, conteniendo versos acrósticos, escritos á veces con tinta dorada y letra gótica,
que es la que más agrada á los indígenas.

Hé aquí una muestra, que me han facilitado:

    Pura y risueña la aurora
    muestra hoy sus lábios de rosa
    alegrando con su hermosa
    faz las regiones de Flora.
    Entona dulce trinado
    el vistoso pajarillo
    al gran Febo, cuyo brillo
    anima á todo ser creado.
    Preciosas ábren las flores
    su capullo peregrino
    á recibir el divino
    rocío y ricos olores.
    Aura suave y cariñosa
    acaricia los sentidos;
    mi corazón dá latidos,
    de júbilo, Pepa hermosa!...
    Zúmenes bellos del Pindo,
    á mí voz prestad piadosos
    vuestro plectro ¡oh generosos!
    para cantar mi amor lindo.
    Grande es hoy, sí, mi consuelo
    al llegar tu natal dia;
    y será más mi alegría
    cuando... nos bendiga el Cielo.»

En el capítulo siguiente veremos otras poesías ilocanas.

VIII

MÚSICA, CANTOS Y BAILES

Siento mucho no poder insertar aquí las notas sumamente curiosas y originales de los cantares ilocanos, tales son: el *dal-lót*, el *danio*, el *dingli*, el *berso* y algún otro que no recuerdo. Son de un mismo estilo y para los no acostumbrados á oirlos, parecen tener una misma música, y sin embargo, se diferencian entre sí.

La circunstancia de no estar yo en Ilocos, al escribir este libro, me priva de dar interesantísimas noticias sobre este punto, como p. ej. el curiosísimo y largo poema popular titulado *Vida de Lamang*; señorita, según la conseja, muy hermosa y tan cuidadosa de sus encantos, que en una sola ocasión se gastó por lavar su cabellera no sé cuantos camarines (*agamang*) de pajas de arroz, de cuya ceniza la infusión sirve á los ilocanos para lavar la cabellera.

Los cantos puramente ilocanos tienen algo del estilo llano y mucho del menor; parecen ayes exhalados por un corazón perdidamente enamorado. Ahora sólo ya los del campo entonan esos cantos y los del pueblo otros en idioma ilocano, pero de música europea, aunque suelen imprimir en ella alguna particularidad, especialmente en la del tono menor ó las danzas.

Son muy curiosos los cantos que se oyen en las campiñas de Ilocos: recuerdo vagamente uno que

se refiere á un sujeto que fué aprehendido y le iban
á azotar en el tribunal, á donde le habían llevado,
cuando llegó su padre, y en vez de defenderle éste,
suplicó que le azotasen. Otro empieza así:

María, María sabong,
Sabong ti lubong;
Isú ti namanğon
Ti bandera ti taltalon.

Versión literal: María. María flor.—Flor del mundo.
La que levantó—La bandera de los campos.

Hé aqui otro canto popular

Iutayon!
A kuná ni manğod-odon;
Nabátinsa tay karkarmamou
Idiay bátogda ummindayon.

Kas la ngad ubing
A no agibit (1) ket linglinğayen;
«Kololot baá,» kunana manen;
Lumned ket tumpuar laeng.

Aoan semsem
Á mabati á laglagipen (1)
Beam lat mabátimon
Ta uray ket kukuanak, ket kukuaka metten.

Traducción: «Vámonos!—Como dice el que vá al
pueblo.—Parece haberse quedado tu *karkarmá* (2)
frente á la casa del *umindayon* (ignoro su significación.)—Es como un niño que si llora, se pone me-

---

(1) Léase *aguibit* y *laglaguipen*: entre los dialectos malayos
la *ge* y la *gi*, siempre se pronuncian *gue* y *gui*. También solo
hay *k* en los mismos dialectos, y el empleo de la C y de
la Q por dicha letra ocasiona no pocos errores ó dificultades
gramaticales ó filológicas.
(2) Véase la pág. 45.

lancólico.—*Kololot, baá,* (1) dice y se oculta, para
volver á aparecer continuamente.—No queda tristeza en qué pensar; deja lo que hayas dejado, que
ya soy tuyo y eres mía.»

Llámanse *tapát* (2), las serenatas nocturnas que los
galanes dedican á sus amadas ó puramente amigas.
Llevan en ellas un *armonium* ú orquesta compuesta de una ó dos guitarras, alguna bandurria.
acordion, violin, flauta ó arpa. Después de tocar
un paso-doble ó algún bailable, frente á la casa de
la agasajada, uno ó dos cantan; á veces van can-
tarinas. Al canto sigue otra sonata, y después de
dos ó tres canciones, van á otras casas á hacer lo
mismo.

Tocan los ilocanos una pequeña vihuela de cinco
cuerdas llamada *kutibéng,* advirtiendo que ya lo tenían
á la llegada de los españoles, aunque la antigua debía
tener forma distinta de la actual, que se parece
mucho á las vihuelas europeas.

Hay varias clases de bailes en Ilocos, además
de los europeos que más usan: el *kinnotón,* ó baile
de hormigas, cuyos bailarines remedan á un atacado
por muchos de estos insectos, y á un compás apresurado, se rascan todas las partes del cuerpo.

El *kinnal-logóng:* una pareja de hombre y mujer
se colocan frente á frente; el primero no se mueve

---

(1) Los ilocanos suelen entretener á los niños ocultándose
la cara con un pañuelo y diciendo al mismo tiempo *kololot!,*
y bajando el pañuelo, les espantan diciendo *Bad.* Lo repi-
ten varias veces.

(2) La traducción literal es *en frente* y de aquí el nombre
hispano-filipino de *emprentada* con que en este país se conocen generalmente dichas serenatas que se dan *en frente*
de las casas.

de su lugar, y la otra se acerca á él cantando ó bailando solamente, moviendo un sombrero con dos manos, como si lo ofreciese al galan; lo pasa por encima de la cabeza de éste, como intentando varias veces ponérselo. Al fin, lo hace; y ambos bailan. terminando con ésto el baile.

En las reuniones los ancianos suelen pedir que alguien cante un *dal-lót* ó el curioso *arikenken*, que es una especie de zarzuela en un acto ó baile con canto, cuya letra improvisan los actores, que son un *baró* (soltero) y una *balasang* (casadera) de la reunión.

La letra es digna de conocerse. Se compone de estrofas de ocho versos; que se conciertan entre sí, según la rima especial de los ilocanos, que ya veremos lo que és, con el siguiente estribillo:

Dal-lang ayá daldal-lut.

Dal-lang aya dumidinal-lot.

Lo trascribo, porque no sé traducirlo ni lo entiendo, á pesar de que soy ilocano; parece que no significa nada.

Doy la traducción de una letra del consabido *arikenken*, que me facilitó un ilocano.

Un mozo, frente á una jóven, con quien baila, canta en ilocano lo siguiente:

«En este respetable concurso y muy apreciable reunión (la repetición es propia de la poesía ilocana) soy el elegido para dar alegría á la tristeza, pues si el corazón se halla bajo la sombra del pesar, dolores caerán sobre nosotros como las olas del mar.—Bien que yo comprenda mi poco valer, declaro, sin embargo, mi amor, ya que adorar no está prohibido, pues dicen los sábios, que el amor es ciego, (llama la atención que los filipinos, en general, saben que Venus y Cupido son dioses de la hermosura y del amor), que cautiva á los ricos y pobres.—Por eso, vida de mí alma, clara y radiante *moliá* (fuego fabuloso, que sale de la boca de los gallos privilegiados), contesta pronto confirmando la certeza de que no son iguales el ciego y el que tiene sana vista; vamos, contesta si es cierto lo que he dicho.»

A esta provocación, la jóven responde entonando versos ilocanos que literalmente traducidos, dicen:

«Ya que pides mi opinión acerca de lo que acabas de decir, te manifestaré que ciertamente el amor no escoge, y para él, tanto el rico como el pobre valen lo mismo.—Pero hay muchas clases de amor: hay engañoso, lo cual es crueldad, amor fraternal y amor universal, siendo el más estimable el amor que enlaza á dos corazones, si se sabe conservarlo.—La ley y nuestra *dulce* religión no lo prohiben, y el sabio se vuelve necio, si este amor (conyugal) le domina, por eso este amor, repito, es el más apreciable, ante el cual los reyes se hincan de rodillas.»

En ésto, ambos bailarines entonan á duo una estrofa, con la que ruegan á los concurrentes disimulen la modestia de su zarzuela improvisada ó *arikenken*.

IX

CENCERRADAS

Estas, en su significación genuina y vulgar, no

existen en la comarca ilocana. Pero según se desprende de las palabras y esplicaciones del folklorista andaluz, D. Luis Montoto y Rautenstrauch, las cencerradas vienen á ser actos de desagravio á Cupido. En este sentido se citan en los pueblos ilocanos algunos casos, de los cuales voy á relatar á nuestros lectores y á los folk-loristas peninsulares en particular, que no se olvidaron de nuestro querido Archipiélago al redactar su programa folk-lórico, un caso, curiosísimo por cierto, que ocurrió en Abra.

Una jóven, vecina de aquella provincia, trataba de casarse con un galan, á pesar de las relaciones amorosas que la unían á otro caballero. Este se propuso vengar á todo trance al diós ciego, pues se habían jurado amor eterno.

En la noche víspera de la boda llevó al frente de la casa de la novia la banda de música de Bañged, que era numerosa. Dieron una serenata ó *emprentada*, y en uno de los intermedios cantaron varias coplas ilocanas, que no carecerán de valor folk-lórico. —

Vamos á traducirlas procurando conservar su sal y pimienta,

«Escucha, mujer, la última palabra del que habeis amado, engañado y hecho una traición: creí que eras mujer discreta, pero hoy veo que estás saturada de coquetería. Desde un principio aceptaste mi amor, demostrando con tu boca (!), miradas (!!) y acciones (!!!) tu amor.... que me retiraste en un momento. ¿Porqué, cuando manifesté mi hastío de tí, por prever que me ibas á engañar; porqué me dijiste que *nó*, y que mucho me querías, cuando ahora me niegas rotunda y vilmente? Cásate, pero escoge á un esposo, que tenga grande corazón para poder soportar las flaquezas de su prójimo, pues tu debilidad exige la valentía de un esposo tres veces santo. ¿Cuando podrás desterrar esa conducta tuya, propia de la mujer á quien todos gustan?... ¡Nunca! Busca tu pues, un esposo muy indulgente.»

X

PIROPOS

Hem, ehem! Cuando en Ilocos se oyen esas interjecciones quejosas, guturales y casi ahogadas, es porque habrá pasado una linda *balasang* (soltera) alrededor de un fastidioso *donggial*, (pretendiente). Los tagalos también emplean este piropo.

¡Nagpintás ket ni kabsaten! (¡Qué hermosa es mi hermana!)

¡Makagatko man la koma dediay butóy ni adi! (¡Si yo pudiera morder las pantorrillas de mi hermana!). Este réquiebro suelen echar los aguadores á las jóvenes ilocanas, que cuando van al rio á sacar agua potable, remangan la saya, quedando en pernetas.

En los bailes se oye algunas veces esta lisonja «¡quién será más dichoso que yo, teniendo en mis brazos al ángel de la hermosura y bondad!» Con esto suelen comenzar discreteos amorosos. (1)

_____

(1) Véase mi juguete titulado *Il libro dell' amore,* que trae mi folleto «Artículos Varios.»

Cuando un objeto llama la atención de una *balasang* y ésta esclama: ¡qué bonito es!—Muchas veces se le contesta: *eres más bonita.*

Para echar una lisonja, los ilocanos comienzan preguntando y... ¡ay que preguntones son mis queridos paisanos! Es gracioso el siguiente piropo:

—¿Es cierto que se casa V?—Pregunta un pollo.

—No.—Naturalmente contesta la pollita.

—Ah! vamos, hay plaza vacante!!

Y comienza la conversación amorosa.

XI

VIVIENDAS, MUEBLAJE Y UTENSILIOS

Se ven varias clases de casas: las hay todas de ladrillo; de idem el piso bajo y de tabla lo demás; de tabla con techumbre de nipa; de caña con techumbre de cogon. Estas últimas se llaman *pinag-ong*, si la techumbre es cuadrada, ó mejor dicho, si los vértices de sus cuatro triángulos laterales se reunen en un mismo punto; y *tinobtóbeng* si es de forma cuadrilonga.

Las casas de mampostería son todas de ladrillo, excepto los cimientos que son de piedra; en el agua con que se hace la argamasa de cal y arena, ponen hojas de un árbol denominado *sablót* (*Tetranthera Roxburghii, Nees; Sebipera glutinosa, Lour.*) para que sea pegajosa. Y en efecto, resulta sólida la construcción.

La casa de tabla es por lo regular de 12 varas de largo por 6 de ancho y 8 de alto; sus materiales, de madera y caña; su bóveda, de caña-bojo, que labran de la manera siguiente: primero dividen en dos partes dicha caña y la machacan para que

se aplane y despues las entrelazan como una es-
terilla y las colocan formando ángulo arriba. El
techo es de nipa, cogon y en algunas de caña. El
tabique de la parte baja es de caña tejida.

La casa de caña es de 10 varas de largo, por
6 de ancho y 7 de alto; se compone enteramente
de cañas; se construye como la anterior, con la
diferencia de que es baja y apenas puede entrar
rectamente una persona en el zaguan. El techo es
de cogon. Al pié de la escalera de éstas hay un
pequeño pátio cercado y denominado *panaltagan,*
que sirve para trillar el palay. No se pinta.

La choza (*kalapao* ó *abong*) ó casita de campo, es por
lo regular de 3 varas en cuadro y 4 de altura y se compone de cogon y caña. Hay algunos que ponen por
tabique la caña-dulce seca. Los bajos de la casucha no
pasan de una vara de altura. Tampoco se pinta.

Además de las casas, tienen los *agamang* cons-
trucciones cuadradas de materiales lijeros, colocadas
sobre cuatro pilares de madera; se elevan una braza
del suelo, estando al aire libre el piso bajo; su base
es pequeña y se vá ensanchando de abajo arriba para
volver á achicarse, semejando á la forma de un polí-
gono de cinco lados inscripto en una circunferencia; y
sirven para guardar palay. Los camarines de otra forma
se llaman *sarosar* ó *kamalig.*

El mueblaje de la casa de piedra se compone
de sillas de bejuco y madera, hechas en la misma
provincia. El interior está pintado de blanco. Usan
lámparas, quinqués, vasos de luz y *tinhoy* (candil):
cuecen en cacerola ó *karahay.* Usan vasos de cristal,
platos, aparadores, roperos, catres, baules, *árganas* ó
cofres de cuero y otras cosas más.

Los muebles de las casas de tabla son pocas sillas, bancos de madera, y de caña dividida y amarrada con bejucos, denominados *lankapi* (*papag*). Se pintan algunas por el exterior y aún el interior, pero esto es raro. Guisan en ollas de barro y algunas veces en karajay. Tienen platos y vasos; pero solo los usan en las fiestas: comen en *dulang* que es una especie de mesa que no pasa de dos palmos de altura; hay también bancos muy bajos para aquella; mesas en que se ponen las imágenes sagradas; roperos, baules, *kubéng* que es una especie de baul redondo de caña y no pasa de un palmo de altura, *lupao* que es como el *kubéng* de magnitud y tres palmos de altura y sirve para poner sábanas y mosquiteros, según un ilocano del Norte.

En las casas de caña hay pocas sillas, bancos de caña, sillas de idem de forma cuadrada, que no pasan de dos palmos, sin respaldar. Raras son las casas que tengan platos y vasos de agua, y si los tienen, no los usan sinó en días de fiesta; en las demás usan *ungot* ó *tabo*. Comen sentadas en cuclillas y alzan el *duyog* (plato de cáscara de coco) acercando la comida á la boca, principalmente la gente del campo. Tienen mesas en donde se colocan las imágenes sagradas, baules, *kubéng* y *lupao*.

Las casuchas y casas rústicas tienen bancos de caña. Guisan en ollas. Sus platos son de la cáscara de coco. Comen sentados en cuclillas. No tienen mesas, sinó solamente baules y *kubéng*.

Son raras las casas de Ilocos Norte que no tienen gallinero, cuya magnitud no pasa de dos varas en cuadro y su altura 3 y media; le llaman *kagab*, y *kakab* en Ilocos Súr.

Los utensilios son cucharones de madera y cáscara de coco, cuchillos grandes, que se llaman *badáng*, *bunéng*, *immokó* etc. según su mayor ó menor dimensión, esteras ó petates; azador, parrilla, *latok* (platos de madera) etc.

No usan manteles ni servilletas, sino únicamente en las fiestas.

CAPÍTULO TERCERO

Materiales folk-lóricos
SOBRE LITERATURA
(Folk-Literature)

Peosías de Doña Leona Florentino (1)

A MAD. ANDZIA WOLSKA

uy señora mía de toda mi consideración: Como recuerdos de un ser querido, de mi difunta madre, yo guardaba, como oro en paño las pocas poesías que he conseguido de entre millares que ella había escrito, cuando llegaron á mis manos las excitaciones de Vd. para formar una *Bibliotheque internationale des OEuvres de Femmes*, con motivo de la próxima Exposición Universal de París (1889).

Comprendo que poco ó nada valen estas poesías,

---

(1) **Por** creer pertinentes al *Folk-Lore ilocano*, reproducimos los presentes artículos, escritos expresamente para el objeto que reza la dedicatoria.

especialmente porque están escritas según el gusto y estilo puramente filipinos ó ilocanos, que nada tienen de comun ó conforme con el gusto y arte europeos. Acaso parecerán irrisorios á muchos; pero no á los sábios folk-loristas, filólogos y, sobre todo, á Vd. cuyo objeto, por su carácter internacional, tiende á formar un archivo de gustos y estilos, y mientras más variedad haya, será más rico aquel.

Las presentes composiciones, al menos, podrán servir para conocer las especialidades de la Poética filipina, en general ó de la ilocana en particular, y casi estoy seguro de que también para el objeto que se propone.

Para llenar su segundo objeto de conocer la historia de la instrucción de la mujer, escribiré diferentes capítulos sobre la *mujer filipina en los primitivos tiempos*; *su instrucción por los españoles*; y sobre *la filipina y la literatura*; pero antes de esto, convendrá presentar un *esbozo moral y físico de ella*, como voy á hacerlo enseguida.

Y por último, daré las poesías de D.a Leona Florentino con su traducción y comentarios, divididas en dos partes: *Felicitaciones*, y *Poesías eróticas*, y para que se puedan apreciar bien, dedicaré antes algunos párrafos á la *Poética filipina*.

Perdóneme Vd., muy ilustrada señora, si por mi natural amor á mi madre (q. e. p. d.), he dado á sus poesías la importancia que acaso realmente no tengan.

Reciba mi entusiasta aplauso á su excelente idea y permítame besar respetuosamente sus piés.

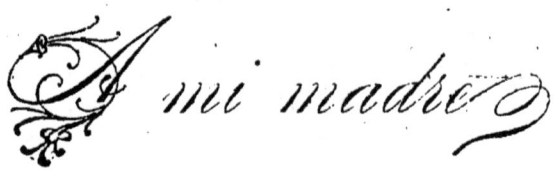

A mi madre

¡Santa mujer! ¡dichosa madre que con inefable amor me estás mirando desde el cielo! dime:

—¿Quién si no tú, me habrá amado más en el mundo?

Me diste á luz al borde del sepulcro... A poco ibas á morir por mí; pero Dios permitió aún que yo creciese con tus caricias y disfrutase de tu amor infinito.

Más... ¡pobre madre y pobre hijo! Cuando moriste, no tuve siquiera el consuelo de recoger tu último suspiro, en el cual iba envuelto mi nombre que invocabas en vano. Yo estaba ausente, precisamente cuando ya jóven, podría y debiera hacer algo por devolverte tantos favores que me habías dispensado.

Íntegra, pues, quedó mi grande deuda contigo y ya ni puedo ni pudiera habértela pagado toda.

Coleccionando y publicando tus poesías, ¿te habré tributado homenaje de gratitud?

Eso no basta; tal vez no te agrade, porque en vida no querías publicar tus escritos.

Sin embargo, madre mía, ya que fuiste siempre muy buena y condescendiente conmigo, perdona y déjame una vez más satisfacer este capricho de tu hijo.

I

LA MUJER FILIPINA

Las facultades intelectuales del hombre moreno de Filipinas y las de los europeos son enteramente idénticas, faltando solamente en el primero instrucción, y para adquirirla, le desfavorece el clima intertropical que por su alta temperatura enerva las fuerzas y frustra los buenos deseos de estudiar.

Pues bien, es opinión general que la mujer es superior al varon de Filipinas, moralmente hablando. Es más inteligente. Por eso siempre se vé el marido dominado por ella. Para ésta, aquel es casi como una máquina; le dirige á su gusto, y le impone sus caprichos, su amor propio. Así, en las disensiones muy reñidas, graves ó de pura etiqueta, siempre se supone que son obra de las mujeres, y efectivamente una vez ganada la voluntad de éstas, la calma suele venir como por ensalmo.

Hay hombres curanderos que conocen maravillosas virtudes secretas de plantas medicinales; pero son muy charlatanes, y las curas que hacen las atribuyen á influencias supersticiosas. Ahora, colocadles al lado ó delante de las curanderas, y su parlería cesa inmediatamente dominada por la verbosidad sorprendente de éstas

Sin embargo, las filipinas no abusan de esta gran influencia que ejercen sobre sus maridos; ellas son todo amor y por lo regular trabajan más que el varón para ganar el sustento de la familia, y en Manila y otras provincias centrales, suele verse que

la mujer es la que sale afanosa por la *morisqueta*
ó pan diario. y queda en casa el marido desempe-
ñando las tareas donrésticas, propias de la mujer.

Sale de casa, sí; pero con objeto de ganar dinero honradamente. Es pudorosa ella. El conocido
autor antiguo Fr. Gaspar de. S. Agustín escribe en
su citada *Carta:* «muy honesta, muy honrada y
mucho más si es casada.» Y aún lo es la negrita,
raza selvática que se supone autóctona, como lo
atestiguan el Excmo. Sr. D. Sinibaldo de Más (1) y
Mozo (2): El primero añade: «La desenvoltura ó im-
pudencia no la he visto ni aún entre rameras. En
Manila ninguna mujer hace la menor indicación ni
menos llama á un hombre por las calles, ó desde
las ventanas, como sucede en Europa, sin que sea
este recato temor de la policia... Por el modo cir-
cunspecto y aún humilde que los jóvenes solteros
se acercan á sus queridas, se ve que estas señó-
ritas tienen á sus amantes á raya y se hacen de
ellos tratar con el mayor respeto.»

Y es de advertir que el Sr. de Más que esto escribe, es el autor que ha dicho las más abominables
calumnias contra los pobres filipinos.

La filipina es indisputablemente cosa singular:
Ella se adelantó en introducir una reforma buena,
que según mis noticias ni aún en Europa se práctica hoy día. Me refiero á que son mujeres las
que están al frente de los bazares y tiendas en
Filipinas. En Europa y América se busca con tanto
afán nuevas tareas. no muy pesadas, para las mu-

---

(1) Estado de las Filipinas en 1842.—Edición 1843
(2) Edición 1763.

12

jeres. ¿Y por qué no se acuerdan los tenderos de
ceder su puesto á las mujeres, yendo ellos en
busca de trabajos más dignos de los brazos de
que Naturaleza les dotó?

En cuanto á negocios, tienen, ellas muy especiales aptitudes. Conozco á muchos filipinos
cuyo talento é ilustración son bien conocidos, y
sin embargo, sus esposas son las que se encargan ó dirigen los negocios, porque son felices en
sus cálculos, mientras aquellos con sus teorías
sufren á cada paso lamentables fracasos.

La filipina cose, cuece, dobla cigarros, teje, borda,
descascarrilla arroz, (operación corporal muy pe-
sada, impropia de su sexo), pesca ó recoge ma-
riscos, es maestra muy buena de instrucción primaria, toca el piano, arpa, violin, guitarra, canta,
representa en teatros, enseña á bailar, vende y re-
vende, etc. Y todas sus obras, como por ejemplo,
sus bordados, sus tejidos y cosidos son muy excelentes y en la Exposición Filipina celebrada en
Madrid en 1887, fueron premiadas muchas de ellas,
algunas con *medallas de oro.*

La filipina es simpática, muy devota, buena madre,
buena hija y excelente esposa.

En cuanto á sus caracteres físicos es de color
moreno por lo regular, y hay algunas de hermosura especial, que no se comprende con explicaciones, sino viéndola.

II

LA FILIPINA EN LOS PRIMITIVOS TIEMPOS

La inflencia de la mujer sobre el varón data de la época primitiva.

No es cierto, es pura invención, lo que el elegante escritor filipino, Dr. Paterno, en su libro *La Antigua Civilización de Filipinas*, escribe relativo á que «Iday, »Sinang, Titay y Daga han dirigido y gobernado el »pueblo *luzónico* (1) á impulsos de sus femeniles sen- »timientos.»

Pero hay mucha verdad en el fondo.

Como ocurre siempre en las naciones jóvenes ó nacientes, Filipinas estaba dominado por la *aniteria* ó fetiquismo malayo, y naturalmente los sacerdotes ejercían influencia sobre el pueblo, hecho juguete de sus oráculos. Pues bien, la mayoría de esos minis- tros eran mujeres.

Estas sacerdotisas se llamaban entre los tagalos *Katalonan*, entre los visayas *Babailan*, entre los mon- teses de Abra *Baglan*, y entre los pangasinanes, *managanito*.

Las sacerdotisas eran astutas y muy listas, aunque su buena fé y decoro andaban por los suelos.

En los sacrificios vestían unos estrambóticos tra- jes con una cabellera amarilla postiza, sobre la cual ostentaban una especie de diadema, llevando en la mano un abanico de paja. Y la que servía de sa- cristana ó ayudante, que era una jóven, aprendiz y

_____

(1) Luzón, isla principal de Filipinas.

aspirante á *babailan*, llevaba una caña delgada, como los maestros de ceremonias su varita.

En casos de enfermedad se sacrificaban cerdos ó gallinas, según los recursos del paciente. Comenzaban dichos sacrificios colocándose, en un altar convenientemente adornado, la víctima con otros comistrajos y bebidas. En esto, la sacerdotisa rompía á bailar al són de ensordecedores tambores, ramas de palmera y trompetas de caña, haciendo ademanes y visajes muy análogos á los que hasta ahora se ven en las batallas de las comedias filipinas y alzaba con frecuencia los ojos á lo alto, fingiendo ver y hablar con siniestras visiones. Da ella una lanzada á la víctima y con la sangre los concurrentes se mojan la frente y untan al enfermo. Baila otra vez y cae al suelo como extasiada cierto tiempo, y una vez recobrada la razón cuenta las inspiraciones que dice haber recibido de los dioses durante su éxtasis, cuyas inspiraciones son ambiguas, de tal modo que sea cual fuese el resultado ó desenlace de la enfermedad, tenía siempre la sacerdotisa subterfugio y era en vano tratar de cogerla una mentirosa profecía. Despues limpiaban y asaban la víctima y se la repartían, correspondiendo á la sacerdotisa la mejor parte, ademas de la paga que recibia. Estos sacrificios se practican hasta ahora por los monteses de Luzón.

A veces, cuando el enfermo era un *principal* (especie de noble), se inmolaban hasta esclavos para aplacar la ira de los *anitos*, y en Cebú la sacerdotisa atravesaba con una lanza á las víctimas.

También intervenían las sacerdotisas en las ceremonias de la boda y de la purificación de los que habian estado en el cautiverio.

Y eran al propio tiempo curanderas.

Otra prueba de que la mujer filipina siempre ha ejercido cierta influencia sobre los varones, es que figuran diosas en su Mitología primitiva, como *Buga·*, *Buhas*, *Dalingay*, *Daungen*, *Baingan*, *Libongan*, *Libugon*, *Limoan* y otras.

Hasta hoy día en Filipinas se respetan mucho por miedo á las supuestas *manykukulam* y *asuang* (mujeres endemoniadas.)

Cuando en 1521 llegaron los españoles á Filipinas, éste no era ya un pueblo salvaje. Ya los habitantes estaban agrupados en pueblos; sostenían relaciones mercantiles con China, Japon y los musulmanes de Borneo, Molucas y otros paises malayos del Asia; usaban armas de fuego, hasta cañones; imponían derechos de aduana, profesaban una religión, que denotaba no mucho atraso, pues conocían el alma; poseían escritura propia y tenían una constitución social y legislación consuetudinaria ó basada en los usos.

Según dicha constitución, había cinco clases de personas: 1.a la principalía, especie de nobleza; 2.a la de los libres (*kailian* ó *kabalangay*); 3.a libertos ó *timaua* (algunos autores refunden la 2.a y 3.a clase en una sola); 4.a aparceros ó *aliping namamahay*; y 5.a esclavos ó *aliping sagigilir*. Y dentro de esta división general cabían algunas subdivisiones.

A la 1.a clase pertenecían aquellos que ya por sus riquezas, ya por sus fuerzas físicas ó sagacidad se distinguían en los pueblos; los ricos y sus familias, que nunca fueron esclavos. Esta clase gozaba de ciertos privilegios, estando exenta de prestar los servicios que tributaban los *timaoas* y era el plan-

tel de los *aris* (régulos) y de sús ancianos con-
sejeros.

Un régulo dominaba en una provincia, disponía
de vidas y haciendas; pero no de una manera muy
arbitraria, recibiendo tributo de sus vasallos.

El poder se decía que era hereditario: pero la
verdad era que se conquistaba ó arrebataba á viva
fuerza. El P. Rada, que vino á Filipinas con Le-
gospi en 1564, escribe: «casi todos los caciques
son tiranos que han conquistado su puesto por el
pillaje y fechorías.» Si, muerto el régulo, no dejaba
más herederos que alguna pobre mujer, el principal
más poderoso, no tardaba en arrebatarla el trono.

Pero las herederas eran muy listas y procuraban casarse cuanto antes con un poderoso principal
que pudiera sostener sus derechos en el campo de
batalla, como lo hizo la hija del cacique de Cebú
Hamabao, y hasta obligaban, una vez casadas, a
sus padres régulos, si éstos eran ya decrépitos, á
abdicarles el poder en vida. Pero sólo entraban á
heredar el poder las hijas en defecto de herederos
varones.

El mirar la mujer de los *principales* ó el pasar
por el lugar donde se estaba bañando ella, se cas-
tigaba con la esclavitud.

Esta era más benigna para las mujeres. Los *toma-
tabanes* de los visayas estaban obligados á trabajar
cinco días al mes en beneficio de su señor en las
faenas agrícolas, pagando además un tributo anual
de cinco fanegas de arroz. Y las mujeres de la
misma clase tejían ó hilaban, cuando lo ordenaba
el amo, medio día, siendo la otra mitad en beneficio
propio.

Las mujeres *tumarampoke* y *halon* (clases inferiores de la esclavitud) trabajaban constantemente
en las casas de sus señores; pero éstos estaban
obligados á alimentarlas.

Hé aquí las ocupaciones de las filipinas en general, en la época de la conquista española.

«Labores de aguja, de que son muy curiosas,
»y todo género de costura. Y tejen mantas, y hilan
»algodon, sirven las casas de sus maridos y padres.
»Pilan el arroz que se ha de comer, y aderesan
»lo demás. Crían gallinas y lechones, y guardan
»las casas entretanto que los hombres entienden
»en las labores del campo y en sus pesquerías,
»navegaciones y granjerías». (1)

Para los efectos de las leyes tradicionales no valían las circunstancias de sexo y edad.

En Luzón se practicaba la monogamia y en varios puntos de Visayas se admitía la poligamia.

La mujer no aportaba dote ni otra cosa alguna
á la sociedad conyugal, sino en todo caso, lo que
la correspondia de herencia en los bienes dejados
por sus parientes difuntos. El varón era el que tenía obligación de llevar al matrimonio considerables
donaciones *propter nuptias*, para asegurar el porvenir de su futura esposa.

Los bienes gananciales se repartian en partes iguales, disuelto el matrimonio. Si el divorcio era por
culpa de la mujer, se quedaba sin las donaciones
propter nuptias: en otro caso eran para ella; si ésta
moría, dichas donaciones pasaban á sus hijos y en
su defecto, al padre de ella; y si el esposo fué

(1) Morga: Sucesos de las Islas Philipinas, Méjico. 1609.

el que murió, la mujer heredaba dichas donaciones. Por lo regular, éstos eran los únicos bienes del esposo; y como se vé, la mujer estaba muy favorecida por los usos legales de los antiguos filipinos.

Un borracho que hubiese prometido á una mujer casarse y luego, recobrada la razón, se retractaba, tenía que pagar una multa.

Si un principal ó liberto había tenido acceso con una esclava que no era suya, pagaba al señor medio *tae* (1) de oro por el peligro del parto y por dejar de trabajar durante el tiempo de su preñez, siendo el hijo mitad libre y mitad esclavo, si el padre lo alimentaba, y si no, se quedaba verdadero esclavo del señor de su madre. Si la violada era una mujer *principal*, la indemnización era cuantiosa y generalmente el pleito se arreglaba en una sangrienta lucha, si no intervenían los ancianos.

En una palabra, las leyes y costumbres de Filipinas eran muy generosas para las mujeres, lo cual indica que desde entonces data la influencia actual que ejercen sobre los varones.

En cuanto á las costumbres, la madre era la llamada á dar nombre á sus hijos recien nacidos.

Terminaremos este punto, con dos palabras acerca de la primitiva indumentaria de las mujeres.

Éstas traían en la coronilla el moño graciosamente enlazado: las visayas lo dividian en dos, y las de Cebú llevaban guirnaldas de flores á veces. Cuidaban de que el cabello tuviese un negro brillante, usando para ello de lavatorios de cáscaras de ciertos

---

(1) *Tae*, peso de diez reales de plata, y venía á ser ocho pesos antiguamente y más tarde 22 pesos.

árboles, aceite de coco mezclado con almizcle y
otros perfumes, el gogo (*Entada pursaeta*, De Cando-
lle), legía de arroz, etc. Bruñían y afilaban desde la
infancia su dentadura, la barnizaban de negro y
guarnecían de oro. Las visayas la embutían con
este metal agujereando los dientes.

Adornaban sus orejas con grandes aretes de oro,
para lo cual agujereaban los lóbulos desde niñas y
tanto más rasgados y abiertos los agujeros, eran
para ellos más vistosos. Estos eran dos en cada
oreja para un pendiente pequeño y para otro grande.

Las filipinas rodeaban sus cuellos de muchas ca-
denas de oro; brazaletes de idem y márfil llamados
kalombigas aprisionaban sus antebrazos, y algunas
llevaban sartas de piedras cornerinas, ágatas y otras
azules, y blancas de su estima. En las piernas llevaban por cenogiles sartas de muchas piedras, y
muchas cuerdas teñidas de negro que las rodeaban.
En los dedos sortijas de oro y piedras.

Llevaban una especie de sayuelo de diversos colores con mangas muy cortas, y una saya igualmente ancha de arriba abajo que llegaba hasta los
piés, con pliegues que recogían en la cintura, echán-
dolas á un lado. Y cuando salían de casa, llevaban por abrigo ó velo unas mantellinas de varios
colores, siendo las de las *principales*, de seda car-
mesí ú otras telas tejidas con oro y guarnecidas con
ricos franjones.

III.

LA INSTRUCCIÓN DE LA FILIPINA POR LOS ESPAÑOLES.

Tal era el estado en que los españoles encontraron á la mujer filipina.

Los misioneros eran los encargados de educar al pueblo filipino y naturalmente empezaron por catequizarle y por inculcar las nuevas doctrinas del Crucificado, y como las creencias no se mudan cual un traje, hubieron los apóstoles del Cristianismo que tardar años y siglos para desterrar todos los restos de la Mitología malaya, que aun se conserva en toda su pureza entre los monteses, y ahora quedan aun reliquias de aquella en el ánimo de los más devotos filipinos. Y si no, ¿qué son esas supersticiones, que no se comprenden bien en algunos que alardean de muy devotos de Jesucristo?

Sí; tardaron siglos los ministros de doctrina, y habrían tardado más, si no hubieran sabido aprovechar la superioridad moral de las mujeres sobre los hombres. Y así como los *Sonats* y *Bayok* (especie de Prelados) de los antiguos filipinos, preferían á las mujeres, como ayudantes para predicar el culto de *Bathala* y de los *Anitos*, así los misioneros las escogieron para renovar la Religión antigua de Filipinas.

Sólo á principios de este siglo se regularizaron los seminarios de sacerdotes indígenas.

Mientras ya en 1594 la Hermandad de la Misericordia estableció un colegio, en que encontraban amparo y educación las huérfanas de padres españoles; y en 1684 el Beaterio de la Compañía se inauguró para

el recogimiento de las devotas indígenas y la educación cristiana de las niñas; Sta. Catalina, beaterio
desde 1696, se convirtió en colegio de niñas en 1732.
En 1719, el Beaterio de San Sebastián, que es al
mismo tiempo establecimiento de enseñanza para las
niñas. En 1810 se inauguró el Hospicio de San
José y volvió á abrirse en 1828; en este colegio se
enseñan también niñas. En 16 de Marzo de 1864
se encargaron de la Escuela Municipal las Hermanas de la Caridad, que fueron las que esmeraron y
ampliaron la educación de la mujer filipina. En 18
de Setiembre del mismo año se encargaron del colegio de Sta. Isabel, en el que se refundió el antiguo
de Sta. Potenciana; en Enero de 1866, del colegio
de Sta. Rosa; en Abril de 1868, del colegio de
Sta. Isabel de Nueva-Cáceres, en Mayo del mismo
año inauguraron dichas Hermanas el colegio de la
Concordia, en Abril de 1872 se fundó el colegio
de San José de Jaro; y en 27 de Julio de 1885
la casa de San Vicente de Paul en Dilao (Manila).
Y en estos años se van multiplicando las maestras
y los colegios particulares de niñas, y estas serán
las que difundirán en Filipinas la ilustración y el
progreso.

Pero lástima que se enseñen entre conocimientos
buenos, otros no muy necesarios en detrimento de
los más precisos.

Desde el principio de la Conquista, la mujer filipina no aprendió más que las doctrinas cristianas
y admira su mucha instrucción en esta materia. Solo
las Hermanas de la Caridad ampliaron la reducida esfera de sus conocimientos en 1864, y más tarde, en
1866 á 83, las Religiosas dominicas, encargadas de

la dirección del Colegio de Sta. Catalina, siguieron
las mejoras introducidas por aquellas.

Hé aquí las asignaturas que se enseñan en los colegios filipinos de niñas:

Clase ínfima. Lectura con letras movibles y cartillas, principios de escritura, nociones de doctrina
cristiana; de Historia sagrada; de Aritmética con el
tablero contador ó bolario, de Gramática y Analogía
por letras movibles, y Urbanidad práctica.—*Labores*:
hacer media, principios de *crochet*, puntos de tapicería, dobladillos y principios de costuras; unión
de idem por un calado.

Clase media: Lectura en prosa; escritura, con carácter español é inglés; doctrina cristiana; Ortología;
Historia sagrada; Aritmética (las cuatro reglas); Gramática con análisis de analogía; Urbanidad; explicación del sistema métrico con el cubo generador métrico.—*Labores*: Hacer costuras sencillas con pespuntes
y vainica; coser camisas de caballero; variación de
calados en tela; puntos variados en algodon y lana
con agujas de media; labores de *crochet*, de *frivolité*
en lana, y de horquilla, bordados de tapicería sobre
paño y alpaca; principios de bordado en blanco.

Clase Superior. Lectura en manuscrito y verso; escritura con carácter español, inglés y redonda; Orto-
grafía; Aritmética, sistema decimal, quebrados comunes, denominados, regla de tres simple y compuesta,
directa ó inversa, de interés compuesto, de aliga-
ción, compañía y la falsa posición; Gramática, análisis de analogía y sintáxis; explicación de la Doctrina cristiana; Religión y Moral; Historia sagrada,
antiguo y nuevo testamento; Historia general, la
particular de España y Filipinas; principios de Geo-

metría; Geografía, explicación del globo terrestre, mapas físicos de Europa, España, Isla de Luzón y el sistema planetario; Historia natural.—*Labores.* Coser y disponer por sí mismas las camisas de caballero, variación de zurcidos; coser en máquina trabajo de macramé; bordados á realce sobre holanda y piña; idem á relieve con variación de punto en holanda y piña; calados en las mismas; idem en punto de media, principios de corte por la cuadrícula y curso de corte por el sistema métrico y simplificación; bordados sobre raso, terciopelo, glasé, *moiré* y tisú, con abalorio, escamas, felpones, felpillas, sedas, plata y oro; bordados de lausin negro y de colores; en cristal con felpillas y oro; grabados y aplicaciones de papel bristol; hacer flores artificiales de papel, estambre, abanicos, escamas, tela plata y oro; frutas de cera; pasamanería.

Se enseña también música vocal y piano. En el colegio de Sta. Catalina, á las que se preparan para maestras se las instruye además en pedagogía teórica y práctica. En el de Sta. Isabel, se enseña además, Geometría, nociones de Geología, higiene, economía doméstica, cocinar, repostería, y física recreativa; el idioma francés, el italiano, dibujo de paisaje y figura, y á las labores se añaden modas y confección de vestidos y sombreros de señora.

Como se vé, todos son muy buenos conocimientos, no están de sobra; pero, Mad. Wolska, compare V. ese programa con el de los colegios mejor dirigidos de Europa, y dígame si hay mucha diferencia.

En los colegios de Filipinas, absorven mucho tiempo las labores: pero ¿con qué razón hemos de

obligar á todas las mujeres á ser bordadoras y
costureras, cuando precisamente las que cursan en
esos colegios son de familias acomodadas?...

La misión de la mujer en Filipinas, por su superioridad y las circunstancias actuales del país,
es altamente civilizadora. Ella traerá la luz y el
progreso; ella es la llamada á desterrar de las
casas á los *mediquillos* y *sobadoras*; ella la llamada
á regenerar al filipino indiferente; ella es la que
debiera difundir los conocimientos agrícolas, elementos de derecho, y de la farmacopea (1). Quitemos
por ahora los conocimientos de adorno, ó al menos
no hagamos obligatorio su estudio, y en cambio
exijamos á las aspirantes á maestras elementos de
Medicina y Farmacia domésticas, conocimientos agrícolas, de los que se esperaría la conveniente ex-
plotación de este suelo y otros conocimientos útiles;
y qué no todo haya de enseñar la mujer, sino algo
ha de corresponder á los hombres. Decimos ésto
porque se notan en el anterior programa asignaturas
más propias de los hombres que de las mujeres.

En resúmen, fuera de los conocimientos teológicos, la mujer filipina empieza aún á abrir sus
ojos á la luz; y si se dirige bien su educación y
se multiplican en provincias las escuelas normales
de maestras, ellas contribuirán en mucho á la civilización del país.

———⦻———

(1) Tendrá V., señora Wolska, presente [lo que sobre
esto ha escrito el «Fígaro» de París.

IV

LA FILIPINA Y LA LITERATURA

La mujer filipina, dotada de tan delicados sentimientos; ella toda amor, imaginación soñadora, fantasía oriental, forzosamente había de inclinarse á la música y á la poesía, aún en la época prehistórica.

En efecto; allá en los primeros días de la dominación española, ya tañían con destreza singular una especie de vihuela de dos ó más cuerdas llamada *Coryapi*, y la música genuinamente malaya, no dejaba de ser agradable, especialmente á los oidos indígenas.

«Y es cosa averiguada—escribe Colín (1)—que con sólo tocarla se hablan y entiénden lo que quieren.»

Además tocaban panderos de metal, que mientras agitaban unas, otras golpeaban con palitos, y una tercera los batía uno contra otro.

Las tonadas filipinas para bailes eran belicosas, de apresurado compás y tono ensordecedor.

Ahora los cantos eran ya cosa muy distinta, del tono menor; casi todo son ayes y quejas de un corazón dolorido, de un alma enamorada. A veces eran leyendas y pasajes de su teogonía.

¿Quiénes escribían esas poesías? Los hombres; y con más frecuencia las mujeres. Estas pasaban.

(1) *Lavor Evangélica*, Madrid 1663.

las noches ó sus ratos de ocio, componiendo canciones para salir del apuro, pues se estilaba antes como ahora, que los solteros y las solteras improvisaban en las fiestas una discusión musical amorosa, á veces bailando al mismo tiempo.

Empezaba el jóven declarando su pasión de una manera indirecta y simbólica; y la mujer iba contestando con evasivas, esto es, preparándose y explicando con distinciones las preguntas ó proposiciones generales del pretendiente, para luego no caer en el lazo tendido por éste. Y antes, como ahora, se usaban los discreteos amorosos en las conversaciones secretas entre mujer y galan.

Sí; las mujeres escribían con sus caracteres propios en lo liso de las cañas ó en las hojas del bananero por medio de punzones de hierro: «y muy pocas—escribe Morga, autor antiguo—hay que no escriban *muy bién* y con propiedad.»

La mujer de entonces es la misma de nuestros días, acaso con menor afición ya á escribir; pero sus epístolas amorosas están impregnadas de férvido amor y tiernos sentimientos. Y denuncian febril imaginación en las autoras.

Muchas, muchísimas son naturalmente poetisas; pero no os alarmeis, que pronto vamos á ver lo que es la *Poética* filipina.

V

LA POÉTICA FILIPINA

Es muy especial. El oido del poeta es el único rítmo y su capricho el metro. Sólo una rima muy imperfecta y *sui géneris* se observa en ella; no hay asonantes ni consonantes; mejor dicho, sí, los hay, pero no es necesario buscarlos, pues en el verso se prescinde de que sean tales.

Si la última letra de un verso es vocal, todos los demás de la misma estrofa deben terminar en igual letra, advirtiendo que los filipinos suelen confundir la O con la U, y la E con la I. lo cual obedece á que los dialectos filipinos tenían sólo tres vocales en la época de la Conquista, y en su antiquísimo alfabeto había una letra que representaba la E y la I indistintamente, porque entre estas letras no existía diferencia alguna y se usaban según los gustos de los que hablaban, si eran de poblado ó de campo. También había un carácter que del mismo modo representaba la O que la U.

Los filipinos consuenan la sílaba acentuada con la nó. Y si un verso acaba en los diptongos *ao* ó *io* (*aw* ó *iw*) que son de sonido especial, los demás de la misma estrofa deben terminar en los mismos diptongos.

Si la terminación de un verso es consonante, los demás deben acabar en sonidos semejantes, como por ejemplo: se consuenan entre sí *pait*, *lángit* y *ladingit*.

Cada estrofa contiene sólo cuatro versos, y puede tener diferente terminación de las demás. Excuso decir que en la Poética filipina no hay sonetos, sáficos, cuartetos, redondillas ni cuartetas propiamente tales. Los tagalos ya cuentan las sílabas, y á veces emplean estrofas de cinco ó más versos.

Para las felicitaciones emplean versos acrósticos.

Hé aquí la forma de las poesías filipinas.

Digamos otras dos palabras de su fondo.

13

Está demás desmentir al poeta que ha aseverado que ni los indígenas de Filipinas saben amar, ni sus pájaros trinan, ni sus flores perfuman. En Ilocos, por ejemplo, no se cometen homicidios sino por celos, y ya se sabe que los celos son efecto del amor.

Los filipinos, aún los monteses, poseen una fantasia ardiente como nuestro cielo, y fecunda en imágenes.

Sus pensamientos y símiles son expresivos, muchos revelan salvajismo, y son curiosos precisamente por su valentía salvaje; pero se resienten de la falta de arte que los coordine y pulimente á fin de que surtieran efecto de gusto literario ó acaso mejor dicho europeo; porque hay varios gustos en este punto y es de saber que aún con su desorden y falta de arte, las poesías filipinas nos gustan á nosotros los filipinos. Blumentritt escribe: «la poesía demuestra particularidades especiales porque es acto del temperamento.»

Muchos pensamientos se expresan con altisonante romanticismo y muchos símiles se emplean con impropiedad, como decir por ejemplo: *Sol resplandeciente, embriágame de dulce aroma.*

Hé ahí los caracteres generales de la Poética filipina. Ahora, para comprender bien sus múltiples particularidades, es preciso estudiar y analizar los mismos modelos.

Los que á continuación damos, pertenecen á la difunta Doña Leona Florentino, muy conocida poetisa en toda la comarca ilocana, á pesar de no haber publicado en periódicos ninguna de sus composiciones.

Ella no había estudiado en ningun cólegio y aprendió el castellano con un maestro indígena privado
Sus poesías ofrecen interés, porque son naturales, originales de ella, no moldeadas en el estilo europeo,
sino en todo caso en los indigestos y anti-estéticos
libretos de comedias ilocanas que abundan en su
país; son genuinamente del estilo filipino las poesías
de dicha señora, á quien repugnaba plagiar, hablando con desden de los plagiarios.

Su facilidad en escribir era poco comun, y en
cartas, á veces dictaba á tres amanuenses; escribiendo ella además otra carta. Y era aficionada á
escribir y leer libros en ilocano.

Escribió varios sainetes amargamente satíricos contra aquellos á quienes quería fustigar. Estos salían
vivamente retratados y siento no haber hallado alguno. Tal vez los interesados procuraron su desa-
paricion; pero algunos son muy conocidos en Vigan.

Calculo en más de diez tomos de regular volúmen
todos sus escritos; pero ella misma no daba valor
ninguno á sus escritos y enviaba los versos á
quienes se dirigiesen ó se los *encargasen*, sin tomar
ninguna copia. Los ilocanos y todos los filipinos en
general, somos así; no damos ninguna trascenden-
cia á nuestras composiciones y las redactamos para
leer una vez sola é inutilizamos despues. Y esta
mala práctica debe datar de las edades prehistóri-
cas, y por eso no se conservaba ningun escrito
antiguo, cuando arribaron á estas playas los españoles.

Considero un triunfo el haber conseguido algunas poesías de la señora Florentino, de personas
que sólo por casualidad las conservaban. Cuando
ella vivía, yo casi niño aún, no sabía apreciar el

valor que pudieran darlas los folk-loristas, filólogos
y las ilustres iniciadoras de la *Bibliotheque inter-
nationale des OEuvres de Femmes.* Y mi ausencia en
el pueblo, cuando ella murió, también contribuyó á
la desaparición de los pocos originales de ella que
se conservaban en nuestra casa.

Traduciré literalmente la siguiente composición,
para que se puedan comprender los giros especiales de la Poética ilocana, y al mismo tiempo, las
particularidades de la estructura del idioma ilocano.

VI

FELICITACIONES

1.ª

A Vicenta y Severino en el dia de su boda.

Dimteng itay, cacabsatco á caingungutac
Llegó antes (1) hermanos mios que (2) queridos mios
ti aldao á tinudingan ti Dios á poon ti imbag
el dia que señaló el (3) Dios que (4) fuente del bien

---

(1) Quería decir: *ya llegó. Itay* no tiene equivalente
propio en castellano; indica un tiempo que acaba de
pasar.

(2) El *que* está de más, en castellano, pero es indispensable en ilocano. La *C* final en *caingungutac* es
contracción del *co,* mio, *Caingungutac,* puede significar
querido mio, singular; los adjetivos carecen de número
y siguen invariablemente á los sustantivos. Hay repetición en *mios,* defectuosa en castellano, é indispensable en ilocano.

(3) *El* es indispensable en ilocano.

(4) Véase lo que decimos del *que* anteriormente.

a incay panagasaoa panagcaysa á siayat

para ir (1) á casaros (y) uniros *que* (2) gustosos

íti natan-oc á Sacramento á incay inaoat

en el sublime *que* Sacramento que fuisteis á recibir (3)

Natüñypat ilayen ti linartarigagayanyo

Cumplióse ya antes lo que habiais anhelado

á pinaycat-láysa daguiti puspusoyo;

que union (4) de los (5) corazones vuestros (6)

ti napatey á bendicionna iñaoatyo

la estimable *que* bendición suya habeis recibido

íti Santa Iglesia ñja inatayo.

la Sta. Iglesia (7) *que* madre nuestra.

Itan ti cababalinto panagbiaggó

Ahora-ya la práctica de-la vida-vuestra

nupay dua maymaysa ti baguiyo.

aunque dos (debieran ser) uno el cuerpo vuestro

(1) *Ir á casaros*, es locución ilocana que quiere decir simplemente *casaros*, y en este caso significa tiempo *pasado.*

(2) Despues del *que* se s1ple el verbo *ser*, que no existe en los *dialectos filipinos*

(3) Quería decir: *acabais de recibir.*

(4) En castellano diriamos: *Ya se efectuó la union que habeis anhelado.*

(5) *Daguiti* quiere decir *de los*, esto es, indica pluralidad: en una sola palabra iloc. están reunidos artículo y proposición.

(6) *Puso* significa corazón: repitiendo la primera sílaba con la primera letra de la siguiente, como *puspuso*, indica plural como el malayo. De esto nace el *cosa-cosa*, es decir: *muchas cosas*, y otras locuciones españolas *malayizadas* semejantes que se oyen en Filipinas.

(7) *Bendición suya la Santá Iglesia*, está mal dicho en castellano; pero perfectamente eu ilocano y significa: «La bendición *de la* Santa Iglesia.

a mañjipaquila mañjipatalqued cadacayo

que demuestra, justifica (1) á-vosotros

ti rebbengyo á panagayan-ayal panagdungjo-dungnjo

lo que debeis amaros (y) estimaros.

Ili caoar á mamasingalol cadaguili pusoyo

La cadena que eslabona á los corazones vuestros

dinto maoar-oaren inganal tungpal biagyo

jamás se desenlazará hasta el fin (de la) vida vuestra

rosasto laeng ti arigna no tungpalenyo.

rosas será (2) sólo (3) la semejanza si cumplis

ti panagayan-ayal á incariyo

el mutuo-amor que prometido habeis.

Inansala no ragsac ti maysa ragsacyo a dua

Por-lo-tanto si gozo de uno, gozo vuestro que dos (4)

no rigat ti maysa, rigatyo met a dua

si tormento de uno, tormento-vuestro también que dos;

aday-oanyo ti item quen panagduadua

alejaos-de la sospecha y dudas

á mañjirurumen ti sudi ti panagtalentadec ti agasaoa

que pierde la pureza de la confianza de los esposos.

Ala Severino aoatem ti capatgan á saniata

Ea Severino, recibe el más estimable *que* bien

---

(1) Estaría mejor en subjuntivo; pero no existe
en ilocano, y si lo hay, no es subjuntivo propiamente
europeo ó latino.

(2) No hay verbo *ser* en ilocano; el *to* indica futuro.

(3) *Sólo* (laeng), á cada paso emplean los filipinos
esta palabra, y casi siempre estaria de más en castellano; pero es indispensable adorno en los dialectos
fiilipinos. *Tungpalenyo*: el *yo*, indica segunda persona
del plural como el *ais* en *amais.*

(4) Esta singular locución es muy buena en ilocano y
quiere decir: *gozo de vosotros dos.*

á ited ti Apulayo á Dios á isagut quenca

que da el señor nuestro que Dios que (1) dota á tí;

salimetmetam cas napatey unay á perla

cuida (la) como valiosa muy (2) *que* perla

i'a nagmumutan ti pusom ti concha á pacaidulinanna

ese fondo del corazón tuyo (será) la concha en que se

guarde.

Isu dayta daydi sabong á inca naquita

Es esa aquella flor que has visto

ti sidong asi quen dongnjo ti maysa nga inú

en el regazo, compasión y estimación de una *que* madre

á naiduma ti lasbang quen rangpáyana

que (era) singular la lozanía y desarrollo (3) suyo

iti panagdungnjo, panagtaraquenna

en medio de estimaciones (y) cuidados-suyos.

Nupay casano ti saquit ti naquemna (4)

Aunque (es) el dolor de la razón suya

á mangisina, mangyadayó ti dinnana

que la separa, la aleja de la cercanía suya (5).

maipapilit itayen á purosenna (6)

se obligó antes ya á cortarla (del tallo)

---

(1) Ahora el *que* significa *como*. La repetición es frecuente en la Poética ilocana; *que Dios dá, que dota* es como si dijeramos: «Dios te dá *como premio ó regalo.*»

(2) El *muy* (unay) vá detras del adjetivo en vez de ir delante en ilocano.

(3) *Rangpaya* carece de exacto equivalente en castellano y significa la lozanía de una planta muy desarrollada.

(4) Hombre sin *naquem* significa hombre sin *juicio* Yo creo que *naquem* no solamente significa *razon*, sino *alma* por metáfora en este caso.

(5) ¡Que mal dicho está eso en castellano, y qué preciosa frase aquella en ilocano! Es confusa en castellano y muy clara en ilocano.

(6) *Purusen* cortar del tallo. Parece que no tiene equivalente en castellano

á yaoat tapno sicapay (1) *met ti manapaya* (2)
á entregar (la) para que tu también quien la cuide.

Tapno di malaylay ti rangpayana
Para-que no se-marchite la lozanía suya
ti ayat quen dongngom dicanto isina
el amor y estimación tuya no-serás alejar (3)
ta isunto ti cas linnao ó pagbiaganna
porque será el como rocío por el cual viva
quen mangted ti nacay-ayat á lasbangna
y (quien) dará preciosa que lozanía suya.

Ti nadungngo á panaglaripatom quencuana
El amoroso que cuidado tuyo á ella
isunto ti cas balsamo á mangserra
será el como bálsamo que cierra
iti sugat á gapuanan ti pannacaisinana
la herida que (es) huella de la separación suya
cadaguiti ima á nacasapsapuyutanna
de las manos en que se cuidó.

Quet sicá caingungutco á Vicenta.
Y tú queri la mia que Vicenta
ti sudi quen dalusna inca ipaquita
el valor y pureza suya vó á demostrar
ti pinagayatmo itá pinilim á asaoa
el (4) amor tuyo á ese (que) has escogido por esposo
á nangyaoatam ta pusom quen ima
á quien entregaste tu corazón y mano.

---

(1) *Pay,* es intraducible al castellano, aun libremente, en este caso.
(2) *Manapaya* Tampoco tiene equivalente exacto en castellano; significa el gran cuidado que tenemos de un huevo al conservarlo en la palma de nuestras manos.
(3) No *serás alejar,* significa *no alejarás.*
(4) Quería decir: *la pureza de tu amor.*

Anansata amin á pinagtignaymo inca ipaquita
Por lo tanto, (en) todos *que* movimientos tuyos
ti tarigagaymo ñga agserri quencuana:
el deseo-tuyo de servir-le;
ammoem amin ti pagayatanna
aprende todo lo que quiera
isu ti aramidem uray dina ibaga quenca
(y) es lo que hagas aunque no lo diga á ti.
No ti apatayo á Dios ja (1) iccannacaylo
Si el señor nuestro que Dios daráos
ti bunga ti panagasaoayo
el (2) fruto del casamiento vuestro
ipaquitamto ti duequel á saluragmo
demostrarás el grande que previsión tuya
iti pannaray-oanda pannacasursuro
en el modo de que se cuiden (y educan.
Panunutem á isuda ti capatgan á saniata
Considera que son el más estimable que bien
á mabalin á iparabur ti Dios quenca
con que pueda favorecer el Dios á tí,
á ragsac quen lio-lioam ditoy rabao ti daga
la alegría y consuelo tuyo aquí en la superficie de la tierra
á inganat biagyo sumina
hasta la vida vuestra se separe.
No ubingda pay á malalaga
Cuando niños aun como pollitos (3)

---

(1) El *tú* en este caso no se puede traducir.
(2) Está de más el artículo *el* en castellano; pero no en ilocano.
(3) Esta comparación con los pollitos es frecuente en ilocano, é indica el mucho cuidado con que los debemos criar por su debilidad y delicadeza.

agaoamlon á imaldil, iti pusoda
procurarás ya grabar en el corazón suyo
li panagayal quen panagbutengda
el amor y temor suyo
iti Apulayo nĝa Dios á namarsua cadaruada
al señor nuestro que Dios quien crió á ellos.
Amin met á taó á cadindinnam.
  Todos también los hombres con quienes te roces
nangrona daguili naraicamanĝam
especialmente los suegros tuyos
naraysar á rupa li ipaquilam
alegre que-cara la que muestres
agraemca quel inca ida padayaoan
respeta y vé á ellos venerar.
  Quel lapno malungpalmo quen masarquedam
  Y para que cumplas y soportes
amin daguitoy á pagrebbenĝan
todas (1) estas que obligaciones
li apulayo á Dios li inca pagdaoatan
el señor nuestro, que Dios (es) á quien vas á pedir
li lulong li gráciana anadiosan
el apoyo de la gracia suya que divina
  Mayarig coma li panagbiagyo nĝa agasaua
  Semeje ojalá la vida vuestra de casados
cada San José quen ni (2) Virgen María
á S. José y la Virgen María
li dacquel nĝa urnos quen lalnada
á la grande que-armonia y tranquilidad suya

_____

  (1) No hay género femenino ni masculino en los dialectos filipinos, sino el *común.*
  (2) *Ni,* no se puede traducir, carece de equivalente: es artículo especial de los nombres propios.

quen nasam-il unay ñga ay-ayatda
y al tierno muy que amor suyo.
  Cas coma agayus á maysa á carayan
  Cómo ojalá desliza el uno que rio
ti litnao ti danumna a pagsarminjan
la pureza del agua suya que se puede servir de espejo
di coma mariribor quen mapilacan
no ojalá se enturbie y se enlode
cadaguili rigat ditoy daga á pagluluaan
con los tormentos de esta tierra donde se llora.
  Iti camaudiananna davatec iti Dios á Apútayo
  Por último pido al Dios (que) Señor Nuestro
ñga iccannacay ti nanam-ay á panagbïagyo,
que de-os la feliz que vida
dacquel quen saán á maracrac ñga urnosyo
grande y que no se destruya que armonía
ingana patay ti maglenjanyo
hasta que la muerte es la que encontreis
  Agaoaanyo ñga iburic iti uneg ti pusoyo
  Procurad grabar en el fondo de vuestos corazones
dayloy balacad á itedco cadacayo (1)
este consejo que doy á vosotros
napalég á gameng á idátonco
valioso que bien que ofrezco
itoy nagasat unay ñga aldao ti panagbódayo
en este venturoso muy que dia de la boda vuestra.
  Vigan 9 de Mayo de 1877.

*

Estoy seguro de que los filólogos me agrade-
cerán la traduccion literal anterior, habiendo procu-

---

(1) Se dirige la autora á dos sobrinos suyos.

rado conservar en las notas las particularidades del idioma ilocano y de su estructura.

¡Qué diferente ésta de la de los idiomas de origen latino!

A todos parecerá á primera vista la anterior poesía como una cadena de grandes disparates gramaticales; pero perdonadme el que me atreva á calificarla de *bastante buena*. Será muy difícil conseguir que mis lectores europeos se conformen conmigo, y lo comprendo, porque no les es dado profundizar la literatura ilocana.

Hay diversos gustos en las poesías, y gustos tan opuestos como el europeo y el filipino. En efecto: un poema del mejor vate que ha tenido Europa, traducido *literalmente*, en el sentido riguroso de la palabra, no nos llama tanto la atención como una poesía nuestra, medianamente buena.

Yo, desde niño, he estudiado la literatura europea; se ha formado mi gusto estético en los colegios españoles; y me gusta infinitamente más la literatura europea que la filipina. Y sin embargo, cuando oigo una canción del país, me encanta muchísimo, aunque después, analizando sus frases, resulte un cúmulo de disparates.

Hé aquí la traducción libre, pero fiel, de la anterior felicitación-consejo.

«Ya llegó, mis queridos hermanos, el día señalado por Dios; la fuente del bien, en que os casárais y uniérais en el sublime sacramento, que acabais de recibir.

«Ya se cumplió la fusión de vuestros corazones, que tanto habeis anhelado, y recibisteis la estimable bendición de nuestra Sta. Madre Iglesia

«Ahora, aunque tengais dos cuerpos, sois como uno sólo en la práctica de la vida; tal es vuestra obligación de amaros y estimaros mútuamente.

«La cadena que eslabona vuestros corazones, jamás se romperá hasta vuestra muerte, y si cumplís vuestra promesa de amaros, tendreis una vida sólo comparable á las brillantes rosas.

«Por lo tanto, el objeto de alegría para uno, lo será para vosotros dos, y así tambien en los tormentos; desechad las desconfianzas y sospechas que perturban la buena armonía de los esposos.

«Ea, Severino, recibe el más estimable bien con que Dios te pudiera favorecer; guárdalo como si fuese valiosísima flor, y el fondo de tu corazón sea la concha que la oculte.

«Esa es aquella flor llena de lozanía y hermosura singular, que viste en el amoroso regazo de una madre, que la cuidaba con solicitud y estimación.

«Aunque fuese muy doloroso para ella privarse de su hija, se obligó á entregártela para que tu la cuides como la había criado.

«Para que no se marchite su lozanía, no separes un momento de ella tu amor y tu estimación, que serán el rocío que la fecunde y dé nueva lozanía.

«Tus amorosos cuidados serán el bálsamo que cierre la herida que ha recibido al separarse de aquellas manos que la habían acariciado.

«Y tu, mi adorada Vicenta, demuestra el valor y la pureza de tu amor hácia el esposo á quien has escogido, al entregar tus manos y tu corazón.

«En todas tus acciones, pués, has de demostrar tus deseos de servirle; inquiere lo que más le agrade y hazlo, aunque no te lo diga.

«Y si Dios os concede algún fruto de vuestro matrimonio, has de cuidarle y educarle bien.

«Considera tu que vuestros hijos serían los más estimables bienes con que Dios pudiera favorecerte; y serían tu alegría y consuelo en la tierra hasta vuestra muerte.

«Cuando niños aún, ya procurarás grabar en su corazón el amor y el temor de Dios que les crió.

«Sé bondadosa con todos los que te rodean, especialmente con tus suegros, á quienes debes venerar y respetar.

«Y para que puedas soportar y cumplir con todas estas obligaciones, implora el auxilio de la gracia divina.

«Ojalá vuestra vida de casados tuviese la gran armonía, tranquilidad y tierno amor mútuo de San José y la Vírgen María.

«Ojalá fuese como un rio que se desliza mansamente y cuyas aguas son tan cristalinas que puedan servir de espejo, y que no se enturbien y enloden con las miserias de este valle de lágrimas.

«Por último, pido á Dios os conceda una vida féliz, grande é imperturbable armonía hasta que encontreis la muerte.

«Procura esculpir en el fondo de vuestros corazones este consejo que os doy, el más valioso don que puedo ofreceros en este venturoso dia de vuestra boda.»

*
* *

Como se vé, es de innegable importancia la anterior composición. Con gran oportunidad recuerda al esposo las caricias con que la madre criara á su hija, y el sacrificio que hacen las dos al separarse, para que aquel cuide á su esposa tan bien como la cuidará su misma madre. Y dirigiéndose á la esposa, compendia los deberes de una mujer casada en aquella estrofa que dice: «En todas tus acciones has de demostrar tus deseos de servirle; inquiere lo que más le agrade, y hazlo aunque no te lo diga.»

Que un vate europeo presente la anterior poesía con las galas de su imaginación, y no dudo que resultaría notable.

Pués bien, Leona Florentino ha conseguido hacerlo en su idioma de una manera brillante.

Es de advertir que las repeticiones que se notan en la anterior poesía, no son ripios, sino adornos literarios. Las fáciles reglas de la Poética filipina hacen innecesarios los ripios.

Para no cansar tanto á los lectores, nos limitaremos á traducir libremente las siguientes poesías, pero siempre procurando conservarlas con la mayor fidelidad posible.

2.ª

FELICITACIÓN SATÍRICA

A una solterona en sus días

Cas jazmin á nalaylay ti cayarigan
no 28 añosen ti magtengan
quet rebbeng unay á pagdanagan
ti nganngani á pannacaconsúmonan.

Ata uray ania ti aramiden
á mangtucod no aguirayen
cascasdinto la ñga agtuangen
ta iti lasbangna nalaylayen.

Sapaem ñgad á liclican
detoy cadaoyan á cadadacsan
ipaquitam la ti lasbangmo quen rangpayam
uray no quinabaquetmo ti madanonan.

Ta nangrona unay no caseatem ti agsúcat
iti lacom ñga arac
adunto la ti agayat
quenca nangruna ni S. quen ni B....

Ongetmo met ti pengdam,
ta maisa met dayta á pagbaquetan
nangrona no innaca tactacaoan
ni G.... á maragampang.

Ragragsaquem la dayta naquemmo,
nagrona no maquitam ida ñga agcariño
ni baquet D. quen ni M....
ta casda la tigui iti cabudo.

Ala no castá ti aramidmo.
dica duadúaen á lac-amento
ti maicapitó á Sacramento
á insungsung ni don Domingo.

VERSIÓN CASTELLANA

Es como un jazmin marchito la soltera que llega á cumplir 28 años, y debe preocuparse mucho de que su mercancía no se haga *consumo* (1).—Porque, aún cuando se hagan todos los esfuerzos posibles para sostener al jazmin, cuando ya se inclina al suelo, siempre ha de caer, porque su lozanía ya se ha marchitado.—Temprano, pues, debes evitar la terrible vejez; muéstrate siempre lozana y alegre aunque tu vejez ya se avecina.—Si mides bien el vino que vendes, (se dirige á una vendedora de bebidas), muchos te querrán, especialmente el viejo S. y B.—Reprime tu mal carácter, porque eso también es una de las causas que apresuran la vejez, especialmente cuando te hurta G... la coqueta. Procura divertir tu ánimo, especialmente cuando se hacen cariñitos la vieja D. y M., que son como *tigui* (planta que causa picazon) de comezon.—Si sigues mis consejos, no dudes que alcanzarás el séptimo matrimonio, que ha establecido don Domingo. (Otro viejo pretendiente suyo) (2).

———>∻<———

(1) *Consumo* es castellano ilocanizado y significa la mercancía que por lo vieja ya y desmerecida no se puede vender.

(2) Para comprender bien esta composición, los lectores debieran saber las circunstancias que rodeaban á la solterona de referencia. Parece ser que esperaba pretendientes jóvenes, y el diablo de Cupido le proporcionaba viejos chochos, por lo que ella mostraba humor de mil demoni os. Al menos así lo finge la autora.

14

194 ISABELO DE LOS REYES

3.ª

CORONACIÓN DE UNA SOLTERA EN SUS DIAS (1)

Tacunaynayen ni aoan sardayna á ragsác
ti napagtengmo á natacneng á gasat
ta nagteñgam á sicacaradcad
iti aldao ñga inca pannacayanac.

Ayat á naitalugading á di agressat
detoy aldao á inguet gasat
rebbengna met ti panagragragsac
á saranayen ni nasungdó ñga ayat.

Rumamanac met itá á maquipagrambac
ta iti gasatmo ti calicagumac
tapno ragragsacto laeng ti inca mapasamac
bayat ti aldaomo ñga agbiag.

Ni napateg á Santa Rosa
ti tuladem á maicanadá
ta iti quinariñgen á inicutanna
di quet natulauan ti dalusna.

Carbeñganna á guguram ti sudi quen pateg
cadaguiti pacumbaba ñga aramid
tapnó iti castá dicanto met mailiclíc
á cas quencuana ti pagarian sadi lañgit.

Rimmang-ayca á rimmangpaya
iti asi quen dungñgo ti Ama quen Ina
balasangcan Mellang, ñga aoan ti curangna,
á cas agucrad á sampaga.

_____

(1) En algunos pueblos filipinos cuando una jóven celebra sus cumpleaños (raro en Filipinas es el que no celebre
sus dias en su cumpleaños), sus amigas ciñen su frente con una
guirnalda y ramo de flores naturales ó artificiales, pronunciando un discurso ó poesía la nombrada á *coronarla*.

Aoatem cad detoy á siayat
itá lucong ta nasudi á daculap,
dica paayen ta nupay nalaad
nagtaud iti nadalús unay ñga ayat.

Itá met olom ti pañgisaadac
itoy nanomó unay á balañgat
ta isu ti mañgipaquita mañgipamatmat
iti ayatmi quenca á immay immarayat.

Oacnitam cad ti dalanco dinac lapdan
iti nacaap-apal á sayacsacmo ipaquitam
tapno agpapás toy puso á maaoaoan
ti ubbúg ta ayat á di maugutan.

O Mellang ñga nacaay-ayat
á pañguloen amin daguiti rosas
ipalubosmo cad ti oayaoayac
ñga umay agbuybuya itá imnás.

Igapum cad ti pategna
detoy napagtengmo á saniata
ti puso á siulimec quen sipacumbabá
ti pannacabalinco á mañgirucbab quenca.

Anansata ta agdaoatac
á no cas nacabasolac
daguitoy á innac pinalaoag
iti pacaoan isut gamgamac.

Agbiagca comá á sitatalná
á sicucupicup iti gracia
á cas ti casañgaymo á Santa
á iñguñguten ti Namarsua.

Quet tapno pacapnecan ti pategna
ti panaguiaman ñga aoan caaspingna
ipuccaotay ñgad á padapada
iti naragsac unay á ¡Viva!

VERSIÓN CASTELLANA DE LA ANTERIOR POESIA,

Eternos regocijos acompañen tu buena suerte de
haber llegado llena de salud al dia de tu navidad.—En este dia feliz debemos alegrarnos todos
y adorarte con puro amor.—Me asocio tambien al
comun regocijo, pues que deseo tu bienestar sem-
piterno. Imita á Santa Rosa, cuyas virtudes no han
permitido mancharse su pureza.—Debes aumentar
tus relevantes cualidades con la modestia y buenas
obras, para que consigas el reino de los cielos
(1).—Tu has crecido en el regazo amoroso de tus
padres, y ahora *Mellang* (contracción de Emilia)
tu eres un pimpollo, que abres tu capullo como
una sampaga (*Nyclantes sambác*, Linneo)—Acepta
gustosa en tus lindas manos (se refiere al ramo
de flores); no lo deseches que aunque pobre, es
obra del puro amor (2)—En tu sien coloco esta
humilde guirnalda, testimonio del cariño de los que
acudimos á festejarte.—Quita los obstáculos de mi
camino, no me impidas el paso, para que mi corazón venga á apagar su sed de amor en la ina-
gotable fuente de tu envidiable hermosura.—Oh
preciosa Mellang, soberana de todas las rosas, permíteme que venga á admirar tus encantos.—Por
tu dia venturoso permíteme ofrecerte mi rendido corazón.—Y perdóname si por lo que acabo de decir

(1) Todas las felicitaciones filipinas tienen sus periodos
de sermón. Es costumbre inveterada.
(2) Muchas veces, se coloca antes la guirnalda que la
palma.

ho incurrido en alguna falta (1).—Ojalá vivas tranquila y llena de gracia como la Santa de tu nombre.—Y para publicar nuestro gozo por tan fausto motivo, exclamemos todos: ¡*Viva!*

4.ª

De felicitaciones con versos acrósticos, Leona Florentino escribió muchas, casi se puede decir una diariamente, pues muchos la encargaban escribir. Y para salir del paso, hacía combinaciones con los antiguos originales suyos, pues ella pobre viuda tenía que atender á otros asuntos, como la administración de sus bienes.

Obran en mi poder tres felicitaciones con versos acrósticos á *Cármen*, otras tres á *Rosa*, tres á *Castora*, dos á *Emilia*, una á *Maria*, otra á *Juana* y otra á *Tila*. Pero todas se pueden reducir á las estrofas siguentes, para evitar repeticiones.

C̶aasi ti Dios piman
impaayna á inca nagtengan
iti saad á quinabalasang
quet aluadam unay nga icutan.

. . . . (2)

AR̶ag-ó quen ragsac á di mauma
daguitoy matá á agbuya quenca

---

(1) Es curiosa la costumbre ilocana de aprovechar esta ocasión solemne de declarar el amor, cuando otras veces procuran que sea muy secreta su pasión. A una declaración amorosa, suelen las ilocanas contestar con un insulto indecente.

(2) Los puntos indican una estrofa suprimida por evitar repeticiones.

ta iti laing, libnosmo quen sadia
amin á nagbiag daegam idá.

aysa á sabong á paguerad
ti pangyarigac quenca á maquitac
ta iti singpetmo á nayanac
aoan quencat macaartáp.

. : . . . . , . .

ğem alá iti sagudaymo á nayanac
isuda ti casmo calasag
sapay ta incanto maragpat
ti gloria á puon ti imbag.

VERSIÓN DE LA ANTERIOR.

La gracia divina ha permitido que llegues al
estado de soltera (1) y cuídalo mucho..., Gozo y alegría
sin fin embargan mis ojos que te comtemplan, pues
tu bondad, hermosura y pudor te hacen superior á
á toda criatura.—Te comparo con una flor que
acaba de abrir su capullo, pues nadie te aventaja
en virtudes... Tus relevantes cualidades sean tu escudo contra los halagos del mundo y ojalá consigas la gloria, fuente del bien.

---

(1) *Kinabalasang* no tiene equivalente exacto en castellano; significa muchas veces el estado de soltera y juventud
al mismo tiempo, de modo que si tradujéramos por juventud
solamente, tampoco estaría muy exacto, pues ésta no es incompatible con el estado de casada.

5.ª

as rosas á naidumat sayaat
ti caaspingmo quen capadpad
ta idi timmaoca á limtuad.
aldao ni Ntra. Sra. del Carmen á naslag.

. . . .

aimatañgan met ita ti rañagna
daguiti astros ti firmamento (1) á nalaoa.
á gapú ti naiduma á yamanda
itoy aldao á nagpalungdoan ti gasatna.

lementos pay á agcacapigsa
agtañgepda amin amangayapapa.
gapú ti naiduma á panaguiamanda
itoy aldao ni N. S. del C. á nasadía.

agasatcanto met á agpaiso,
ta iti lañgit maicaricanto,
no taguinayonem ti dalus. quen singpetmo
quen Jesucristo nga Apútayo.

VERSIÓN DE LA ANTERIOR

Peregrinas rosas son tus semejantes, porque apareciste en el día de Ntra. Sra. del Cármen (2)...—

---

(1) *Astros* y *firmamento* tienen equivalentes en ilocano, que son *bituen* y *lañgit*; pero para los ilocanos, es mejor á veces emplear términos extraños, que pasan por profundos ó rebuscados. Esto no obstante, Doña Leona Florentino empleaba muchos términos ilocanos profundos.

(2) ¿Qué tendría que ver la Virgen del Cármen con el nacimiento de esa señorita? Sin embargo, esto se explica, porque las filipinas y los filipinos son exageradamente devotos y mezclan á Jesucristo y á toda la corte celestial aún en los asuntos más bufos.

Los astros del anchuroso firmamento brillan hoy
con fulgor extraordinario, como muestra de su regocijo en este día muy venturoso.—Aún los elementos
más temibles muéstranse hoy respetuosos, también
como celebrando el día de Ntra. Sra. del Cármen
ilustre.—También serás feliz y digna del cielo, si
conservas tu pureza y virtudes en nuestro señor
Jesucristo.

6.ª

   apay ti langit ta innaca ilasat
   cadaguiti isuamin á peggad
   casta met ti piam quen caradcad
   quen manayon á inca panagbiag.

VERSIÓN DE LA ANTERIOR

...Ojalá el cielo te salve de todos los peligros y
te dé salud y larga vida....

7.ª

abung ti cayarigan
ti macagteng iti quinabalasang
quet ti banglom ñga agpanapan
iti macasay-op inna bang-apan
a linteg ñga nacanatad
no magtengan anno mapasuñgad
iti aldao á pannacayanac
rebbengna unay iti agragragsac.

gbiagca met á sigagasat
ditoy dagá á napno peggad;
sapay comá ta incanto maragpat
iti gloria á puon ti imbag.

VERSIÓN DE LA ANTERIOR

Semeja á una flor la que llega al estado de soltera, y tu aroma qué se esparce, vivifica al que lo respire... Es ley de las buenas costumbres alegrarse cuando llega el día del cumpleaños... Vive venturosa en esta tierra llena de peligros y ojalá alcanzes la gloria, fuente del bien.

8.ª

as rangas quen tabilang
iti bilin ti linteg á haindayaban
no bay-ac ti cumablao ita biang
itoy pannacayanacmo á naingasatan.
nansata tapno innac maliclican
daytoy á cadaoyan á cadadacsan
piailic itay á guinamgam
ni pacumbaba á cas inna carbengan.
am-it quen ayat inca itay capnecan
iti tarigagayco á maquitam
á panagay-ayat quen panaguiaman
itoy natalibagoc unay á panagfiestam
andá toy ragsac quen rag-ó á napalaluan
toy felicitación nga itdec á sipapacurang
quet nupay no nanomó ibilangmo á capatgan
igapum itoy aldao á nacayanacam.
en ta isu ti pacaquitaan
iti ayat á incacabsatan
quet tarigagayac met á iparangarang
iti ayatco quenca á sirarangrang.
osas quem sabung á madumaduma
iti bangló quen nacay-ayat á buya
agucradcay amin á padapáda
quet ayumuomyo ti incay yadioara.
gnanayon quenca ti caasi á nailangitan
ta agtaengca ti gracia quen pia á tai tarigagayan
mairanudcanto coma met á di agcurang
iti gloria ti Dios á catan-ocan.

VERSIÓN DE LA ANTERIOR

Infringiría yo las reglas de las buenas costumbres si dejo de felicitarte en tú día feliz.—Y para no incurrir en esta falta, he preferido humillarme ante ti (1).—Mi alegría en tu navidad son finezas de mi tierno amor hácia tí.—Mi carta felicitacion que lleva mi contento, aunque pobre, tenla por valiosa siquiera por celebrar tu hoy el cumpleaños.—Ella es el testimonio expreso de mi amor ardiente.—Flores diversas de grato aroma, abrid vuestros capullos y esparcid vuestro dulce aliento.—El cielo te proteja siempre, goza de la gracia divina y ojalá alcanzes la gloria de Dios.

9.ª

Essem quen yamanco diac mayebcas
no addaca laeng á sicacaoes ti salun-at
naipangrona itoy aldao á inguet gasat
á pannacasangaymo cas inur-urayco á nabaybayag

VERSIÓN DE LA ANTERIOR

Serian indecibles mi satisfacción y alegría, si estuvieses vestida de perfecta salud, especialmente en este fausto día de tu nacimiento, que hace tiempo ya esperaba.

_____

(1) Parece de dos amantes que habían reñido antes.

10.

Eggued á nailangitan ti súmabat
daytoy aldao á inguet gasat
á mangipaquita mangipamatmat
iti naiduma unay nga ragsac.
Ngem degdegan met comá ni Jesús quen María
ti salun-atmo, bileg quen pia
sapay ta incanto maicaysa
tí biag ti agnanayon á gloria

. . . .
. . . . ,, .
. . . . . , . . .
. . . .
. . . .

VERSIÓN DE LA ANTERIOR

Las gracias del Cielo favorezcan este día muy feliz, para que se celebre con los debidos regocijos.

Y qué Jesús y María te concedan salud, bienestar y fortaleza contra tus enemigos y que después vayas á gozar de la vida siempre gloriosa.

11.

. . . . . , ...
Ta dimteng itay quet nagtengan
daydi aldao á natalugadingan
á panagay-ayat quen panaguiaman
itoy aldao á naingasatan.

VERSIÓN DE LA ANTERIOR

. . . . ,
Porque acaba de llegar el día venturoso que debemos celebrar con festejos y acciones de gracias. .

12.

No se me oculta que las anteriores composiciones tienen poco ó nada del gusto europeo; pero repito que hay varios gustos, y advierto que no es lo mismo leer la traducción que los versos originales y sobre todo el oirlos. En una palabra, aquellos versos sosos y acaso ridículos para los europeos, no dejan de gustar á cualquier ilocano, y nos parecen cadenciosos; y no olvideis que «las coplas no han de estudiarse por bonitas, sino como materia científica,» como dice el Dr. Machado y Alvarez.

Siento mucho no haber encontrado la felicitación poética de la autora dedicada á D. Alejandro Giron, en el día en que tomó el baston de *Gobernadorcillo* (1) del gremio de Naturales. Sería muy curioso leer las buenas lecciones que le daba, explicándole el espíritu de la autoridad y sus deberes.

Era muy bonita poesía, semejante á la que había dedicado á los recien-casados.

A continuación vamos á transcribir una improvisación de la Sra. Florentino que es una carta-invitación á una sobrina suya con motivo de celebrar los dias de su hija Benigna:

_____

(1) Alcalde de pueblo.

Binnuanğayco ti nagsurat
nagsurat Inchay á siayat,
siayat á ta conac:
—«Inchay, agliestaac.»
Asman toy pusoc ti agrambac,
agrambac itoy rabiy á mapasunğad,
mapasunğad á gapu ti ilulutuad
ni adim á Benigna á rabirab.
Zupay casano ti cas-ang
toy balay á inca ulian
daoatec unay itá sadiani
á ni paidam inca idian
Itan ti pacaquitaan
ti naimbag á naquem quen caanacan
ta isú ti pagpapadasan
ti naayat quen saan.
Gapuna nğa agdaoatac
á buyuguen quet tacunaynayennac
ta iti panagcabaguianta ti sadagac
á dicanto agcurang á maquibagrambac,
Nğem no ninto paay
ti inca caniac ipaay
conac á nalalaingpay
no ni nainğet á ipapatay.
Agnanayonto quenca á mautanğac.
ti ganetguetmo á umarayat
utang quet rebbengconto met ti agsubad
agpapan tanem ti aguicut caniac.

VERSIÓN DE LA ANTERIOR

Me he propuesto escribirte, escribirte gustosa, gustosa porque te voy á decir:—«Inchay (contración de Crescencia), voy á celebrar una fiesta».—Desea mi corazón festejar, festejar esta noche que viene, la noche que viene con motivo del día del nacimiento de Benigna la charlatana.—Aunque sea muy modesta la casa á donde vas á subir, suplico á tu excelencia que deseches el desden.—Ahora se verá tu buena voluntad de sobrina, porque será la noche de prueba á los que me tengan amor ó no.—Te suplico, que vengas á ayudarme ó invoco el parentesco para que no faltes á la fiesta.—Pero si el desden será el que me das, preferiría la más cruel muerte.—En cambio te agradecería la molestia que te tomases de acudir á la cita, favor que te deberé pagar hasta que el nicho sea el que me guarde.

13.

La anterior poesía es cadenciosa á los oidos ilocanos y llena su objeto humorístico; pero ¡cuán diferente lo que sucede al traducirla al castellano! Algunos poetas filipinos suelen poner en verso sus cartas privadas, aun hablando de sus negocios, de sus carabaos y otros asuntos que en nada se prestan á la poesia.

Ahora vamos á trascribir una *Loa*, que llaman en Ilocos; ó sea: una salutación poética á Santa Rosa de Lima ó á su imagen en el dia su festividad, que celebra todos los años su camarero.

Sabung ti rosal ti caarigmo
á di natulaoan ti quinavirgenmo
ta iti talugading quen dalusmo
naicarica nga asaoa ni Jesucristo.

Amangan tt sudi quen daeg
ti nagan á *Rosa!* narasay ti mayarnged,
ta isu piman ti amang quen talec
daguiti babbalasang á nasingpet.

Jo iti laingna aoan pumada,
ti tarnaaona quen sadia,
ta daguiti virtudes naicasigud quencuana
sipud idi itataona á naparsua.

Jimmubo nga cas rosas
ditoy dagá á napno peggad,
saan á naqueltay di met naumag
ti lasbangna quen sayacsac.

Aguiamanda met á siraragsac
dagup daguiti babbalasang á inmarayat
ti pannacagtengda pannacapasamac
itoy aldao á ingguet gasat.

Rayrayentay met á padapada
ti panagdevocióntay á di mapdá
quet daoatentay met iti Namarsua
á ispalennatay cadaguiti siba.

Otal-laong á nagdadagupan
daguiti naindayaoan á babbalasang
ti panagayayat diyo sardayan
panagdayao quen panaguiaman,

Sioaoacnit ti langit á agbuybuya
cadaguiti rambac á maidiaya
iti ay-ayat intay met isagana
á pagdaydayaotay quen Santa Rosa.

Agbiag met **á siraragsac**

detoy camarerom á siayat
sapay comá ta innanto maragpat
ti gloria á puon ti imbag

TRADUCCIÓN DE LA ANTERIOR

A la flor del rosal (*Rosa centifolia*, L) te asemejas tú, cuya virginidad no se ha manchado, pues que mereciste ser escogida por esposa de Jesucristo.—¡Qué precioso y bonito el nombre sin igual de Rosa! es de la Santa, refugio y patrona de las virtuosas solteras.—Desde un principio ella estaba dotada de virtudes, y nadie la iguala en bondad, pureza y honradez.—Brotó como las rosas en este valle lleno de peligros; no se marchitó su lozanía ni dejó de perfumar el olor de su santidad.—Todas las solteras presentes celebran haber llegado á este día tan venturoso.—Profesémosla devoción ferviente y eterna y roguemos al Criador nos aleje de peligros.—Oh concurso de apreciables doncellas, no ceseis de alegraros, de honrarla y darla gracias.—Despejado el Cielo, contempla los regocijos que rendimos á la memoria de Sta. Rosa.—¡Viva alegre tu camarero bondadoso y ojalá alcance la gloria, fuente del bien!

VII

COMPOSICIONES ERÓTICAS

Estas parecen mejores que las anteriores y hácia ellas llamo la atencion de los que quieran penetrar en el corazón de la poetisa ilocana ó de los ilocanos en general, pues que reflejan sus sentimientos,

15

1.ª

DECLARACIÓN SIMBÓLICA

Iti lennaao ti Abril sinibuganna
ti sabung á nalasbang ti caliz nasilaoanna
quet iti naidumat sayamusom sinacnapna
ti maysa ñga agayat naliolios.

¡Oh! nasudi á jardin quet nasalumpaya
daguiti busel ti rosas quen azucena
iti raniag ti Init ti caarigna
quet ti annaraar ti nagbiaganna.

Iti ñgad clavel, quen amapola
quen dadduma á sabung á narangpaya
daguiti agadioara á ayamuomda
napacmer ti doctor ta nasay-opnaca.

Quet iti balitoc á naidumat pate na
á mapurar ti macaquita
ti bituen *Matutino* á coñada
maatiopay ñgarud ti raniagna.

Daguiti babbalasang á maquita
isoda á macaaois iti sayaatda
iti sayacsacda á naiduma,
á pagpupunipunan ti liolios.

Naarcusanda ti nadumaduma
ti boocda á simmampaga
iso á macagargari ñga agdama
á rasucan ni ayat á napigsa,

Imatañgam, *morena*,
ti naapgues á panagayatna
ta mayarignc iti maisa á amapola
á sinacnap ti Abril ti ayatco quenca.

VERSIÓN DE LA ANTERIOR

El rocío de Abril ha regado el brillante cáliz de una lozana flor, y su suavísimo aroma ha embriagado y consolado á un triste adorador.—Semejas á un jardin ameno, y repleto de rosas y azucenas; semejas á la luz solar, / de que viven aquellas.—El perfume de los claveles, amapolas y otras flores no es tan suave como tu dulce aroma; enamora hasta el preocupado doctor ó sabio.—Y el valioso oro, que deslumbra á quien lo mire y el que llaman astro matutino, ambos se apaganan ante tus fulgores —No te igualan ni las solteras, cuyos encantos singulares atraen y consuelan; cuyas cabelleras adornadas con sampagas enciende n amor volcánico.—¡Ay morena! escucha y mira que soy como la amapola sedienta de amor, y tú el rocío que me pudiera salvar.

2.ª

DESESPERACIÓN

Amangan á ragsac quen talecda
daguiti adda caayanayatda
ta adda piman mangricna
cadaguiti isuamin á asugda.
Ni gasatco á nababa
aoanen ngatat capadana,
ta cunac diac agduadua
ta agdama ngarud nga innac masagabá.

Ta nupay no agayatac
iti maysa á imnas
aoan lat pangripiripipac
nğa adda pacaibatugac.

Ilunudconto ti horas.
nğa innac pannacayanac
ta mamenribo coma á nasescat
no natayac iain ta nayanacac.

— Gayagayec comá á ipalaoag.
nğem bumdeng met toy dilac,
á ta maquitac met á sibabatad
nğa ni paay ti calac-amac.

Nğem umanayento á liolioac.
ti pannacaaminon itoy á panagayat,
ta icaric quenca quet isapatac
nğa sicá aoan sabali ti pacatayac.

VERSIÓN DE LA ANTERIOR

¡Qué gozo y satisfacción deben esperimentar los
que tienen amantes, que escuchen y sientan sus
quejas.—Mala es mi suerte, no tendrá su igual,
y lo digo por los tormentos que estoy sufriendo.—
Porque, aunque adoro en una hermosura, no encuentro indicio alguno de que yo fuese digno
de ella.—Maldigo la hora en que nací, y preferiría haber muerto en aquel mismo momento.—
Trato de declarar mi pasión, pero mi lengua en-
mudece, porque preveo claramente que merecería
desden amargo.—Pero bastará para mi consuelo que
conozcas mi pasión y te juro que no es por
nadie, sino por tí me muero de amor.

3.ª

OTRA DECLARACIÓN DESESPERADA

Dayta imnasmo agñanayon á dardarepdepec
tumungal rabiy no innac maridep
cas maquisasao-ac quenca á sumasainnec
quet iti yas-asugco, ti liday, tuoc á sagabaec.
Nenang, timudem daytoy ut-utec
á pagsasainnecac iti naap-gues
á gapu piman iti aoan á caicarianna queñ pateg,
gupdecon á toy rigatco à sanaangec.
Oen imnas ta aniacad ti urayec
no gulibto met ti lac-amec
nasamsam-it la ñga aoatec
ti patayco no sicat mangted.
Daytoy biagco adda quenca á sitatalec
no naquemmo uray magsat toy anges;
bang-aram cadin toy pusoc à sumasainnec
á umay umipeng cadaguita daeg.
Timudem detoy ut-utec
á pagsasaibbecad iti naapgues
ta no ni ayat mabati quenca à sumasainnec
quet ti tanemmo sangsangitan na canto met.
Daytoy bangcayco umasogto iti nabileg,
quet conanto ti tao á macangeg:
¡ay asipay unay ti gásatna á daques
ta napaay á aoan pateg!

VERSION DE LA ANTERIOR.

Siempre, todas las noches, estoy soñando en tu hermosura, y en mis sueños me figuro quejarme dolorido

ante tí; quéjome de los tormentos y pesares que
sufro por tí.—*Nenang*, escucha lo mucho que padezco
y lloro amargamente, y porque no soy digno de tí,
voy de una vez á poner fin á mis penas.—Sí, hermosura; ya que no espero si no tu cruel desaire,
prefiero recibir la muerte, con tal que sea de tús manos.—Mi vida depende de tí; si es tu voluntad, mi respiración cesará; calma ya el dolor de mi corazón que-
joso y permite ya que encuentre alivio en tus encantos.—Escucha mis amargos ayes, que aunque yo
me muera, mi amor no te abandonará con sus quejas,
aún estando ya tu en la tumba.—Mi cadaver hará oir
sus llantos atronadores y dirá el hombre que me es-
cuche: *¡pobre es su suerte, porque fué desdeñado!*

4.ª

AYES DE UN BURLADO.

En mi libro intitulado *Ilocanadas* (1) escribo:
«Son así los ilocanos: los ricos no suelen tomarse
la molestia de cortejar á sus adoradas, lo cual es por
cierto muy penoso muchas veces, porque en Ilocos
no se permite hablar con las jóvenes; y saludarlas, á
veces lo toman por cinismo y nos insultan sólo por
ésto; en cambio hay malos *correos* tan malos como
todos los de Filipinas Por tal motivo los ricos se
limitan á comunicar á sus padres sus deseos de
casarse con tal señorita, á fin de que ellos, los tras-
mitan á la familia de ésta, la cuál, estimulada con la
riqueza del pretendiente, suele aceptarlos, aún sin

_____

(1) Iloilo 1887.

consentimiento de la jóven, que no siempre lo aprueba, por tener ya otro novio de su cuenta y riesgo.»

Esto mismo ocurrió á dos jóvenes que se amaban con delirio y cuando menos lo pensaban, la señorita se vió obligada por sus propios padres á casarse con otro, y ahora, ¿qué diría el amante burlado á su amada? El pobre no pudo manifestar su odio y dolor, y hubo de suplicar á Florentino se hiciese eco de lo que sentía, y esta señora escribió la siguiente poesía. Admira que una mujer haya podido interpretar fielmente lo que debía sentir un hombre y no una mujer. ¡Lástima que los lectores europeos no comprendan el idioma ilocano, y sobre todo las especialidades del gusto literario de estos malayos, porque es imposible traducir dicha composición con la debida fidelidad, para que no se mermen sus bellezas.

Em-emac comá iti saquit
toy pusoc nga suminibbec,
tapno diac coma mauniám ti pait
ti pannacaisinam á saquitec.

Maipapilit ta diac met maibturan
ti di agladingit quen agieddaang,
ta incat itay suminan
itoy nabiit unay á quinadindinaam.

. . . .

¡Ay gasat ayanayen ayá
ti banag ni ayat quen tuagpalaw!
ta lacsidem man toy si-inmuin
cadaguita rigsacmo quen liolioa.

Gapuna adi agserlay ti panagsangsangit,
toy pusoc agnanayon á sisasaibbec,
gapu amin quen ayat á naidadanés
á nangted ti nacaro unay á ladingit.

Tacunaynayem cad ti siririgat
ñga liday toy pusoc á sipapasig
ta cas as-asuguen detoy ricuac
ti naldaang unay quenca á pannacaisinac.

Asiacpayen á maicaoa
amingan ta naclaat á naisina
ta daguidi dungñgo á inruamna
nó itayen quet pusayenna.

Ruam cad pay ita ni dungñgo
saanen ta panangiculbó
ta diac impapan quen impato
ñga ayatco piman ti mairubo.

Cas gamut ñga nabalanatan
pusoc quen ricuac ti cas maaoan
alá P..., ison, isunan,
isua ta gulibmo ta innac capuccan.

Conac ata dica met gaoidan
ta aniacad toy aoan inna caicarian,
ta uray liolioa coma á innac pagragsacan
antá patayco quet ñga pacauluyan.

Imbilangco á laoag ñga naiddep
ocuno ananayco á naidegdeg,
guibusam laeng ta turdec
ni patay tangay sicat mangted.

Ubbuguempay ti naut-ut-ut
quen nangnangrona á caro ni tuuc
tangay sioaoacnit toy pusoc
quet siraragsacac met á omaracup.

Itan ta simminaca
maulilanto metten daguitoy matá
¿sadin ti yanmon?—inhoranhorasto á innac concona
—jjay aoanen di naidumat ragsacna!!
Iti laguipmo dicanto idiar

ditoy ili á nacayanacam
nupay ragsacto laeng ti calac-amam
dinto coma ipalubus ta gasatmo á didiay ti pacabatiam
   Luluac met ita ti ibuyogeo
nḡa gapu ti leddaang toy puso
quet sapay coma dayta tacnengmo
dinto racraquen ni limdó.
   Agdiosac met ti cumuyog quenca
iti ipapanmo diay Abra
iti laguipmo dicanto comá isina
cadaguiti silaladinḡit á mamalubos quenca.

VERSION DE LA ANTERIOR POESIA.

Querría yo ocultar y olvidar el dolor que esperimenta mi corazón lloroso, para que no se exacerbe mi amargura por tu separación.—Pero no puedo menos de llorarla y manifestarte mi sentimiento, porque ya te vas á separar del que hace poco era tu amante.—¡Oh suerte! ¿éste es el fin del amor que me sonreía con esperanzas, dichas y satisfacciones?... Por eso, no cesa de gemir mi corazón, por mi amor burlado, que me causa un dolor profundo.—Dirige siquiera una mirada á mi corazón, que está desfallecido de tanto llorar por nuestra triste separación.—Ay de mi! que voy á privarme repentinamente de las finezas con que me acariciaba constantemente.—Ya no es amor, sino traición... yo no esperaba que escarnecerías mi pasión.—Como si me hubieras envenenado con *balanat* (planta muy venenosa); paréceme que mis sentidos se desvanecen; basta ya, basta tu crueldad, basta ya, que bien la conozco.—No te detengo, porque ¿qué puede hacer este pobre

indigno de ti?... no te detengo, aunque me hayas
dado la muerte en vez de la vida que yo esperaba.—Para mí, lo que has hecho es sólo como una
luz que se apagó, ó una desdicha que se aumentó
á la crueldad de mi destino; sigue atormentándome,
acaba de darme la muerte, que recibiré gustoso, con
tal que venga de tí.—Deja que la fuente de los
más amargos pesares anegue mi corazón, que resignado, todo lo padece.—Cuando te alejes de aquí,
se quedarán huérfanos mis ojos: *¿donde estas ya?*
—diré á todas horas—*¡ay! no está mas la de singular
hermosura!!*—Nunca separes tu memoria de este
pueblo donde naciste y aunque gozes siempre de
placeres, ojalá tu suerte no permita que te quedes
en el pueblo á donde vas.—Acompáñante en tu viaje
las lágrimas de mi corazón, y ojala tu honradez no se
manche.—¡Dios te acompañe al Abra!... no olvides
jamás á los que pesarosos te despiden.

Por la traducción—direis—trasparentamos ó suponemos en la anterior poesía frases sentimentales,
que no dejarian de hacer llorar á la novia infiel
al considerar el mal que ha hecho á su antiguo
amante; pero la autora suprime esa indignación
justa é indispensable en todo hombre honrado tan
villanamente burlado. Y ¿por qué frases meliflus, sino
represión severa? ¿O es que los jóvenes ilocanos
carecen de amor propio?... No, al contrario: en Ilocos rarísimo es que estos casos no terminen en
asesinatos. Allí no se cometen homicidios sino por
los celos. En un caso semejante, (1) no se cometió
_____
(1) Véase la pág. 151.

asesinato; pero el novio ofendido dió una serenata
á la novia en la víspera de la boda, en la que
entonaron á grandes voces infamias é insultos que
ofenden á todo oido honrado; y al día siguiente
fijó el novio burlado en la puerta de la iglesia, en
que iban á celebrar la boda, un pasquin muy
infamante. ¿Y á dónde fué á parar? A la carcel,
como era muy natural. ¿Y qué consiguió? Publicar
el desden que había sufrido, aumentar su propio
despecho y deshonra, é incitar la animadversión
de la novia.

Ahora la señora Florentino con su poesía senti-
mental evita todo rozamiento y escándalo; demuestra á la ingrata mujer que su antiguo amante era
magnánimo, incapaz de vengar todo agravio que
recibiera de ella y que hubiera sido esposo muy
condescendiente, que es lo que anhelan encontrar
las ilocanas. Y ¿qué más venganza deseamos tomar
con una pobre mujer, que hacerla llorar su propia
ingratitud?... Pero veo además un fin más terrible
en esa poesía: el antiguo amante, invocando su desgracia y ofreciendo espontáneamente perdón y lágrimas, asegura indudablemente las simpatías eternas
de su antigua amada. Y el adulterio es más odioso
aún que el asesinato; y la venganza sería acaso
impune; pero nó, no creo que la señora Florentino
haya concebido tan odioso fin.

5.ª

Escrito lo anterior, me encuentro con otra poesía original de la misma autora que dice:

Diac met pagladiñgitan
no ayatco ti inca indian.

ta diac cayat nğa icutan
ti ayat á pampamayan.

Dicanto met mauray á umásugac:
no baybay-an paglicudannac
naimbag ngarud ta mailiclicac
iti napnuan dita nğa ayat.

Idi dámona nğa aldao imbilangca
á diosen daguitoy matá;
nğem no itayen binalindacá
á napigsa unay á gamutdá.

O naolpit quet nadamsac
á X... quet ingguet ranggas
quitaem ta innac ioarnac
ti indadanesmo nğa ayat.

VERSION DE LA ANTERIOR.

No siento que hayas dejado de amarme, pues no quiero poseer amores vanos.—No esperes que me queje: si me abandonas, lo celebro, porque me libro de un amor lleno de ponzoña.—En los primeros dias eras la Diosa de mis ojos, pero ahora ya no eres para ellos, sino objeto de repugnancia.—Oh cruel, inicua y perversa X.., mira que voy á publicar nuestros amores, de que te has burlado.

6.ª

A UNA AMANTE... QUE SE ESCAPÓ.

. . . .

¿A dincad pay ti yan daguidi dungngó?
aoanen ta inca met inmadayó

ñgem nupay casta dica ipato
á lipatanca ingganat caano.

Ta isipem cad no maiparbeng
á iti sabung á taptapayaen
ta maregreg quet manasánasen
quet ti linnaaona ti sitataeng

Liolioa ti aramatcc á manglinğay
ta ananuen cad I... nasdemanac ti liday
nupay ni patay caniac ti siuray
ibilangconto á ragsacco á siuauayuay.

Ata pinatuloymo la ti isisinam.
ta ania cadi quet dica met magauidan
ñgem mapasamacmonto á liolioam
no gapu quenca ti innac pacatacayan.

Daytoy Vigan. á nagayayamam
pudno á inca pinanaoan
iti laguipmo dicanto idian
iti uray no adinno á pagnaedam.

Ñgem ¡oh pusoc! ¿ania á sennaay
ti sumquen quenca á liday?...
Oh I...! ¡ay asiacpay
ti impaaymo caniac á impabaclay.

Ta ania la unay á limdó
ti nagladinğitan caniac ti naquemmo
ta pimmanaoca á immadayo
quet inranám pay unay iti caaoanco.

Quet idinto ta saoenda quet innac nanğeg
diay Sto. Domingo ti ilalabasyo á saquitec
dagus la á diac nacatimec
ta luluac ti dumalines.

Alá isunan quet ingaac
daytoy innac panagsurat

ta luluac ti manacanac
no sica ti maipalaguip caniac.
Aoatem toy naricut quenca á yabrasac.
ta barucongmo ta pinagtalaonac,
pinanaoánnac ta pinagtalaonac,
ti sumangcangrona á pinagayat
Adios I...! nupay no insinanac
daontco á dicanto caniac malipat,
iti racsac ocnno leddaang aoagannac
ta madadaanacto met quenca á umarayat.
Ngem amangan piman nagrigat
ti sumina ti cayan-ayat
ta arig á magudas
ti cacaisuna unay á biag.

VERSIÓN DE LA ANTERIOR.

. . . . ¿Dónde ya están aquellas
finezas?... Ya pasaron, porque te has alejado; pero
no pienses que algun tiempo me he de olvidar
de ti.—Considera si conviene que una flor que tenemos en las manos, se caiga y se marchite, con-
servando aun el rocío que la fecunda.—No tengo
más remedio que consolarme; ¡ay I...ya me muero
de pesar; pero resignado, espero la muerte como
motivo de alegria.—Al fin, te has alejado como de-
seabas, y yo, ¡qué puedo hacer! sólo te diré que
acaso celebres como motivo de satisfacción mi
muerte.—Aunque te has alejado de este Vigan, donde
habian deslizado tus felices dias, no te olvides de
este pueblo, do quiera llegues.—Pero ¡oh corazón!
¡qué pesar el tuyo! Oh I...! ay de mi, por este
tormento, con que me has cargado.—¿Qué disgusto

has recibdo de mí, porque hubiste de alejar precisamente en mi ausencia?—Cuando he oido que habiais pasado por Sto. Domingo, donde estaba yo, no he podido articular palabra alguna y las lágrimas brotaron de mis ojos.—Basta ya, voy á terminar de escribir, porque mis lágrimas no cesan de manar al acordarme de tí.—Recibe mi estrecho abrazo á tu pecho que me abandonó por otro amor.—Adios I...! aunque me hayas separado, te ruego que no te olvides de mi; y en tus alegrías y pesares, llámame, que estaré siempre dispuesto á ayudarte.—Pero ¡qué penoso el estar separado de su amante! pues parece que se vá á acabar mi *única* (1) vida.

7.ª

DESPEDIDA.

Timudem man ¡oh imnas! ni ayat,
ti un-unnoy toy secuan ni rigat
imatangam ¡oh puso! quet imutectecannac
anusem á pali-ioen toy dacsangasat.
  Dacsangasat cunac ata maipusay
toy naldaang unay á bangcay;
ngem ni laguip dinto met bumalacday
agnanayonto laeng nga sitatarubay.
  Cas panagpacada daguitoy á innac balbalicsen
ta toy baguic maipanao cadaguita taeng,
teng ni ragsac, liolioa á innac lac-amen
dinto met mapunas á innac panpanunuten.

_____

(1) Estilo puramente ilocano.

Silaladiñgit toy pusoc á agpacada
adios laing; napusacsac á azucena
iti sayumusom ti barucongco ipenpennaca
tapno dinto maumag ti agdaplay á banglona
　Siaddaacto laeng ti taeng ni alinaay
ta detoy panunut salensenán ni tarumpiñgay
turubayennacto ni napait á liday
quet isunto cañac ti mañgay-ay-ay.
　Dios ti cumoyog, oh napnuan sayacsac
ñga esmanto daguiti agay-ayat;
Dios ti cumuyog, salimetmetmo mañgalasag
ta tapno dayta sudim, tacnengmo ti di maracrac.

VERSIÓN DE LA ANTERIOR.

Escucha, hermosa, los ayes de este pesaroso amante;
mira ¡oh corazón! (así suelen llamar los ilocanos
á su adorada), examina con paciencia á este infeliz.—Infeliz, digo porque ya te separas de mí; pero
tu memoria siempre estará fija en mí.—Estas palabras son ya de despedida; ya me voy (esta locución
parece indicar lo contrario, es decir que quien parece
irse, es el que se queda; es frecuente en los dialectos
filipinos; y de aquí que suelen emplear el *venir*
por *ir* y es porque así se usan sus equivalentes
en los dialectos filipinos, p. ej. *venir* es *umay* en
ilocano, ó *ir* es *innak*. Ahora bien *iré á tu casa* se
traduce por *umayakto*, verbo que literalmente significa *vendré)* á alejarme de tu regazo lleno de amor
y de ternura; amor y ternura que no se borrarán
de mi memoria.—Lleno de angustias mi corazón se
despide; ¡adios bondad, blanca azucena. cuyo suave
aroma lo guardará mi pecho.—Siempre el dolor no
se ausentará en mi ser, y tu memoria será el bál-

samo de mis pesares —Dios te acompañe, oh llena
de encantos, encantos que te atraerán adoradores!
¡Dios te acompañe! y tu prudencia sea el escudo de
tu pureza y honradez.

8.ª

QUEJAS DE UN AMANTE DESDEÑADO.

Nasnebanac ti nasaem á sasainnec, ay ayat!
ta diman la agtanac ti lac-amec á tuoc quen rigat;
isuna cadin, isunan; alá isunan yantangay detoy biag
diac duaduaenen á suminan itoy baguic á dacsan gas¡t

¡Ay ayat, ayaúnayen ti sanaang
ni patay sumquen nacalcaldang,
ta iti maysa nga agayat á dida pagayatan
nacasacsaquit naquem á maimatangan.

Narangas daguita laingmo quen sayacsacmo naulpit
nadaoel, quitaem man toy silaladingit,
ta naal-lilao man daguitoy matac idi á buybuyaec
ta iti inanama quen talec isuda caniac ti namatalgued.

Ngem eppes man daguidi á inanama
ta diac impapan á castoy man ti tungpalna
tungpal tanem quet itan ti nagbanaganna
detoy baguic ta isú caicarianna.

TRADUCCIÓN DE LA ANTERIOR

Fluctúo en un mar de amargas lágrimas, ¡oh amor!
no cesan mis pesares y tormentos; basta ya, basta
de crueldades que ya mi vida, sin género de duda,
se vá á escapar de mi desventurado cuerpo.—Oh

16

amor! Qué triste es morir desdeñado! inspira lásti-
tima ver á uno que ama y que no es correspon-
dido.—Crueles son tus encantos, inhumana tu bondad; oh tirana! dirige una mirada á este angustiado;
mis ojos se han equivocado al entrever dulce esperanza.—Pero vanas resultaron aquellas esperanzas;... no sospechaba yo que el fin de mis amores
seria una tumba, á donde me conduce mi desesperación.

*
* *

Voy á concluir con una anécdota de Doña Leona
Florentino.

Bernardo Favía, inspirado vate ilocanista, se ha-
llaba en un apuro, porque no le satisfacía cierta estrofa de una composición suya; ya había compuesto
y borrado muchas y maldecía á su númen porque no daba con lo que buscaba.

En esto, la señora se enteró de su apuro y
le contestó á Favia:—Toma la pluma y escribe.

É improvisó una estrofa. Ésta no solamente sa-
tisfizo á Favia, sino que resultó mejor que cada
una de las demás estrofas y que todo el poema.

VIII

Vamos á terminar este capítulo, reproduciendo la
composición que dediqué al Papa León XIII por su
jubileo sacerdotal, en el album poético ofrecido por
el que fué Arzobispo de Manila, Excmo. é Ilustrí-
simo Sr. D. Fr. Pedro Payo.

LEON á naslag! ¿apayapay ayá,
á nupay nacalcallaang á baludca,
napang-lao quet aoananca sanicuá,
amin á lubong agruebab quenca itá?....

Issem, rag-ó, siddaao ti paltuadenna
ti agbuya cadaguiti adú á cumablaao quenca,
daguiti amin á cristiano ditoy dagá
quen ar-ari á hereje ñga agcacapigsá.

Oh.... quet daguiti pay cabusormo
á gura quen apalda quenca di masao
luctanda ti Roma á carcelmo
quet cunada: dayaoenyo, umasideg cayó.

Zi Cristo incarina á dinacanto
paruemaen ti rungsot ti Infierno,
quet detoy á saona umanay á talguedmo
nupay agsasaramusam daguiti rigatmo.

Xerxes, Alejandro Magno, Napoleon...,
aoan cadaguitoy ti pumadpad quenca Leon;
aoan ti nacabutbuteng á ejércitom,
ñgem ni Apo Dios quencat tumulong.

Ti tinartarigagayanda saanda á naala,
nupay adu quen agcacaiñgel daguidi buyotda;
ñgem ti Lañgit impaayna quenca,
agsipud ti singpet. siribmo quen emma.

Turayam daguiti amin ñga il-ili
manipud Irlanda aguinga Ponapí,
quet mangruguí Carolinas agtungpal Scoresby
quet icutam daguiti adu á púsomi.

Sut gapuna, Amami, dica agladiñgit
ta inagaoandaca dagá quen gupit,
no masapulmo pagturayam á cas lañgit...
pagtoonem daguitoy púsomi iti taao á napait!

VERSIÓN CASTELLANA.

LEON ilustre! ¿por qué, siendo tú mísero preso, pobre y escaso de bienes temporales, todo el mundo se inclina hoy ante ti?

Causa gozo, alegría y admiración el contemplar ese inmenso gentío que acude á saludarte, destacándose entre tantos cristianos, representantes de poderosos Reyes y de príncipes herejes.

Oh! hasta tus enemigos, cuyo odio y envidia no se pueden expresar, abren hoy las puertas de Roma, en donde te tienen encerrado, y no pueden ménos de exclamar: *venid á saludar á ese Rey de misterioso poder!*

Cristo prometió que el furor del Infierno no te derrotaría, y esta palabra divina basta para sostenerte victorioso en medio de los continuados y rabiosos ataques de tus enemigos.

Ni Jerjes, ni Alejandro Magno, ni Napoleon te igualan, gran Leon; careces de formidables ejércitos; pero Dios es quien te conduce á la victoria.

Reinar en todo el mundo, anhelaron ellos, y no lo pudieron conseguir á despecho de sus numerosas y arrojadas huestes; más el cielo te lo ha concedido por tu virtud, sabiduría y modestia.

Reinas, sí, en todos los corazones, desde Irlanda hasta Ponapé (Carolinas), y desde esta isla que recuerda tu rectitud y habilidad diplomática, hasta Scoresby.

Por eso, Padre Nuestro, no te aflijas por haberte arrebatado tus dominios y demás bienes temporales. Si necesitas terreno, tan inmenso como el cielo, donde reinar.., ¡amontona nuestros corazones en la inmensidad de los océanos!

Apéndice del "Folk-Lore Ilocano"

o esperaba encerrar en un tomo de 300 páginas, como los del *Folk-Lore Español*, todo lo que yo tenía escrito y la ampliación de muchos apuntes míos; pero me he equivocado: para el plan de *Folk-Lore Ilocano*, tengo señalados siete capítulos, y veo que es imposible empezar el cuarto, porque ni me permiten por ahora la confección de tres Revistas, que casi todas ellas pesan sobre mí, ni mis compromisos con *El Diario de Manila* y *La Revista Católica*, y además porque se tardaría ya mucho en dar otra clase de lectura en folletin á los suscriptores de *La España Oriental*.

Forzosamente el *Folk-Lore* de cualquier pueblo necesita tratarse en más de un tomo, y ahora del Ilocano quedan en el tintero los siguientes capítulos:

IV. *Leechraft.*—Materiales folk-loricos sobre Medicina popular.—En éste pensaba dar un Vocabulario folk-lórico de las plantas del país, apuntando sus nombres ilocanos, sus equivalentes científicos y sus aplicaciones medicinales, aprovechando, no libritos ya impresos como la Flora del P. Blanco, los folletos de Clain, Sta. María y otros autores, sino inéditas

revelaciones de varios herbolarios. Indudablemente
esta parte sería la más curiosa y útil del *Folk-Lore
Ilocano* y ya tenía ofrecida la dedicatoria al sábio
continuador de la citada Flora. R. P. Fr. Celestino
Fernandez; pero tan delicado asunto requiere más
tiempo del de que dispongo ahora.

V. *Folk-Wit.*—Materiales folk-lóricos sobre las
manifestaciones del ingenio popular, como son proverbios, dichos, adivinanzas, profecías, juegos, etc.

VI. *Folk-Tradition*.—Tradiciones, leyendas, cuentos.

VII. *Folk-Science* ó Miscelánea folk-lórica sobre
otras materias científicas no comprendidas en los
anteriores capítulos.

Me propongo continuar el *Folk-Lore Filipino*; y ya
obran en mi poder los artículos de los Sres. Zaragoza, Ponce, Serrano y Mondragón, de que hablamos en la Introducción de este libro, con auto-
rización de ellos para publicarlos. Estos y lo que
queda del *Folk-Lore Ilocano* formarán otro tomo
aparte.

Ahora para justificar el título de este folleto, de
Folk-Lore Filipino, voy á dedicar las 70 páginas que
quedan, al *Malabonés*, *Zambaleño* y otros artículos; pero
antes como apéndice voy á insertar otros sueltos sobre
el *Ilocano*, á fin de que este tomo contenga todos
los que fueron premiados en la Exposición de Filipinas, advirtiendo que lo que queda inédito del *Folk-
Lore Ilocano* no fué remitido á dicho certamen.

TRADICIONES

1.ª

SILANG.

Voy á trascribir la referente al hábil político, como valiente caudillo, Silang, tal como se conserva en la leyenda popular, que suministra curiosos datos á las crónicas filipinas (1).

Silang logró inspirar temor á los de Vigan. Su casa se asentaba sobre la cumbre de la colina, situada al SE. de la Ciudad Fernandina, que hoy se conoce con el nombre de *Pantok ni Silang*.

Éste encerró en las bodegas de su casa (2) á muchos Religiosos Agustinos Calzados y Clérigos, por lo que los españoles querían castigarle; pero se frustraban todas sus tentativas de subir á la colina, porque grandes trozos de piedra arrojados por los criados de Silang, aplastaban á los que osaban acercarse á sus faldas.

Entonces los españoles encargaron á Vicos, amigo íntimo de Silang, único que podía subir á la colina, le matase.

Y una tarde en que estaban paseándose amistosamente en la sala de su casa Silang y Vicos, éste dió algunos pasos hácia atrás y disparó contra él algunos tiros de pistola que le dejaron muerto en el suelo.

Silang sólo pudo decir estas palabras:

---

(1) Véase mi *Historia de Ilocos*, publicada en *El Diario de Manila*.

(2) Desmiente la Historia.

Maláyakon, Bernabela! (Ya me muero, Bernabela.) Así se llamaba su esposa.

Esta se propuso vengar el asesinato de su marido y llevó sus riquezas al Abra, para unir un considerable pelotón de tinguianes é igorrotes.

Mientras tanto, los españoles se dirigieron á la colina á libertar á los cautivos de Silang y elevaron gracias á Dios, rogando por el mal éxito de las tentativas de aquélla.

Esta, en efecto, logró reunir muchos infieles, capaces de aniquilar á los pocos españoles, que guardaban la Villa Fernandina, como antes se llamaba Vigan.

Pero gracias á un milagro de Dios, los infieles retrocedieron.

Cuando llegaron ellos á la Bocana del Abra, creyeron, por una ilusión óptica, que todos los sotos y cercados de Vigan eran tropas armadas de fusiles, que tanto temían. Por esto regresaron despavoridos á sus respectivas rancherías.

2 a

AMBARISTO

Fielmente voy á reproducir lo que dice el pueblo ilocano acerca del famoso Ambaristo, sin ocuparme de concordarlo con lo que consta en las crónicas filipinas.

A principios del siglo, los naturales de Sarrat, Ilocos Norte, capitaneados por un tal Ambaristo, después de cometer horribles sacrilegios en la iglesia y convento de su pueblo, se dirigieron á Laoag, donde asesinaron á los pocos españoles que allí había, y á todos los naturales que se opusieran á seguirles en sus fechorías.

Recorridos todos los pueblos de Ilocos Norte, donde reclutaron prosélitos, lograron reunir un respetable peloton.

Continuaron su victoriosa correría hácia la vecina provincia de Ilocos Sur.

Sabido esto por el alcalde, llamó á junta general á todos los Gobernadorcillos de la provincia, encargándoles se preparasen á la lucha. Todos los pueblos respondieron al patriótico llamamiento, enviando su contingente de hombres armados.

Frente al camino real de Bantay, pueblo de Ilocos Sur, de donde venian los revoltosos del Norte, se colocaron algunos cañones; siendo uno de los artilleros el viejo méndigo, que me contó todo ésto.

Un peloton de ilocanos del Sur salió al encuentro de los insurrectos del Norte.

Ínterin, los que se quedaron en Vigan se preparaban á rechazar el saqueo en caso de que sus paladines pereciera en la lucha. Todas las mujeres ricas se refugiaron á la única casa particular de piedra, que es la que hoy se conoce con el nombre de *Casa de Doña Clemencia*. Las mujeres iban vestidas de sus mejores ropas con todas las alhajas de valor. Aquella casa estaba fortificada de una manera especial: en las ventanas, puertas y escaleras había fogones con tamaños sartenes llenos de manteca, aceite y agua en ebullición, para bañar á los asaltadores.

Esto fué en Vigan.

Y en Bantay las mujeres estuvieron en la iglesia rezando delante del altar de Nuestra Señora de la

Caridad, que estaba cerrado, porque decían que la Virgen no estaba, puesto que salió al encuentro de los enemigos.

Cuéntase, en efecto, que los enemigos al llegar á la orilla del rio de Bantaoay, que pasa al Sur del pueblo de San Ildefonso, encontraron á una mujer con un cántaro, ofreciéndoles agua potable.

Los enemigos se negaron á tomar agua y comenzaron á atravesar el rio, el cual hirvió y les tragó, porque la mujer referida, que suponen ser la Virgen de la Caridad, echó el agua de su cántaro.

Los ilocanos del Sur, que estaban viendo á sus enemigos ahogarse, se lanzaron sobre ellos con tanta bravura, que en un momento lograron matar á sus enemigos y colgar de un árbol la cabeza de un tal Garrido, general y el alma del peloton de Ambaristo.

Desde entonces los alrededores de Bantaoay pasan por sitios malditos para los ilocanos.

3.ª

¿TRADICIÓN MADRILEÑA Ó ILOCANA?

Esta pregunta me dirigí, cuando con gran extrañeza mia encontré una tradición titulada *La calle de la cabeza* en el Folk-Lore de Madrid, escrita por D. Eugenio de Olavarria y Huarte, como el muy ilustrado autor del trabajo literario titulado «El médico de su honra, ó ¿*Tradición filipina ó drama de Calderon?*» se preguntara cuando observó que un drama escrito en España desenvolvía un asunto muy parecido á la desgracia de D. Alonso Fajardo, que tuvo lugar en Manila durante su gobierno.

La tradición escrita por Olavarria semeja mucho á una conseja ilocana.

Cuéntase que un asesino había logrado en un principio ocultar su crimen, sepultando clandestinamente el cádaver de su víctima. Habían trascurrido muchos años sin que el homicidio ni su autor se descubriesen, cuando un desconocido que pasaba frente al tribunal ó casa-gobierno de Bantay, pueblo muy cercano á Vigan, llamó la atención de los agentes de policía, puesto que el incógnito llevaba en sus manos nada menos que una cabeza humana recien-cortada, al parecer de su tronco.

¡Cuáles serían la confusión y el terror del asesino, cuando advirtiera entonces que la carne de vaca, que acababa de comprar en la carnicería de Vigan, se había convertido milagrosamente en la cabeza de su antigua víctima, demostrando que no hay crimen que se pueda ocultar.

ACERTIJOS

Los hay muchos en Ilocos, diferentes de los españoles y se asemejan á los demás filipinos. Por lo regular los acertijos se espresan en dos versos, que mútuamente se consuenan, según la Poética filipina. Por ejemplo:

Baboy ni Juan,
Agogaog no mangan.

El cerdo de Juan gruñe, cuando come. Esta es la traducción literal del acertijo anterior, el cual da á entender que el trapiche indígena suena cuando oprime la caña-miel, y dicen los ilocanos que gruñe.

Un grano de palay llena el mar. Esto da á entender la luz del *tinhoy* (candil indígena), que se parece á un grano de palay y que con sus resplandores *llena* ó ilumina todo el aceite, que es la *mar*.

(Quién es) *Un viejo pequeño que ágilmente lleva bejucos?*—El raton, que lleva con agilidad su cola ó bejuco, como dicen.

El pátio de un rico no se puede limpiar.—El tronco de la caña.

La casa de Sta. Ana no se puede mirar.—El sol.

La casa de Sta. Ana, llena de velas.—Un mueble, en el que colocan los ilocanos los cucharrones para ollas.

El perro que corre estando acostado.—El bote.

El cerdo de Manila está erizado de clavos.—La «banca» (una embarcación).

Diez hermanas con pañuelos blancos.—Los dedos.

¿Quién es el que baja acostado?—El cadáver.

¿Cuál es la criatura, que, si la herimos, al momento se cura sin dejar cicatriz?—El agua.

¿Cuál es el pestañeo, que infunde miedo?—El relámpago.

MEDICINA Y FLORA

Mr. Blak utilizó el *Folk-Lore* para conocer la primitiva historia del hombre en lo relativo á la Medicina popular. Ha hecho muy bien: pero yo entiendo que además debe servir á enriquecer dicha ciencia.

En Ilocos hay buenos herbolarios, y conozco dos casos en que curaron á dos mujeres desauciadas ya por los facultivos. El juzgado de primera instancia y la Audiencia del territorio, entendieron en los casos que he citado, siendo esposa de un español una de las enfermas.

Con lo cual, dicho se está que es sumamente útil saber sus medicamentos.

El dolor de estómago, lo curan con la cáscara de lomboy *(Eugenia)*, que después de majada y salada, la cuecen, y cuando ya está caliente, la envuelven con un pedazo de tela y friegan con esta especie de sinapismo el estómago. Acto seguido el enfermo toma chá ó *basi* (vino) con polvos de abutra.

La calentura y calambre se curan con las raices del cáustico marungáy *(Moringa)*, que deben machacarse.

Se pone este sinapismo en el estómago, en la planta del pié, ó en la espalda ó en otras partes del cuerpo, excepto la cabeza, sobaco y cuello. Cuando el sinapismo se calienta, lo trasladan á otra parte.

Las grandes heridas se curan con las hojas machacadas de la sensitiva. Y las pequeñas con polvos de caña *(Bambusa)*.

Los dolores del costado se curan con *bakong* ó lirio (uso externo).

—La ceniza del tabaco puesta en el vientre ó en el ombligo, es remedio contra las indigestiones.

—La hoja del achuete *(Bixa)* puesta en la frente del que siente dolor de cabeza, lo quita.

—La papaya *(Carica)* es de dos especies: una que dá frutos y otra no. Si se siembran dos semillas, una será fructífera y la otra no.

—Los que padecen dolor de estómago, suelen tomar agua bendita.

—El dolor de muelas se cura con pimienta picada, que se debe introducir en los agujeros de la muela roida, para que mate sus gusanillos ó microbios.

—Las aguas del mar no dañan, pudiendo uno bañarse, aunque estuviese sudando sin peligro de enfermarse.

—Con baños de mar se cura la sarna y si uno se atreve á acostarse y revolcarse en la arena caliente, se curará mas pronto, muriendo los aradores de dichá enfermedad.

—El excremento de la *boa*, desleido en un vaso de agua, es antídoto contra el dolor de estómago.

—El que padece de retención de orina, se curará, si come rábanos.

—El que padece jaqueca, se abre una coronilla en la cabeza y desaparecerá el dolor.

Fin del «Folk-Lore Ilocano»

LOS CURANDEROS FILIPINOS

Y SUS ABOMINABLES PRÁCTICAS

I

Para tratar con acierto esta materia se necesitaría ser un médico inteligente é imparcial, porque hay prácticas y medicamentos al parecer puramente supersticiosos, que los curanderos no pudieran aplicar sino llevados de su pedantería y atrevimiento, hijos de su ignorancia. Y, sin embargo, curan, y es porque, examinados bien, tienen su razón de ser. ¡Cuántos casos de enfermedad no hemos visto con nuestros propios ojos, desauciados por hábiles médicos, y curados después con pasmosa facilidad por aquellos á quienes consideraran meros charlatanes!

¿Y quién duda que muchos de los curanderos índios conocen ignoradas virtudes de las plantas de Filipinas, todas las cuales, *sin excepción*, son medicinales?

Repito: para hablar con acierto del objeto de estos artículos, se necesitaría ser un médico, lo que yo no soy, y sin embargo, el Sr. Director de *El Co-*

mercio me lo ha suplicado, según dice, para ayudar á los encargados de redactar cartillas higiénicas: y como no puedo eludir el encargo de mi Director y buen amigo, salga lo que saliere, allí va el primer artículo, que tratará del *mangkukulam* (1).

Es éste, según el vulgo, una persona que tiene pactos con el demonio. Posee una muñeca que le sirve de instrumento para dañar á sus enemigos (2); si quiere que éstos padezcan dolor terrible de cabeza, vientre u otra parte, no tiene mas que picar con una aguja la cabeza, vientre, etc, de la muñeca. Y el individuo á quien se quiere dañar, sentirá dolores hasta morir, si así place al *mangkukulam*, en las partes picadas, y no le salva la distancia á que se halla de aquel.

En las provincias tagalas, siempre que alguno se vuelva maniático, loco ó por cualquier causa, delirante, se atribuye el mal á imaginarios *mangkukulam* y dicen sus parientes lo siguiente ó cosa parecida.

—Seguramente aquel fulano á quien riñó en tal día ó no le dió dinero ó causó algún disgusto, es *mangkukulam*, y hé aquí los efectos de su venganza.

Entonces acuden á los curanderos que tienen la especialidad de echar del cuerpo al *mangkukulam*. Suponen que éste invisiblemente vá al lecho del paciente, y le aprieta el cuello ó produce su enfermedad y que si se azota ó golpea al paciente, no siente él los golpes sino el *mangkukulam*.

(1) Estos artículos fueron publicados en *El Comercio*.
(2) Se parece en esto á una antigua preocupación europea que menta Montoto.

En un caso ocurrido en Malabon á cierta jóven, los curanderos aconsejaron martirizar á la paciente, pues, como vá dicho, no sufre los martirios sino el *mangkukulam*, y con ellos se consigue ahuyentarle.

La familia se conformó con el aconsejado *tratamiento*, y la enferma fué clavada, azotada cruelmente y martirizada hasta que se escapó el *mangkukulam*, digo, el alma de la paciente á la eternidad, y los curanderos y la familia de la difunta fueron á parar con toda su humanidad al presidio de Bilibid.

Pero no e carmentaron los malaboneses: sufrió fuerte calentura un tal Bruno (en 1864) y, naturalmente, deliraba; se le ocurrió á la familia lo del *mangkukulam* y llamaron á los curanderos *ad-hoc*. Le sometieron á toda clase de martirios; el pobre gemía y gruñía; le hacían soplar por un tubo de caña y después el médico mandaba salir al *mangkukulam*.

El enfermo, delirante, contestaba cualquier cosa y creían que el que respondía era el *mangkukulam* y no el enfermo.

Había muchos curanderos, se relevaban unos á otros y cada uno aplicaba su propio tratamiento.

—¿Cuántos sois?—preguntaba uno al enfermo—y éste contestaba:—Tres.

—¡Tres!—exclamaba entonces el curandero—¡ya vén Vds! Efectivamente, está dominado por *mankukulam*, y qué muchos! A muchos enemigos, muchos también y eficaces remedios. Venga un ramo *del lipang kalabao* (*Urtica ferox*, Spr.) que *mata de comezon*.

Y le iban á asesinar atrozmente al pobre enfermo, si no hubieran sido aprehendidos con tiempo por agentes de la autoridad. Después se curó el enfermo por sí sólo.

17

Diz que los curanderos contra-*mangkukulam* conocen á los verdaderos muertos, porque es de saber
que el *mangkukulam* no mata, sino que aprieta el
cuello á uno, y porque éste parece estar muerto,
es enterrado, á pesar de estar vivo.

Cuentan de muchos, al parecer cadáveres, resuci-
tados por los curanderos. Uno de estos casos ocurrió en Meycauayan, según quien asegura haberlo
visto con sus *propios ojos* (sic.)

Yo iba—dice este tal—con el curandero á una
casa mortuoria, encontramos en ella un cadáver
que estaban *festejando* con comilonas y libaciones.
El curandero, después de observar largo rato el
cadáver, dijo que no estaba muerto sino que un
mangkukulam, le impedía respirar y *lo veía.* Pidió
agua herviente, echóla sobre el cadáver, y......
resucitó!

Como se supone, el *mangkukulam* fué el que se
coció y murió efectivamente, y por eso se curó el
que parecía estar muerto. Así fué, en efecto, porque
después se encontró en otro lugar un hombre asesinado, pero que antes de morir pudo declarar que
fué muerto por el curandero en tal hora en que justamente bañó con agua herviente al cadáver supuesto.

De modo que, matando al *mangkukulam* que daña,
cesan los efectos de su poder. Así lo creen los tagalos y pampangos no ilustrados. Y esta creencia
les hace cometer asesinatos algunas veces, matando
á inocentes, á quienes suponen ser *mangkukulam.*

Allá por los años 1840, uno de la Pampanga,
hizo asesinar á casi toda una familia que creia á pié
juntillas que era de *mangkukulam* y que eran la

causa de la enfermedad que aquejaba á su madre. El pobre fué ahorcado en Manila, habiéndose justificado plenamente el móvil de su delito.

¡Ay del que el vulgo crea ser *mangkukulam!* Cuando menos lo piensa, es denunciado y citado en el tribunal ó juzgado local por los parientes de algún enfermo, cuyo mal le atribuyen.

En cierta ocasión fueron demandados en el tribunal de Navotas dos supuestos *mangkukulam* (padre é hijo) y el demandante llevaba como testigo al *médico* «*contra-mangkukulam*,»

Preguntado éste por el gobernadorcillo en qué fundaba sus sospechas, contestó:

—Sí, señor; estoy muy convencido de que éstos han hecho *kulam* (daño) al paciente.

—Pruébalo.

—Ahora mismo; aquí tengo dos piedrecitas que esos *mangkukulam* no tendrán reparo en poner en sus bocas, si es cierto que no lo son.

Y diciendo ésto, alargó una piedrecita al hijo. Éste no vaciló en aceptar y la iba á meter en su boca, cuando el padre se la arrebató impidiendo tenazmente que lo hiciera, entre sollozos.

—¡Ah!—exclamó entonces con aire de triunfo el curandero;—¡ya vé V., señor capitán! ¿No está V. convencido aún de que sean tales *mangkukulam?*

—Tienes razón;—contestó el cándido gobernadorcillo, que estaba muy demudado y le horrorizaba el juzgar y tener en su presencia á unos *mangkukulam.* Pero en fin, sacando fuerzas de su confusión y miedo, añadió en tono solemne:

—Efectivamente, si no lo fuérais, ¿porqué temeriais meter en vuestra boca esas piedrecitas? ¡Ah! Os con-

deno á que curcis al que habeis dañado. ¡Cuidado
con no cumplir en séguida este mandato mio y cuidado si vosotros, vengándoos de mi justicia y autoridad, me haceis experimentar el menor mal. Os haré
crucificar y quemar en la plaza.

—Señor,—contestó el padre,— nosotros ganamos
con honradez nuestro sustento, aunque seamos
pobres; odiamos camorras, nos alejamos de la chis-
mografía del vecindario y nos encerramos solitos en
nuestra casa, y de esto ha deducido ese pícaro que
en nuestra casita rendimos culto al demonio y tenemos pactos con él. El curandero es el pillo: gana
la morisqueta diaria con su charlatanismo, á muchos
ha embaucado, muchos le tienen por malo; y ¿cómo no
habíamos de temer que esas piedrecitas estén enve-
nenadas por ese que es capaz de todo, para que
si las tragamos y morimos, pueda decir que Dios
ó sus piedras *milagrosas* nos han castigado, y sí no
las tragamos por justificado temor, pueda decir que
somos *mangkukulam*, como pretende ahora? Mire V.
bien, señor capitán, que el dilema está bien car-
pinteado y con semejantes medios engaña al vecindario; pero su ingénio indica gran perversión de su
sentido moral.

—Miren Vds. qué listo el *mangkukulam*—interrumpió el curandero;—no le oiga V., señor capitan,
que le está inspirando su amigo *el invisible.* ¡A cru-
cificarles, á quemarles vivos!

—A crucificárles, á quemarles—repitió el pueblo.

Ignoro por qué no les crucificaron y quemaron
vivos, cuando el pueblo y el mismo gobernadorcillo
estaban convencidísimos de que aquellos eran verdaderos *mangkukulam.*

II

Si el supuesto *mangkukulam* se vé rodeado de
peligros en las provincias tagalas y en la Pampanga;
á lo mejor le desorejan, le atan en un lugar donde
abundan hormigas feroces como el *hantik*, ó le asesi-
nan; en las islas Visayas y aún en las mismas provincias tagalas, el presunto *asuang* está expuesto á que
cuando menos lo piensa, sea apaleado ó asesinado.

Pero no empecemos por donde debemos terminar.

Cuando el curadero visaya, generalmente uno ó
una, entrada ya en años, es llamado por un doliente pobre, no siempre complace y suele buscar
cualquier pretexto para eludir la asistencia; sin
embargo, no le deja sin algún consuelo: inquiere
los síntomas de la enfermedad y el estado del
paciente; acude á su oráculo, es decir, pone en
un plato el *milagroso* «*ban auan*», piedra blanca,
casi trasparente, redonda, de tamaño de una pul-
gada ó poco ménos; luego finje rezar y después
de esta ceremonia asegura conocer ya la enfermedad que aqueja al doliente, pues en la piedra
apareció la figura del enfermo mostrando el sitio de
su mal.

Otras veces, cuando tiene muchos quehaceres ó
pereza, se limita á tomar el pulso, no al doliente,
sino al que fué á llamar al curandero.

Casi siempre las enfermedades que padecen los
visayos, á juzgar por lo que dicen sus curanderos,
son mal aire, traspaso de hambre, calor en el estómago ó daño de los *talonanon*, espíritus cam-
pestres, ó de los *asuang*,

Si el oráculo ha inspirado al curandero que la enfermedad de que se trata es *mal-aire*, aconseja aquel frotar diez veces poco más ó menos, al día, todo el cuerpo del paciente con ajos machacados y espíritu de vino; otras veces manda sobar todo el cuerpo y luego frotarle con una composición de *haplas* (planta) y aceite, y después hacer tomar al enfermo unos polvos de corteza desconocida en un poco de agua.

Si el enfermo siente frío, hay que aplicarle además sinapismos en los brazos y piernas, para que el calor de la cabeza—según el curandero—se desparrame en las demás partes del cuerpo. Y si todavia el mal-aire persiste, se le aplican ventosas en la espalda.

Si se trata de traspasos de hambre ó calor de estómago, con un emplasto, compuesto por el Galeno visaya, aplicado á la boca del estómago, suele desaparecer el mal. O si no, tomando infusión de la corteza de *suma (Anamirta cocculus, Wight et Arn.)*

Pero si el enfermo tiene algun dinero, el curandero se apresura á ir á verle con su característica talega, esto es, su botiquin de mano, que se compone de *muliás* (piedras milagrosas) y muchas cortezas y raices de árboles, que curan todo género de enfermedades. Las piedras sirven, además, de amuletos.

El curandero toma el pulso al doliente y al cabo de un minuto de *grave* meditación, augura feliz resultado y soba, compone ungüento ó brebaje, aplica sinapismos ó lo que sea conveniente á la enfermedad que se trate de combatir.

Demuestra hacer todo esto con verdadero afán, mucho cuidado y sobrada afectación de su *exclusiva cenciu*.

Después de la operación, los de la casa le ofrecen vino y comida, ó sea el *sumsuman*, plato, por lo regular, de pescados asados, y el indispensable *sanay* (honorarios de su primera visita), sin lo cual asegura el charlatán que pasaría á él la enfermedad.

Si empeora el paciente, se vale el curandero de estremosos' (léase *brutales*) remedios; reza, invoca á Dios y al demonio; va á la iglesia á barrer ó prestar algún servicio á los santos y después practica ceremonias supersticiosas en honor de los *diuatas* (dioses falsos de los visayas).

Pregunta si alguna vez el enfermo ha estado á la sombra de algún supersticioso arbol; si ha estado en algún bosque, campiña ó ribera de algún río. Si contestan que sí, como casi siempre, por lo visto, el curandero respira fuerte, como si hubiese dado con el remedio eficaz.

Ya decía yo—asevera el nuevo Hipócrates—que esta enfermedad tiene síntomas y carácter singulares. Y es claro, porque la produce una piedra ó cuña de madera que los espíritus malignos le han metido en el cuerpo, vengándose de él por ofensas que, acaso sin saberlo, les haya causado. Hay, pues, que extraer esa piedra con el *hutbut*, ó sea emplasto de jengibre machacado.

Si este remedio no surte el efecto apetecido, el mediquillo rodea de muchos braceros el lecho del paciente y quema en ellos incienso, palma bendita ó romero. Y si con esto todavía no acaba de matar asfixiado al moribundo, coge una palma bendita y con ella procura echar del cuerpo del doliente á los espíritus maléficos, azotándole con todas sus fuerzas, en la creencia de que no los sufre

el enfermo sino los espíritus como el *manykukulam*
También sacude con la palma las paredes para enviar
de una vez al quinto infierno á los malditos demonios.

Esto, si el curandero dá en volver daño por daño
á los enemigos *invisibles*. Otras veces prefiere aplacar la ira de estos con estas ceremonias: cuelga de
la cabecera del enfermo un huevo de gallina; mata
un cerdo blanco y lo divide en dos partes: una
para el curandero y otra... para el mismo; pero
mientras la primera se la lleva con conocimiento
de todos, la otra lo hace con amaños y embustes. La condimenta, y una vez cocida, la reparte
en varios platos, y á éstos los lleva al sitio donde
haya estado el doliente, para que se los coman los
espíritus indignados, y en efecto,.. desaparecen los
contenidos. Esta práctica es reminiscencia de su antigua teogonia.

Que á pesar de tantas ceremonias y de tan estu-
penda *cencia* del nuevo Dr. Sangredo, ¿murió, por fin,
el enfermo?

Ah!... en ese caso *indudablemente* un *asuang* fué
la causa de todo. Hay que buscar á ese guapo y
asesinarle.

¿Y quién es él?... Un hombre ó una mujer que
tiene pactos con el demonio; no entra en las iglesias y demás lugares sagrados; tiene un agujero
en el sobaco que contiene aceite, maravilloso óleo
que le hace volar á do quiera; cuando anda, no parece sino sacudiendo una estera (petate); sus uñas
son muy largas, y su lengua horriblemente dilatada,
negra y flexible como la seda. Gusta mucho de la
carne humana, especialmente de la de los fetos; por

eso procura lamer el vientre de alguna embarazada
y con esto sólo muere ella y el *asuang* logrará su
manjar favorito, tal es el feto. Toma las formas que
quiere, la de un perro, de un gato, ave ú otro animal
cualquiera.

Por la noche es cuando recorre el mundo. En las
primeras horas sale á esplorar las casas, donde más
tarde y mientras el mundo duerme, pueda impunemente hacer sus fechorías; coge á niños abandonados y á caminantes solitarios. A media noche
deja en un rincon de la casa la mitad de su cuerpo
á partir de la cintura á los piés, y la otra mitad
vuela en busca del sustento diario. Si uno sorprende
la ausencia del *asuang* y logra salar la mitad abandonada en la parte de unión, al volver éste, ya no
podrá unir las dos mitades.

El *tiktik*, ave nocturna, anuncia con su canto la
proximidad del *asuang*, por lo cual éste le persigue
y son enemigos. En cambio, el caiman es amigo
del *asuang*. Comparte uno con otro su presa y ambos gustan de la carne humana. Por lo regular, el
asuang vive en chozas asentadas en las orillas de un río.

Los visayas suelen designar como tales á los deformes, feos y de aspecto fenomenal. ¡Y pobre del
que la opinión señale como tal! Se citan asesinatos
de personas inocentes. Los parientes del difunto,
cuya muerte se atribuye á un *asuang*, suelen por
la noche ir á asesinar al presunto, y dentro de las
24 horas de haberle herido, tomando cualquier pretexto, ván á verle y hablar con él; sin estas ceremonias, ó van fuera del tiempo oportuno, se curará
con pasmosa prontitud.

¡Ay del presunto *asuang*! Aunque fuese más hermoso que Absalon y más rico que los Roschilds, nadie querrá casarse con él ni con sus hijos; todos huyen horrorizados de él; le reciben con agasajo por puro temor, pero deseando que se vaya lo más pronto posible. Si ven en su casa algun animal, creen que es el mismo *asuang* metamorfoseado.

El pájaro llamado en visaya *bauá* es un *asuang* trasformado en la época prehistórica, segun los visayas, los cuales temen encontrarle, no sea que les convierta en *asuang*, pájaro ú otra clase de animal, ó que les devore.

Las embarazadas, sobre todo, temen mucho al *asuang* y suponen que éste pasea por la noche alrededor de su casa, viendo de devorar el feto.

Cuando se presentan los primeros síntomas del parto, el marido se arma de boló ó cuchillo y se coloca desnudo unas veces en el tejado repartiendo mandobles á diestro y siniestro en el aire, ó en el piso bajo del cuarto donde está dando á luz su mujer, para ahuyentar al *asuang*, pues desde el tejado ó desde el piso puede extender su dilatada lengua y lamer el vientre de la parturienta. Mientras tanto, los demás parientes de la familia se reparten en la casa con el mismo objeto: unos en la escalera, otros en los demás sitios por donde pueda colarse el maldito.

Y la comadrona, si no llevan farolito, cuando van á llamarla de noche, se escusa diciendo que sin luz saldría á su encuentro el *asuang*, para impedir que vaya á ayudar á bien parir. En una palabra, todo lo que les convenga, lo piden con pretexto del dichoso *asuang*.

III

Los filipinos de color son de una misma familia: la malaya. Por eso, sus facciones y costumbres, como sus teogonías y supersticiones, se parecen mucho. El muñeco del *mangkukulàm* tagalo ó pampango, recuerda el *ban-auan* del visaya. Los tagalos atribuyen la locura al *mangkukulam*, y los ilocanos al *sangkabagi* ó *katalao-an*. En las provincias tagalas, visayas y la Pampanga, se cometen asesinatos en las personas de los supuestos *mangkukulam* y *asuang*, y en Ilocos los *mangsisibrong* practican (rarísimas veces ya ahora) el *panagtutuyó*. El visaya conoce el *sumsuman* y el ilocano también, pero con algunas diferencias.

El más famoso curandero de los joloanos Panlima Arat, que según se dice, profetizaba sobre el desenlace de las enfermedades, es ni más ni menos que los *baglanes* de los monteses de Abra, que pretenden hacer lo mismo con predicciones tan ambíguas que sea cual fuese el resultado del mal, hallan ellos subterfugio.

En el capítulo anterior hablamos de los curanderos visayas, del *mal-aire* ó *mal-viento* á que suelen atribuir todas las enfermedades, y de las friegas que hacen para echar la causa del mal. Ahora bien, lo mismito practican los *taabib* de los moros filipinos. Estos atribuyen asimismo casi todas las enfermedades al dichoso *mal-aire*, y para que desaparezca, friegan al paciente de un modo bárbaro, no sin haberle antes suministrado algunos brebajes, cuyos componentes sólo Dios sabe.

En vez de ventosas, aplican botonazos de fuego
en los desvanecimientos ó pérdidas de conocimiento,
con tanta crueldad que muchos deben morir más
bien por sus quemaduras que por la enfermedad que
se trata de curar.

·Sus médicamentos son limaduras de ciertas maderas, raices ó cortezas, cocimientos de ciertas plantas ó yerbas, emplastos, el aceite de moro ó *ta-
gulauay*, medicina alicaz para las heridas y quemaduras.

Los *taabib*, durante la curación, suelen vivir en
la casa del doliente y comer á costa de éste, y
después, perciben además alguna propina, que no
es mucha.

Un enfermo puede hacer que le asistan cuantos
curanderos quiera, según sus recursos; y cuando
se pone malo el Sultan, todos los del lugar acuden á asistirle.

Los curanderos moros, como los demás filipinos,
se hacen tales á sí mismos, aprendiendo algunos conocimientos ó prácticas y divulgando sus propios méritos con su charlatanería peculiar. Se dice, sin
embargo, que los árabes han introducido en pasados
siglos algunos tratados de medicina.

En mi libro *Articulos Varios* hablo de los curanderos tinguianes.

FILIPINISMOS

NO de mis propósitos era publicar un diccionario hispano-filipino folk-lórico, en el que se reunieran los vocablos filipinos castellanizados y los castellanos filipinizados; y otros exclusivamente filipinos sin equivalentes en castellano, sirviéndome como base del *Vocabulario* del Prof. Blumentritt, escrito en alemán, que si bien es excelente é indica en el autor conocimientos profundos en el país ó en el asunto, á pesar de no haber estado aquí; hubiera yo podido multiplicar sus términos y rectificar algunas definiciones y descripciones suyas. Pero ya digo, todo esto será para el siguiente tomo, y aquí me limito á insertar los *filipinismos* que se han remitido á la Exposición citada.

El verbo *escuchar*, significa entre la gente de Manila mirar por un agujero.

Si pues: es modismo del país, con que los filipinos afirman alguna cosa, y vale tanto como las frases castellanas: *es claro, ya lo creo.*

No también: es otra locución filipina, que quiere decir unas veces: *no hagas eso*, y otras *no tanto.*

Los filipinos usan muchas veces y á cada paso, *también, pues, porque, no más*, por ejemplo: *cinco no más*.

¡Así palá! esto dá á entender: ¡con que es así!

Emprentada, significa la serenata con que los pretendientes de una *dalaga* la agasajan frente á su morada.

Armar un gulay, vale tanto como *introducir gran embrollo y confusión*.

Quiles es una especie de tartanita, hecha de bejuco, en un principio, inventada en la Capital de Ilocos Sur por un militar que se apellida *Quiles*.

El siguiente refran burlesco es de los de Manila:

«Hijo de mío,
«cara de otro.»

Muchas veces se llama *tranvías* á las mujeres públicas.

Estar de *sobrefalta*: estar para suplir alguna falta, por la que se admite, aunque indignamente, otra persona sólo por necesidad.

REFRANES FILIPINOS TRADUCIDOS

Los gobernadorcillos son esclavos del pueblo.

—No metas tu cuchara sucia: esta locución equivale á esta otra castellana «no te metas en camisa de once varas.»

—El que fácilmente cree todas las noticias, tiene flojo entendimiento.

—Corta es la vida, como el placer; pero mientras vivamos, hagámosla lo menos triste posible.

—Tanto más se aumenta el número de médicos, cuanto más el de las enfermedades rebeldes á los tratamientos.

—Ninguna enfermedad se cura sin la gracia de Dios: torpe es el que gasta sus dos cuartos en medicinas. (¡Fatalismo puro!)

—A un bofetón, sigue un contra-bofetón.

—Las noticias ofensivas se aumentan y se divulgan fácilmente, al paso que á las buenas sucede todo lo contrario.

—No te fies mucho del prójimo, que hasta tu misma mano derecha hiere á la izquierda.

—Hasta las paredes oyen: por eso seamos comedidos en hablar mal de otros.

—«Dios sabe lo que hace.» Con ejemplar resignación dejan á Dios vengar una ofensa sufrida.

—El agua y el fuego no pueden estar juntos.

—Cuando se hace lo bueno, se opone la envidia y el desprecio.

—El que escupe al Cielo, escupe en su propia cara.

—No sabes decirlo, si no lo has hecho.

—Los peces se cogen por su misma boca.

—El rio que suena es de poco fondo.

—Si se oyen desprecios é injurias, es que hay envidia.

—Son interesadas todas las mujeres con muy pocas excepciones.

—La riqueza y la hermosura pasan con el tiempo y la virtud con la muerte.

—Un desprecio paga á otro desprecio.

—No hay ciencia ni fuerza humana contra la muerte.

—El rubor y la confusión en una jóven, cuando hablamos con ella, son señales casi infalibles de próxima correspondencia.

—Lo que se consigue con facilidad, con la misma se perderá.

—Vivir es sufrir, porque es amar, y amar es sufrir.

—El dolor intensísimo tiene algo de misterioso, que sólo el corazón acertaría á esplicar, si tuviera lengua.

—El amor es una antorcha, que suele deslumbrar la luz de la razón.

—La avaricia y la envidia suelen ahogar los gritos de la conciencia.

—La envidia asesina, mientras la caridad dá vida.

—Nuestra carne, no es para nosotros sinó para los gusanos.

—La soberbia, avaricia y concupiscencia son tres términos de un silogismo, cuya conclusión es el infierno.

—Los diez mandamientos de la Ley de Dios forman las gradas de la escalera para subir al Cielo; faltando una de ellas, es imposible ir á la Gloria.

—Las palabras injuriosas son como la baba de la víbora, que emponzoñan y matan.

—¿Por qué no os preparais á bien morir, si todos estamos corriendo á la tumba.

—No sirvamos al demonio, que para ello no hemos nacido.

—El hombre peregrina en la tierra y tiene un sólo camino, el que se dirige al sepulcro.

—El propósito de los médicos es combatir una fuerza invencible, la muerte.

—Dícese que el amor y el dinero son los únicos monarcas que rigen en el mundo; pero el honor logra á veces sobreponerse.

—Nadie nació con camisa.

Esto quiere decir que todos los hombres son iguales, y no debe uno despreciar á su prójimo.

DIOS·DIOSAN

BABAILANS entre los visayas, *baylans* entre los infieles del Abra, y *katalonans*, entre los tagalos se llamaban aquellos ministros de la religión que los filipinos profesaban, cuando el intrépido Magallanes arribó á estas playas.

De aquella religión primitiva, sólo se conservan escasas y vagas noticias en los anales del país, y en la memoria de los indígenas, indefinibles restos envueltos en supersticiones y consejas, los cuales están ora viciados con muchas preocupaciones europeas introducidas, ora menoscabados ó mezclados con las santas ideas del Cristianismo.

Para poder distinguir las genuinas supersticiones filipinas, es preciso poseer profundos conocimientos en el *Folk-Lore Universal* y en la prehistoria del país. De otro modo, nos exponemos á aceptar como creencia filipina una que es de filiación china, portuguesa, española, americana ó... hasta alemana.

No hablamos por ahora de aquella religión casi extinguida, procurando reconstituirla con datos históricos y tradicionales; sólo sí, de los ministros de aquella religión primitiva, es decir: de un sólo capítulo de la teogonia de Filipinas.

Había en la época de la Conquista, sacerdotes y sacerdotisas (era mayor el número de las mujeres) para los sacrificios que cada uno ofrecía por su intención ó necesidad.

Lo eran unos por herencia y parentesco; otros por mañas, y «á otros—dicen los analistas religiosos—engañaba el demonio, que hacía pacto con ellos de asistirles y hablarles en sus ídolos y se les parecía en varias figuras».

Entre estos sacerdotes, había varios superiores llamados *Sonat, Bayok* ú otro, según los dialectos. Esta especie de prelado era muy respetable y no podia serlo, si no un principal ó *maginoó*.

Las sacerdotisas, también llamadas *babailan* ó *katalonan* (por no haber femenino ni masculino en los dialectos filipinos) eran viejas mentirosas que decían estar iluminadas por los *anitos* (así llamaban los tagalos ó indígenas de Luzon á sus dioses de segundo órden) ó *diuatas* (entre los visayas), que intervenían en la celebración de los casamientos y en los sacrificios, sirviendo de adivinas en las enfermedades, y en una palabra, en todo lo concerniente al culto de los dioses.

Las sacerdotisas eran lascivas y astutas; ganaban su subsistencia, haciendo pronósticos ambíguos sobre el desenlace de las enfermedades graves.

Como los arúspices romanos, leían lo futuro en las entrañas del cerdo ú otras víctimas, y eran ricas, como ya se supone, pero no muy queridas, y sólo se acordaban de ellas cuando ocurría alguna desgracia. Véase lo que ya hemos dicho en la pág. 163.

Los misioneros católicos no tardaron en desterrar

la mayor parte de las creencias primitivas, desbarat ndo por completo la estructura, digámoslo así, de aquella teogonia. Demostrados hasta la saciedad los embustes y mañas de los *bubailanes*, natural era que los indígenas, ávidos por otra parte, de novedades, abrazasen el Catolicismo, aunque viciándolo con algunas de sus preocupaciones pristinas, que no podian tan pronto olvidarlas, ni convencerse por completo de su falsedad.

Como en todo tiempo y en todas partes ocurre, no faltaron personas ingeniosas ó malvadas que explotaran la credulidad de los supersticiosos y el estado de ánimo de estas gentes, sacando nueva religión de la combinación de ciertas ideas cristianas y algunas creencias supersticiosas, que el pueblo filipino se resistía á desterrar.

Estos nuevos apóstoles que se proponian hacer negocio con la religión, emplearon la prestidigitación y otros medios análogos para embaucar á las gentes, ora haciéndose venerar como profetas inspirados por Dios, ora como dioses ó reyes mismos. A esto se prestó y se presta ahora, la noticia evangélica ó bíblica de que Dios algunas veces apareció como miserable mendigo ó en otra forma humana. Ningun indígena de Filipinas ignora ésto, y en provincias, se respeta mucho á los ancianos mendigos, «porque—dicen—pueden ser el mismo Dios, que quiere probar nuestra largueza».

En 1599 habiendo huido á los montes de Panay los indios temerosos de los moros de Mindanao, se resistían á volver á sus pueblos por sugestiones de una india llamada *Dupungay*, que era la más célebre babaylan de aquella isla.

En 1673, un *babaylan* llamado Tapar, que se disfrazaba de mujer, levantó en Iloilo una secta de alucinados, pretendiendo unos representar la Trinidad Beatísima, otros á los Apóstoles, al Papa y los Prelados, y una pícara india á María Santísima.

En 1811. se fraguó en Ilocos Norte una conspiración que tenía por objeto establecer una religión con el Dios llamado *Lungao*, que debía tener culto y ministros especiales, haciendo causa común con los monteses de Cagayan.

En 1841, el famoso ex-donado de S. Juan de Dios, Apolinario, bajo el pretexto de la devoción á S. José. intentó proclamarse en Tayabas y la Laguna, emperador de los tagalos, embaucando á sus secuaces con milagros simulados y profecías mentirosas.

En 1881 á 82. una vieja fué aprehendida en Ilocos Sur, porque se hacía creer que era María Santísima. Cuando llegó á Vigan, ciudad y capital de la comarca ilocana, era de ver á la gente crédula que besaba con ávida veneración sus cabellos.

Pero no tuvo las proporciones alarmantes, que en Samar, en 1884, la secta levantada por el que se titulaba pomposamente Ludovico I, de quien conservo como recuerdo un *bolo* ó machete, que me ha regalado uno de los oficiales del Ejército que fueron á perseguirle.

A fines de Abril de 1886, algunos santones se albergaban en los montes de Pangalana y Pulata, viviendo á costa de los sencillos habitantes de los alrededores, á quienes entregaban á cambio de dinero papeles con signos y oraciones extraños.

Fueron aprehendidos algunos de los santones re-

feridos, en cuyo poder se encontraron los papeles
dichos, otros objetos que les daban el valor de un
talisman (anting-anting) y rosarios, tragándose uno
de ellos en el acto de ser aprehendido, médio rosario y una cruz, que le daría inmunidad contra
toda persecución, según decian.

La casita del santon principal, llamado Esteban,
estaba situada al borde de un precipicio, junto á la
cual habia un camarin que les servia de templo,
donde se reunían todos sus sectarios en dias de-
terminados.

En el sitio de Donongon, comprehensión del pueblo de Siabong, y en las casas de una llamada Vicenta
y de un tal Benigno Cabrera, se verificaban reuniones clandestinas; después aparecieron en la puerta
de la iglesia de dicho pueblo varias banderas iguales á la que esa clase de gentes usa como saté-
lites del Dios-Dios. A consecuencia de esto, fueron
detenidos desde el dia 1.o al 9 de Mayo 86 individuos de ambos sexos.

Las hazañas de los de Samar ó su buen resultado,
inspiraron á Ponciano Elofre, alias, Kanoy, la idea de
explotar la credulidad de los monteses de Zamboan-
guita (Isla de Negros.)

Empezó propalando la noticia de que recibía la
inspiración divina y aseguraba ser adivino, lo cual
procuró probar con engaños.

Escondia de antemano una naranja en algún rincon
y después llamaba á los monteses y en su presencia tiraba otra parecida. En seguida rezaba ó
fingia pedir inspiración, y luego designaba el lugar
donde había parado la naranja perdida entre aquellos barrancos.

Colocaba unas botellas negras llenas de agua,
boca abajo, en terreno arcilloso, sirviendo por único
tapon el suelo compacto, y delante de éstas, también boca abajo, otras vacías: después, pasando
plaza de un nuevo Moisés, demostraba á los monteses que todas aquellas botellas estaban vacías,
derribando las que lo eran, y diciendo que iba á
llenar de agua las restantes. No podemos describir aquí la admiración del ignorante público, al ver
que las botellas estaban en efecto llenas de agua.

Con estos y otros engaños logró hacerse creer
enviado de Dios, llamándose *Bohaue*, que significa
tromba marina.

Todos los sábados reunía á sus sectarios en una
cueva, que estaba cerca de su casa, y en ella
rezaban varios Padre-nuestros y Ave-Marías, en
dialecto bisaya, delante de una tosca imágen de
madera, que decía ser de Dios.

Llevábanle los fanáticos abacá, tabaco, huevos,
cera, pollos y otros regalos, hasta que fué per-
seguido y muerto por la Guardia civil, en 22 de
Agosto de 1888.

Con análogos medios y con el mismo fin de explotar en provecho suyo la credulidad de los campesinos, un tal Gavino Cortés logró hacerse adorar
por muchos campesinos de la Pampanga y Bulacan
como «Santo Rey» de la primera provincia, en febrero del año 1887.

Aseguraba el famoso *Hari sa Pampanga* haber sido
favorecido con una bola omnipotente por un anciano
fabuloso, que se le apareció en una montaña. Y
con esta bola hacía aparecer dinero, comidas, jóvenes que le sirvieran, y en fin cuanto él qui-

siese; sus apóstoles, que compartían con él el lucro de la nueva secta, propalaban las mayores patrañas, diciendo que el Rey ó Dios Gavino convertía palitos de fósforo en soldados, que viéndosele con anteojos, aparecía como emperador unas veces y otras con cuernos y rabo; que hacía encender las arañas por sí solas, y en una palabra, milagros más sorprendentes aún que los del Apóstol de Valencia.

Y ya aprehendido y deportado á Mindanao, sus secuaces propalaron la noticia de que el vapor en que iba no pudo andar, desapareciendo allí el Rey Gavino.

Los sectarios de éste, hombres y mujeres, se reunían cada noche en una casa de alguno de ellos, para rezar oraciones cristianas; y el dueño de la casa les agasajaba con comida y vinos. Y después dormían en una misma pieza sin separación de sexos.

Hasta no pocos indígenas de Manila creían en las patrañas relativas al rey Gavino, y millares de ellos fueron á presenciar su embarco al ir á su deportación.

En noviembre último, dos vejetes pillos que se llamaban *Elías y Enoc*, han profetizado en Pangasinan y Tarlac que se acercaba el fin del mundo y que sólo se libraría de la destrucción general el barrio de Santa Ana.

Muchos *ambageles* (vocablo pangasinan que significa *locos*) creyeron en la patraña y acudieron al barrio de salvación; pero el pedáneo y un sargento de la Guardia civil de Asingan prendieron á muchos de los numerosos crédulos y acabó la secta.

No tan fácilmente se deshizo la de Bisayas: la secta de *Ludovico I* desapareció no sin grandes esfuerzos y lamentables consecuencias en Samar; pero

pronto se reprodujo en Negros, donde también
causó la pérdida de muchas vidas, y aunque se
logró matar á *Bohaue*, la secta y las fechorías de
los fanáticos no acabaron con la muerte de aquel,
y creemos que la de Antique es una rama de la
de Negros.

Los fanáticos de Antique, asesinaron en 1888 á
varios Guardias civiles y durante algunas horas fueron
los señores del pueblo de Quintas, habiendo intentado
saquear el convento.

Uno de los dios-diosans visayas llevaba por amuleto
una bóla con un busto de Napoleón I.

Antiguamente el cerro de Pangibalon en las islas
Visayas, era el más célebre adoratorio de los indígenas; pero en estos tiempos se reunen en los
montes de Tubungan de Iloilo los fanáticos, y hace
años, asesinaron al P. Badreña, párroco de aquel
pueblo, al tratar de perseguirles.

El monte de San Cristóbal en la Laguna, es famoso entre los tagalos por los muchos prodigios
que allí se vén y se oyen, según narran. Y allí
ván muchos tagalos en peregrinación, especialmente
en la cuaresma. Al penetrar en la cueva, deposi-
tan dinero en un agujero, que no saben hasta donde
termina; creyendo los donantes que los guardan
para sí los invisibles génios. Éstos indudablemente
son gente que conoce por dónde extraer el dinero
depositado. La cueva tiene secretos concavidades
donde se esconden varios pillastres, (tal vez criminales que huyen de la persecución de la justicia):
algunos que la han visitado, aseguran haber oido
voces de Sacerdote que, al parecer, está celebrando
misa invisiblemente. Y lo exageran muchos, diciendo

haber visto Sacerdotes sin cabeza, celebrando el Santo Sacrificio.

Los *Dios-Dios* ó *Diosdiosan*, que también se llaman así, usan amuletos, piedras maravillosas, yerbas amatorias, y sería cuento de nunca acabar citarlos uno por uno.

Los bandidos sacan también buen partido de la credulidad de los ignorantes, haciéndose creer invulnerables, gracias á unos talismanes que llevan.

No creo que estos nuevos pseudo-profetas deban llamarse *babailans* ó *katalonans*, porque no son tales. Los que lo fueron, sólo existieron en la época de la conquista y antes de ella.

Aquellos representaban una verdadera religión con sus dogmas sobre los Dioses, el alma y otros puntos teológicos ó teogónicos; todos desempeñaban su papel de buena fé.

Los modernos son unos pillos, que viven y gozan á costa de la ignorancia y credulidad de los que les rodean; carecen de verdadera religión; mezclan las ideas cristianas con las prácticas y preocupaciones más absurdas de la idolatría, y opino que ni ellos mismos creen en lo que dicen, porque saben que todo es invención suya.

Los mismos pseudo-profetas ignoran los nombres tradicionales de *babailan* y *katalonan* Parece ser que un periódico de Iloilo, habiendo leido que los antiguos sacerdotes visayas se llamaban *babailanes*, fué el primero en aplicar este nombre á los secua. ces de *Bohaue*.

FOLK-LORE DE ZAMBALES

I

EL DÍA DE DIFUNTOS.

STA fecha, en que el hombre debe elevar al cielo sus más fervientes plegarias en sufragio del alma de los que fueron, es celebrada indebidamente por el zambal.

Las familias acomodadas preparan una mesa suculenta, donde se colocan lechones, otras viandas, dulces etc. La clase media tiene también la suya, en la que abundan el *poto*, *sulanhún*, *ginatan* y otras golosinas.

Estás mesas se preparan para los *peregrinos*. Así se llaman los *piadosos*, que recorren todas las casas, donde ha ocurrido alguna defunción, so pretexto de rezar, por el alma del difunto en un altar, que cada casa debe tener puesto ó formado en un compartimento de la casa.

Y digo so pretexto, porque su objeto principal es tragarse lo preparado, pues es creencia entre ellos que si no comen los peregrinos, ningun alivio podrán prestar á las almas los rezos.

Las mesas se ponen para toda la noche.

Cualquiera para el caso puede ser peregrino en tal ocasión.

Los dueños de la casa obligan á cenar á los peregrinos, aunque éstos hayan cenado en otra casa, estimulando de este modo la glotonería de muchos.

Escusado es consignar aquí, que la mayoría de los visitantes la forman gente maleante y de buen humor, dispuesta á solazarse y hasta á cometer picardihuelas en esa noche para ellos tan deliciosa.

Este día se conoce con el nombre de *Fiesta Nati*. Y es efectivamente una fiesta para ellos, á juzgar porque se parece más que á otra cosa, al Carnaval.

II

CASORIOS CAMPESTRES.

Cuando un soltero pide para sí la mano de una joven y no desagrada á los padres de ella, éstos requieren á veces al pretendiente que se quede en su casa (la de la novia), á fin de sujetarle á toda clase de pruebas penosas y examinar con éstas si es hacendoso, pacienzudo y humilde; cualidades que debe reunir.

Las pruebas consisten en mandarle por agua, leña. . en una palabra, en tratarle como á criado. Y si muestra desobediencia, desfachatez ó desidia, le despiden.

Las pruebas duran el tiempo estipulado de antemano. Si el pretendiente logra con ellas satisfacer las exigencias de los padres de la pretendida, éstos no sólo consienten en el proyectado enlace, sino además se ofrecen á costear los gastos del casamiento.

Asimismo le prohiben comer frutas agrias, á fin de que sus futuros hijos no sufran dolores de vientre y le prohiben también salir de casa sin compañero.

Después de haberse presentado los casados al Párroco por los dichos y ya en casa, bailan, tanto los más entusiastas jóvenes como los vejetes, en acción de gracias.

En la ante-víspera van los novios acompañados de viejas á bañarse al río. Antes del baño toman un *tubo* (vaso indígena) de legía de *gogo* (*Entada*) que los filipinos usan como jabon y bailan y cantan al son del *kotibéng* (vihuela de cinco cuerdas) algunos versos, cuya traducción es la siguiente.

«¡Oh tú, *gogo!* te utilizamos para embalsamar las «cabezas de los novios, para que sean oloro os sus cabellos.»

Acto continuo lavan con la legía la cabeza de los novios y comienza el baño, concluido lo cual, regresan á su casa, yendo primero los varones y detrás las mujeres. Esto es por la mañana.

Y por la tarde (á eso de la una) vuelven á reunirse para tomar vino *basi*, y luego diez varones rodean un mortero de madera cargado de palay, para descascarrillarlo, ejecutando el *panaggigintong*, que es una especie de esgrima *sui géneris*. Durante el *panaggigintong* las viejas bailan alrededor, contoneándose al compás de un *kotibéng*.

Hecho el arroz para la boda, suben á la casa para bailar, á fin de que con estas solemnidades los novios no tengan hijos sordos.

Por lo regular los zambaleños se casan en los días de lunes.

Antes de ir á la iglesia, bailan palmoteando todos los que estan en la casa, donde ha de celebrarse la boda.

Después de la misa nupcial, los casados pasan al convento á besar la mano al Párroco; después, deben llegar nueve viejas comisionadas á recibir á los desposados. Aquellas llevan las sayas al revés, es decir, que la cara de la saya, en vez de estar fuera, vá dentro, adornándolas con una profusión de flores naturales Las viejas llevan además una corona de béjuco, adornada con plumas de gallo, hojas y flores artificiales.

Antes de salir las viejas de la casa de la boda, se embriagan y bailan; y acto seguido se ponen en el órden siguiente: 1.o vá una como cabecilla, que se diferencia de las demás en el lujo de sus vestidos; siguen tres viejas puestas en hilera; después van otras dos en hilera, y por último cierran la comitiva las tres restantes. También éstas van en hilera y la que está en el medio lleva una lata vacía de petróleo, que toca como bombo, mientras caminan. Las demás viejas deben llevar lanzas y banderolas.

Al llegar al pátio del convento, bailan, cantan é imitan el *moro-moro*, descrito ya por otros autores.

En seguida se incorporan los recien casados y todos los que asistieron á la boda, á la comitiva de las viejas, enderesando sus pasos á la casa, donde ha de celebrarse el enlace con comilonas.

Por la tarde bajan de la casa y bailan alrededor de ella al son del *kotibeng* (vihuela de cinco cuerdas).

En cuanto á supersticiones, sólo podemos decir que los zambaleños consideran de mal agüero que la embarazada cave la tierra.

FOLK-LORE MALABONÉS

I

PREOCUPACIONES POPULARES

Los del barrio de Letre cuando desean que llueva, sacan en procesión la imágen de S. Isidro Labrador y después le echan agua en la cabeza y le bañan como á un mortal cualquiera, diciendo:

Mahal na San Isidro, paulanin mo pó.

Traducción: Esclarecido S. Isidro, haz que llueva.

—Las primeras uñas, que se cortan á los niños, se colocan en los agujeros de la escalera ó ventanas, para que no se caigan en las escaleras ó ventanas. Y si se desea que el niño frecuente las Iglesias, se ponen dichas uñas en el agua bendita.

—Es malo bañarse en viernes, porque si llegamos á tener alguna enfermedad, ésta será grave.

—Si ves algún cordel de animal (irracional), no pases encima de él, si estás embarazada, porque no parirás, sino en la época, en que deben parir las hembras de la especie del animal, cuyo cordel has pisado, es decir, si las hembras de aquella especie suelen parir 14 meses, después de concebida la

cria, no parirás, sino en el décimo cuarto mes
de tu embarazo.

—En momentos de tormenta no te acerques á ningun animal (irracional se entiende), tanto cornígero,
como no; ni te arrimes al hierro ú otro metal.

—No comas, si eres padre de familia, frutos unidos
fenomenalmente, á fin de que no tengas hijos geme-
los, que es cosa fastidiosa.

—Es señal de que la pava está en pollera. el que
el macho levante sus plumas.

—Si estás embarazada, no cosas camisa para tu
futuro hijo, á fin de que éste no sea desgraciado.

—Los niños que se miran en el espejo, serán
locos.

—Si estás en estado interesante, no amadrines á
nadie, si no quieres que se multipliquen tus hijos.
También te es perjudicial dormir teniendo la cabecera hácia el poniente.

—Cuando la mujer siente los síntomas del parto,
es malo pararse en las puertas, porque el feto no
acaba de salir.

—El pescador que suelta involuntariamente algún
pescado, es inconstante en todo.

—Si la luna en su cuarto creciente, vista desde
Malabón, mira hácia Manila, anuncia tiempo lluvioso.
Si mira al cielo, no hay lluvia.

—Si la luna está rodeada de arco-iris, habrá
lluvia.

—Si el arco-iris aparece en el Oriente, después
de la lluvia, es señal de que ésta no seguirá. Si
en el Occidente, anuncia lluvia. Lo mismo, si se
oyen truenos lejanos.

—Si la luz de las estrellas es muy rutilante, el

dia siguiente es sereno, de buen tiempo; pero fres-
quita la mañana y el resto del día caluroso.

—El cometa, si lleva la cola hácia el Oriente,
anuncia exuberante cosecha; si hácia el Occidente,
peste, hambre ó guerra.

—Cuando las nubes aparecen rojizas en el poniente,
anuncian temporal ó viento fuerte; si amarillas, indican futuros truenos. Si por las mañanas se forman
en el cielo nubes á guisa de olas sosegadas, es
señal de terremoto ó temblor.

—Es señal de lluvia el que el cerdo forme con
la basura un lecho.

—La embarazada que cose alguna ropa, que está
en su cuerpo, sin quitársela antes de coserla, dará á
luz un niño ó niña deformes.

—El marido de una embarazada no debe plantar,
sembrar ni amarrar nada, si desea que su mujer
tenga feliz parto. Si por faltar á este precepto de
las comadres, la mujer padece mucho y no acaba
de parir; para evitarlo, el marido que ha sembrado,
plantado ó amarrado alguna cosa durante el periodo
del estado interesante de su mujer, debe arrancar de
la tierra, lo que haya plantado ó sembrado y desatar
lo que ha amarrado.

—El que tiene lunar por donde corren las lágri-
más, enviudará. Si está cerca de la boca el lunar,
será charlatan; si en las manos, será cruel; si en los
piés, será corredor etc.

—Es malo besar á los niños que aún no hablan,
porque, si uno de ellos muere, morirá también el
otro; y por más que uno de ellos sea notablemente
mayor de edad que el otro, no hablará, sino cuando
éste llegue á la edad de hablar.

19

—No debe la mujer, que está en los primeros meses de su embarazo, mirar á la luna ó al sol, durante su eclipse, á fin de que el hijo concebido, no salga loco ó imbécil.

—Si las hormigas se mudan de lugar ó vivienda, es señal de colla de aguas.

—El que huela algo semejante á vela de cera, llorará pronto la muerte de algún pariente suyo.

—Es costumbre que en la muerte de un niño asistan la madrina y el padrino, y la vela que usan en el entierro, se la guardan, á fin de que cuando mueran, el angelito vaya á la puerta del cielo á recibirles.

—Los malaboneses dicen que la madre de un niño de pecho que muere, aparece á éste al tercero día de su muerte. Para evitar esto, hacen para el niño un pañal del retazo de la saya del cadaver, aunque la difunta haya muerto de enfermedad contagiosa.

—La Cruz de Matahong (barrio de Malabon) se dice ser milagrosa. En su festividad hay una hermandad mayor, y el que renuncia este cargo, padecerá grave enfermedad. En cambio, según se dice, la cruz suda y cura á cuantos enfermos la lleven á su casa.

—Es fatal pisar el dinero, y el que lo hace, nunca llegará á ser rico.

—Es de mal agüero el recoger los platos de la mesa, cuando aún se está comiendo: dicen los malaboneses que en caso de que espere el que come, algún favor de la suerte, como por ejemplo, el de un premio de lotería, con recoger sólo los platos, no habiendo aún concluido de comer, la fortuna ya no llega.

—Si es soltero ó soltera quien está comiendo, no recibirá dotes ni arras, cuando llegue á casarse.

—Si un casado se levanta muchas veces de la mesa durante la misma, es señal de que enviudará.

—Es fatal poner los platos unos sobre otros durante la misma, porque así, se espera una serie de desgracias.

—Algunas veces, antes de dar de comer á los chiquillos, una vieja les ayuda á rezar, y después del rezo, les bendice en nombre de la Trinidad beatísima esparciendo sal sobre ellos. Con esta ceremonia dicen se preservan de veneno.

II

ADIVINANZAS

¿Cuál es el comestible sabroso, cuya cáscara está adentro?—La molleja.

¿Cuál es la fruta del mundo, cuya pepita está fuera?—El kasoy.

¿Cuál es el árbol, cuyas hojas parecen quitasoles, teniendo por frutos chocolateras?—La papaya.

¿Cuál es la hierba, que tiene las hojas en las raices?—El kayapo.

¿Cuál es la planta, que á pesar de no cesar de retoñar, no tiene hojas.—El *suerdo-con-suerdo*.

¿Cuál es el que siempre está cargando un objeto pesado, y sin embargo no tiene sueldo?—El harigue ó pilar.

¿Cuál es la sábana del Rey, que está llena de remiendos?—El Cielo, cuando está salpicado de nubes.

¿Cuál es la torta, que no se parte con el cuchillo?—El agua de un plato.

¿Cuál es la caña sin nudos?—El cabello.

¿Y los objetos redondos, que sin ser proyectiles, llegan lejos?—Los ojos.

Mar por la mañana, y por la noche cañuto.—El petate ó estera.

C, si es pequeña; y O, si grande.—La luna.

Larga L., S. cingula y Q. vecina.—La L. significa *la-torre* ó campanario; la S. *Simbahan* (iglesia) y la Q. quiere decir *convento*, como dicen los tagalos.

¿Cuál es el pozo profundo, sembrado de armas cortantes?—La boca con los dientes.

¿Cuál es la fruta redonda con siete agujeros?—La cabeza que los tiene en los ojos, orejas, boca y ventanas de la nariz.

¿Cuál es la cabeza llena de ojos?—La piña.

Tres magistrados que no pronuncian sentencia, si falta uno de ellos,—El betel, la cal y la bonga, que forman el buyo y juntos se mascan.

No es hombre ni bestia, pero su piel tiene lana.— La fruta de mabolo.

Dos hermanos, que se disputan por ir el primero.— Los piés.

¿Cuál es el primero que subió y sin embargo, quedóse postrero?—La teja, que está en lo alto del techo.

LI

MEDICAMENTOS

Está probado en muchos casos, que es medicina eficaz para la disentería desayunar con una docena de la fruta filipina llamada *guayaba*. Y se citan casos en que había sido ineficaz todo otro tratamiento, dado por buenos médicos europeos; y la guayaba curó la disentería, cuando se consideraba ya irremediable.

—El *kamanchile* (fruta) recien sacado del árbol es muy perjudicial ó indigesto. Para comerlo, se le debe guardar cuatro días.

—Cuando el ombligo del recien-nacido no acaba de secarse, se cura poniendo en él polvos de tabaco muy fuerte ó el que viene de China.

—Los pujos se curan con arroz desleido en agua azucarada.

IV

AMORÍOS

Los malaboneses, especialmente los solteros, tienen cierto gusto, como los ilocanos, en poner versos en los cuatro lados de sus pañuelos, ya en castellano, ya en tagalog. Hé aquí una muestra.

«Amor eterno te juro»
«Nos enlaza este pañuelo»
«De boda cual santo velo»...
«¡¡¡Perderá vida el perjuro!!!»

Por lo regular declaran su amor con una carta, escrita unas veces en tagalog y otras en castellano.

Su estilo es muy diferente de los conocidos; en la carta campea el verdadero *filipinismo*, que viene á ser una especie de estilo oriental, basado sobre su gran afición á la mitología griega y á un lenguaje extraordinariamente florido y grandilocuente.

Allá va una muestra:

«¡Oh, mi angel adorado!...
«Mi pensamiento disfrutaba de las delicias de

la tranquilidad y las tiernas alas de un dulce y dorado
sueño cobijaban mis sentidos, cuando Vénus se presentó á mi fantasía llevando en sus brazos á su
hijuelo Cupido (contadas son las cartas en que no se
invoquen los nombres de los mitológicos dioses del
amor). La diosa ostentaba un resplandeciente manto
real, su mirar de fuego me iba dando vida, de
sus labios de carmin respiraba yo un perfume
embriagador, y en fin, mis ojos contemplaban ex-
tasiados aquella divina hermosura y no parecía si no
que su lumbre era reflejo de aquellos astros, que en-
riquecían su imperial diadema; pero... ¡qué dolor en
cambio de tanta dicha!

«¡Oh Venus y Cupido!... ¿Habeis venido para
arrancarme el suave aroma de la esperanza pronos-
ticando mi infeliz destino?... ¡Oh! creo que no,
pues sois dioses inmortales de la hermosura y
del amor, pero no de la desesperación y del pesar
eterno! Dirigid, pues, mis ojos á la morada de
un ángel de la caridad quién pueda endulzar un
tanto la amargura de mis dolores!!...

«¡Ah sí, señorita de mi vida! Encaminé mi vista
en busca de aquella belleza soñada, y un día, sin
duda el más venturoso de toda mi vida, se presentaron á mis ojos esos encantos que adornan á
V.; y su hermosura que tanto me encanta y enlo-
quece, ¡ay!... esa es la que ví en mis sueños de
oro; y si desea V. admirar la beldad de Venus,
no tiene más que mirarse en el espejo y en su
rostro propio verá fielmente retratados las gracias
de esa diva, cuya hermosura hechiza á todos los
dioses del Sagrado Olimpo... ¡Qué gloria, pues,
no esperimentaron mis ojos, al ver en V. realizada

su ideal y fantástica perfección; pero ¡¡qué dolor no sufre mi corazón, en cambio, al advertir que soy indigno de amarla con todo el ardor de una febril y síncera pasión!!

«¡Ah, jóven divina! abra V. sus oidos á los ayes de mi alma tiernamente enamorada. ¡A V. amo!... y acoja por piedad los votos, que pongo respetuosamente á sus piés, advirtiéndola que la vida sin su amor, para mí sería imposible.

«Su cordial amante —X »

La malabonesa jóven ó jamona que recibe tan elocuente metrallazo, se queda muy *esponjada*, según locución de aquí, que nos parece gráfica.

En los casamientos, el novio debe regalar en la víspera de la boda á su futura un aderezo y un juego de vestidos.

V

ONDAS

Así se llama en Malabon la Conmemoración de los fieles difuntos; proviene de *honras* (fúnebres), advirtiendo que los filipinos y todos los de origen malayo en general, suelen convertir la R en D.

En la noche del 1.o de Noviémbre las puertas de las casas se cierran temprano, evitando la fastidiosa visita de los *kaloluas* (almas), ó sean unos mortales, que embozados de negro llaman á las puertas abiertas con una campanilla y entonan algunos cantares, cuya traducción literal es la siguiente: *Tenga V. buenas noches: hombre que tienes casa* (es decir, el dueño), *abre la ventana y escucha los cla-*

mores de estas infelices almas, que están padeciendo te-
rribles tormentos en el Purgatorio, porque has de saber
que en la noche de todos los Santos salen las ánimas
de aquellas cavernas, para venir á pedir limosnas á sus
hermanos de la tierra para misas, con las cuales logran
subir al cielo. Dá pues tu óbolo y mañana oye misa
en sufragio de las ánimas del Purgatorio.

Pero no se figuren los lectores que esto se hace por
pura broma. Al contrario: los llamados *kaloluas* tienen
este voto de acudir á las casas á pedir limosnas,
por manera que todo lo hacen con respeto, yendo
silenciosos antes y después del canto, y llevando
una vela.

Después del canto, el dueño de la casa dá su
limosna y la compañia pasa á otra puerta.

Lo que reunen los *kaloluas*, se entrega, en efecto,
para misas en sufragio de las ánimas del Purgatorio.

En la generalidad, los *kaloluas* cantan sin acom-
pañamiento de instrumentos; con el mismo objeto
las bandas de música dan *emprentadas* ó serenatas
tocando marchas fúnebres ó danzas que no tienen
ecos alegres.

Los *kaloluas* no son gente mala, y muchas veces
abundan entre ellos solteras guapitas, por lo que los
demonios (léase *pollos*) andan avizores en tal ocasión.

Estos diablos que persiguen á las *kaloluas* hermosas, hacen muchas picardias, y si los morado-
res de la casa visitada están ya durmiendo, pues
estas visitas se prolongan hasta la madrugada, echan
mano á lo que encuentren. Y en Malabon, esto
no se considera como hurto en tal ocasión; de suerte
que el dueño, si se apercibe, no debe reprenderles
por ésto. Tal hurto se llama *sakome.*

Hay casas de piadosos, que preparan comidas, como en Zambales, para los *kaloluas.*

He visto en cierta ocasión á muchos hombres y mujeres de buenas familias, hurtar frutos de un árbol de naranjitas y me dijeron que aquello no era pecado ni delito, sinó una costumbre, que tenian por buena, sancionada por la autoridad local.

Por eso las casas, antes del anochecer, guardan cuanto esté espuesto á tales contingencias.

¿Y si un Tenorio aprovecha la ocasión pretextando hacer *sakome?* Lo puede muy bien y sin temor de ser medido con un grueso palasan. No faltan gavilanes que se valen de esa inmunidad.

Los pilletes van á media noche al tiangue (mercado) y con los *papags* (mesas de caña) de las guapas tenderas de quincalla, forman en plena calle un túmulo de muchos cuerpos, con sus velas y candelabros de caña, y no faltan pillastres que se acuestan en la parte superior y se quedan dormidos. Figúrense los lectores el mal humor de aquellas que se dan á todos los diablos, al ver por la mañana sus *lankapes* amontonados.

Es costumbre que en este día se reunan los indivíduos de una familia desparramada, para rezar y comer juntos, lo cual tiene cierta analogía con lo que sucede en España en esta misma noche y en la Pascua de Navidad.

MONOGRAFIA DE MALABON

I

ALGO DE HISTORIA

Como apéndice del *Folk-Lore de Malabon*, vamos á dar una Monografía de dicho pueblo, que suponemos no dejará de gustar á nuestros lectores por la importancia comercial de dicho pueblo, y porque los mismos folk-loristas encontrarán en ella no pocos materiales, advirtiendo que casi todo lo que hemos dicho hasta aquí de los malaboneses, se puede aplicar á los demás tagalos.

Este pueblo ha tenido el primer tranvía á vapor de Filipinas, lo cual indica su gran importancia, y, á la verdad, después de la ciudad de Manila con sus arrabales, es el pueblo más notable de esta provincia y es más grande y rico que muchas cabeceras de otras del Archipiélago.

El nombre verdadero de dicho pueblo es Tambobo, así consta en la historia, es decir, desde antiguo; como en los documentos oficiales; pero el vulgo sigue denominándolo *Malabon* y es más conocido con este nombre, el cual lo tenía el barrio principal que hoy se llama *Concepción*.

En un principio perteneció al pueblo de Tondo, y
en 21 de mayo de 1599 fué aceptado por los Agustinos como visita del ministerio (parroquia) del primero, como también Nabotas y Meysilo, con cuyos
barrios había de formar más tarde un pueblo inde-
pendiente, lo que se hizo en 1614.

Como no es nuestro ánimo escribir su historia particular, nos limitaremos á hacer constar que en la
sublevación china de 1639, los amotinados quemaron este pueblo, y en 1859 fué separado el de
Nabotas.

II

SITUACIÓN Y EXTENSIÓN

Se halla al N.NO. de Manila, á una legua y dos
millas de distancia: dos brazos de mar que algunos
llaman rias, se dán la mano en dos partes, dividi-
éndolo en una isla y otra península, además del
terreno en que se asientan los barrios de Tinajeros
y Meysilo.

La isla es la parte más principal; tiene una
legua, poco más ó menos, de largo, por unos qui-
nientos metros de ancho; en ella se hallan la iglesia
y convento, las casas-ayuntamientos de los gremios
de naturales y mestizos, y los barrios de la Concepción, Tañong y Dampalit. Confina al N. con el
pueblo de Polo, al O. y S. con el brazo de mar
que le separa de Nabotas y al E. con el otro
brazo que le aleja de la península de Tonsuya.

En ésta se hallan los barrios de este nombre,
Lungos y Niugan, y confina á su vez al N. y O.

con el brazo de mar que le separa de Tinajeros
y de la isla anterior; al Sur con el mismo en su parte
ancha y al E. con el *Dagatdagatan* ó sea el mismo
brazo, pero que se llama así, porque se parece á un
lago ó bahía en forma de lago. Está unido por el itsmo
de Salitre con un pedazo de terreno perteneciente á
este pueblo, pero unido al de Caloocan.

Al N. están los barrios de Tinajeros y Meysilo,
que confinan al N. y O. con el pueblo de Polo, al
E. con Malinta, al S. con Caloocan y con la Península de Tonsuya.

El pueblo en conjunto confina, pues, al N. con
los pueblos de Obando y Polo, al O. con el muy
próximo de Nabotás (muchos escriben impropiamente
con *v* creyendo que es corrupción de *novatos*; pero
nó, que *nabotas* es término tagalo, que significa
reventó, tal vez porque el mar lo haya dividido en
dos, entrando por aquel pueblo en las rias de Malabon); al S. con Tondo, y al E. con Caloocan.

III

VÍAS DE COMUNICACIÓN

Tiene buenas calles, anchas y bien trazadas, sin
empedrado ni aceras, y muchos callejones dentro
del pueblo. Sin embargo, es lástima que no se
haya seguido el trazado de calles proyectado en
1875 después del gran incendio. Así se hubieran
cambiado los callejones con buenas calles; pero el
camino de Malabon á Manila se ha hecho famoso
por su mal estado en tiempo de aguas, especialmente en el itsmo de Salitre.

El tranvía ha sustituido en parte á las muchas desvencijadas carromatas que llevaban y traían pasajeros de aquel pueblo.

De la plaza de S. Gabriel (Binondo) parte de cuarto en cuarto de hora un tranvía hácia la estación del á vapor para Malabon, situada en Tondo. En el trayecto hay tres secciones, pagándose dos cuartos por cada una, y de Tondo á Malabon, se paga por cada asiento de primera clase una peseta, y media, si es de segunda; además á las seis de la mañana sale de Malabon, y á las seis de la tarde de Tondo un tren de obreros en que se paga seis cuartos por cada persona. De uno y otro extremo hay tres secciones de Tondo á Meypaho, de Meypaho á Dulu y de Dulu á Malabon, pagándose 12 cuartos por cada una, en 1.a, y en 2.a seis.

El servicio empieza en Tondo á las 5 y media de la mañana y termina á las 7 y media de la noche; y en Malabon desde las 6 de la mañana hasta las 8 de la noche, saliendo los trenes por la mañana de hora en hora justa y desde la una y media varían las horas de salida, pues que salen los trenes en las mitades de hora. Las tardes de días festivos salen de media en media hora, si hay mucha gente.

Ir en carromata es incómodo y casi siempre algo más caro.

Muchos vienen á Manila en *bancas* especialmente cuando se trae algun cargamento y se invierte en recorrer la vía fluvial ó marítima dos horas y media. Cuando el mar está en calma, las *bancas* salen á él para entrar en el Canal de la Reina ó ir á parar

en el estero de Jolo; pero si está algo agitado, es
espuesto navegar en sus riberas, porque suele des-
trozar las embarcaciones, así *bancas* como *cascos*,
aunque no esté muy furioso; por eso entonces pre-
fieren seguir un tortuoso brazo de mar, de poco
fondo, interior y paralelo á la playa. Este brazo de
mar pasa por terrenos de un particular, á quién
se ha concedido permiso para cobrar pasaje de cinco
cuartos á cada banca y pagan más los cascos; pero
explotando la ignorancia y credulidad de los pobres
indígenas, el cobrador se ha colocado en el Canal de
la Reina, haciendo pagar no sólo á los que pasan
por la vía interior, sino á todos los que entran en
el citado Canal, como si no hubiera sido éste abierto
por suscrición pública. Los clamores de la prensa
hácia esta escandalosa exacción ilegal, fueron desa-
tendidos. Y conste que deben cobrar indebidamente
unos cinco pesos diarios, pues muchas son las bancas que pasan por la vía marítima, que es más
corta, y rarísimas las que van por la interior, á
no ser cuando la marejada es gruesa.

IV

BARRIOS Y CASERÍO

El interior del pueblo se compone de los importantes barrios de Malabón ó Concepcion, y de
Tañong. Tiene además otros, que son los de Tinajeros, Tonsuya, Dampalit, Pangholo, Meysilo, Catmon, Salitre, Lungos y Potrero, que dista una legua
próximamente del pueblo, y en donde se encuentran las ruinas de la antigua casa y panteon de los

primeros jesuitas. En este sitio hay buena sillería
y en su ría abunda el hormigon. Ya no existen
las grandes fábricas de tinajas y ladrillos de Tinajeros, de que tomara nombre dicho barrio.

De edificios públicos, destacan la iglesia principal y las muchas ermitas esparcidas en el pueblo y
en los barrios. Cada uno de éstos tiene una regular,
y la de la Concepción no parece sino iglesia por su
lujo relativo. Es de extrañar que siendo esta parroquia de término, las torres sigan con sus techos pro-
visionales de nipa, que por su altura están espues-
tos á ser encendidos por una descarga eléctrica y á
servir de mecha para el incendio de la iglesia que
no es de valor insignificante.

Esta es de tres naves y mide unos 85 metros cua-
drados con una espaciosa casa parroquial de mampostería. Se abrió al culto divino en 1639, habiendo
sido objeto de varias reformas hasta 1863 que quedó
terminada.

Esta parroquia pertenece á los Padres Agustinos
Calzados. Tiene tres coadjutores seculares y uno en
calidad de retirado.

El cementerio está rodeado de muros de piedra,
en que están los nichos, y tiene pequeña capilla.
Trátase, con bastante fundamento, de cerrarlo por
estar en mal lugar para la higiene pública, y abrir
otro en el barrio de Catmon.

Uno de los principales monumentos, tal vez el único
digno de citarse, es el puente de piedra del infante
D. Sebastian, uno de los más notables del Archipiélago, aunque es algo estrecho; está sobre la ria
de Tonsuya, ó sea el brazo de mar que une este
barrio con el pueblo. Hace cinco años solamente

se ha abierto al servicio público. Antes había uno
de madera, en qué se pagaba de pontazgo un mara-
vedí, y fué construido en 1826 á 30. En Tinajeros
hay otro puente de piedra, bueno y sólido.

La casa ayuntamiento del gremio de naturales es
de mampostería, recien construida, bonita, vista en
su exterior, pero de estrechos compartimientos y
pequeñas dimensiones. Algunas piezas del piso bajo
están habilitadas para escuela de niñas y niños. La
casa-tribunal de mestizos deja mucho que desear,
con muchos desperfectos y bastante abandonada. Es
de ladrillo.

En ruinas está el antiguo edificio de la fábrica de
tabacos del Estado, y si éste no piensa utilizarlo para
hospicio de dementes, como ahora se trata, ganaría
más vendiéndolo y no dejarlo á merced de la des-
tructora mano del tiempo y de los que ván á hacerse
de leña allí, ó algo más, según se dice.

Empezó á construirse en febrero de 1851 y costó
150,000 pesos; es verdaderamente grandioso este
edificio; consta de siete talleres y una gran pieza que
sirvió de almacen ó depósito de tabaco.

Hay muchas casas y depósitos de mampostería; pero
parecen pocas, porque están esparcidas entre apiñado
y muy extenso caserío de nipa; pero si se reuniesen
en un barrio los edificios de mampostería, indudablemente se vería que este pueblo es más rico que
casi todas las cabeceras de provincia, incluso las
mejores.

V

POBLACIÓN Y CULTURA

Hé aquí algunos datos estadísticos acerca de la población:

Años.	Bautizos.	Casamientos	Entierros.	Almas.
1866 á 70	(1) 5256	1021	(2) 4924	(4) 11920
1883	998	187	(3) 4667	22340
1885	972	284	1156	20757
1886	1030	333	670	
1887	1059	393	694	20556
1888	962	244	1075	20608

En 1872 había 64 cabezas de Barangay de naturales, 89 de mestizos; en 1875 eran 70 de naturales y 93 de mestizos, últimamente después del cólera-morbo y de cerrar la fábrica de tabacos, se redujeron á 65 las de naturales y las de mestizos á 69.

Habrá unos 1500 chinos en este pueblo. Siempre hubo muchos, acaso más antes, cuando tenían aquí farderías de azúcar. Por eso hay muchos mestizos chinos y muchos hijos ilegítimos, y por eso son más laboriosos los malaboneses que los demás

(1) De éstos, 795 son ilegítimos

(2) Entre indígenas, españoles y chinos.

(3) Es de advertir que entonces invadió el cólera.

(4) Tributantes en 1872: 6217 naturales y 5703 mestizos. Esto se explica porque cada cabeza de naturales tenía doble número de tributantes y los mestizos pagaban doble tributo. Es decir, se regulaba por las cantidades de dinero,

tagalos. Dicen que los malaboneses y los boholanos
son los únicos filipinos que se pueden comparar con
los hacendosos ilocanos. Como éstos, por falta de terreno, emigran á Bulacan, Pampanga, Nueva Ecija
y Bataan; y allí muchos se han hecho de una fortuna por su laboriosidad é inteligencia heradadas
de los chinos, para ganar dinero.

El malabonés es pacífico, y llama mucho la atención su crasa ignorancia viviendo á dos pasos de
Manila. Ignoro si por desconocer su dignidad ó por
la estremada mezquindad heredada del chino, es el
caso que muchos ricos se visten ni más ni ménos
que un pobre pescador y muchos aceptan oficios muy
modestos, y algunos principales del pueblo guian
carromatas de alquiler y no quieren otorgar testamento, para que no se conozcan sus bienes.

Visten las mujeres como las demás indias, distin-
guiéndose solamente en que son aficionadas á las
sayas negras bruñidas, y en vez de chinelas calzan
corchos ó zuecos, y muchas, cuando comulgan, llevan
lambong que les llega hasta la cintura.

Los hombres también visten como los demás indígenas, de quienes se diferencian solamente en que
como traje diario suelen llevar camisa de sinamay con
mangas cortas y pantalones cortos, teñidos ambos de
encarnado negruzco y este traje se llama *dinampul*.

La comida es muy sobria: arroz cocido, un par de
pescados asados ó cocidos con agua, y el indispensable *patis*, jugo de camarones salados, que les sirve
de salsa ó sal, y alguna legumbre.

Hablan en tagalo, y muy contados hablan el castellano, aunque esto parezca mentira; pero muchas
cigarreras lo entienden.

Para la instrucción primaria hay tres escuelas de varones, y una de mujeres. No ascenderán a 200 los niños que concurren á las tres citadas. Pero hay además algunas escuelas particulares sin importancia, y una de segunda enseñanza. Según datos estadísticos oficiales inéditos que tengo á la vista, el total de niños que existen en este pueblo, se calcula en 4118, de los cuales 400 saben leer; 450 leer y escribir; no saben leer ni escribir 3268: hablan el castellano 4 solamente. La proporción es dolorosa.

VI

AGRICULTURA

Es de poca importancia; no hay extensos terrenos laborables; sólo en Tinajeros, Meysilok, Panjolo, Dampalit y Salitre hay algunos.

El terreno, como es playero, es arenoso y arcilloso en algunos puntos: se cosecha palay, caña-dulce, sincamas *(Pachirryzus angulatus,* DC.), tomates y algunas legumbres, pero el palay, que es lo más importante, no es suficiente para alimentar á la mitad de la población. Se calculan en 5 ó 6000 cavanes de palay; 60.000 caña-dulces, que no se hace azúcar, sino se vende en el mercado para mascar, como suelen hacer los indios; representan, sin embargo, un valor de $ 1125. El sincamás vendido al menudeo importa pfs. 600.

Los terrenos pertenecen: á la capellanía de la iglesia en Longos 14.616 brazas realengas y en el casco de la población 17.209; a los Sres. Tuáson y c. 10.016; al presbítero D. Domingo Tiangco 12.104

(parte ya está enagenada á D. Pedro Camus y particulares); al P. Roman Santa María 21.822; á la capellanía á que pertenece el mercado principal 1750; á varios vecinos del gremio de naturales 19.970; á la iglesia y casa-parroquial 2250; á D. Severino José Juares 37.710; á la capellanía de D.a Isabel Ezguerra que administra el Provisor de esta diócesis 9265; á D. Cristóbal Tongco 3100; á D.a Celestina Lázaro 3405.

VII

INDUSTRIA

Hay unos 160 telares en que se hacen tejidos de jusi y seda, que sirven para camisa, saya y pañuelo; pero dicen que no pueden imitar los tejidos ilocanos. Ignoramos en qué consiste la dificultad; es lo cierto que los telares de Malabon, aunque son de más fácil mecanismo y menos costosos, no se diferencian casi en nada de los ilocanos. Hombres y mujeres tejen (en Ilocos sólo las últimas) ganando por lo regular una peseta por un corte de camisa de mujer y tres reales por el de la de varon; suelen acabar dos ó tres cortes de camisa femenina al día. Los dueños de los cortes hechos suelen llevarlos á los chinos de Manila á permutar con jusi y seda ó los venden.

Hay unas 65 ó 70 fábricas de arroz, trabajando en ellas unos 600 y 700 jornaleros entre hombres y mujeres y se calcula en unos 100 pesos al año los que produce á cada pilandería esta industria.

Bulacan, Nueva Ecija y otras provincias del Norte surten de palay con cáscara á estas fábricas.

Existen varios viveros de pescados; muchos se dedican á la pesca, y algunos por medio de los corrales que les producen considerables ganancias ó pérdidas, según que los huracanes los respeten ó no. Hay algunas casas de poca importancia que se ocupan en salar pescados, calculándose en 100 pesos los rendimientos de esta industria.

Este pueblo tiene salinas, calculándose en 200 (en 1870, diez mil) fanegas al año la sal que se recoge, importando cada fanega 5 reales.

Hay una fábrica de ron y anisado, la del chino Santos, que le producirá al año 2000 ó 2500 pesos.

El principal oficio de las mujeres es el doblar cigarros; se han acostumbrado á este oficio, cuando el Estado tenía aquí gran fábrica de tabacos, y ahora, como no han aprendido otro, se ven obligadas á pasar á Manila á ganar su sustento en sus fábricas.

En Malabon hay unas cien casas particulares donde se doblan puros y cigarrillos, en cada una de las cuales trabajan unas 5, 10, 15 o 20 operarias. En la antigua fábrica del Estado entraban, si se abrían todos sus talleres, más de 5000 al día y cuando se trasladó á Lungos, se redujo ese número á 2000. Esta fábrica daba vida al pueblo, pues atraía operarias de los pueblos limítrofes; pero ahora sucede lo contrario, pues las malabonesas que no encuentran trabajo allí, vienen á Manila á establecerse.

Una empresa que tenia compromiso con el Estado de suministrarle algunos millones de cigarrillos, estableció en este pueblo, hace cuatro meses, una fábrica de cigarrillos, que después se cerró cuando ya tenía hechos los que necesitaba. Dícese que á la empresa produjo buen resultado esto, porque en

Malabon las cigarrilleras se conforman con percibir poco salario, con tal que no salgan de su pueblo.

Además hay algunas tintorerías y fábricas de carromatas. Estas ascenderán á 150; pero con el tranvia es probable que disminuirá considerablemente ese número.

La refinería de azúcar, llamada de Malabon, está situada en Navotas. Es la fábrica industrial de mayor importancia que se halla en estos pueblos.

VIII

COMERCIO

En 1872 había en este pueblo 145 cascos, 9 barotos y 250 bancas para el comercio; pero á esta fecha se ha reducido el número de cascos.

Este pueblo está cruzado en muchas partes de *esteros*, y tiene muchos depósitos que antes servían para guardar azúcar y arroz que de Pampanga, Bataan, Bulacan y Nueva Ecija se traian á Manila. De aquí la necesidad de muchas embarcaciones; pero ahora esos depósitos están vacios casi todos por la depreciación del azúcar y la general crísis comercial. Solo sirven los cascos para el trasporte, de los buques surtos en la bahia de Manila, á los muelles de la misma ciudad, y vice-versa.

Es muy curioso ver la lucha entre los chinos y sus descendientes los mestizos. Los primeros intentan apoderarse de todos los negocios, abren muchas tiendas de telas y de *sari-sari*, venden aceite, papelería, carne de cerdo, arroz etc., se encargan de las salinas, tintorerías y fábrica de ron. Y ved aquí á—

las hacendosas mestizas chinas poner al lado de las tiendas chinicas, también las suyas de quincalla, papel, arroz y demás productos del país resistiendo tenazmente la competencia de los invasores. ¡Oh! si fueran todos los filipinos tan laboriosos y listos como los de Malabon! Indudable seria el triunfo comercial de estas islas.

Á pesar de esta ruda competencia, el ascendiente y el descendiente se entienden: las mestizas aprecian á los chinos más que á cualquiera; se casan muchas con ellos y están muy confiadas de ellos. Los chinos las pagan en la misma moneda; se hacen lenguas de la laboriosidad y honradez de las malabonesas, las regalan, las dán capitalitos si necesitan; pero esto lo hacen por interés más bien que por hacerlas un favor, porque ganan á costa de los esfuerzos del sócio industrial. Por lo regular, las dueñas de las pequeñas fábricas de tabacos de este pueblo han recibido dinero de un chino amigo, sócio capitalista.

Los chinos traen arroz de Saigon y colocan al fiado en las tiendas de las mestizas. No parece si no que consideran paisanos ó hermanos suyos á los de Malabon.

Estos, como los chinos, acuden á los viveros de peces y á los corrales de pesca do Navotas para comprar pescados, que luego revenden en Manila ó en los mismos mercados de Malabon.

Diariamente los hay: uno, el principal, de nipa, con unas 40 tiendas movibles de géneros etc. al costado de la Iglesia principal; y otros en los barrios de la Concepción, Tinajeros Tonsuya y Dampalit.

IX

OTRAS NOTICIAS

Hay en este pueblo, una secion de la Guardia civil al mando de un alférez, y un destacamento en Tinajeros.

Recientemente se ha dotado este pueblo de un médico municipal.

En los días festivos hay gallera pública, y todas las noches se vén en muchas casas juegos de *pangingi* y algunas mesas de billar.

Hay correo diario, y parece mentira, por estar este pueblo á dos pasos de Manila, que los periódicos matutinos se lean en este pueblo al dia siguiente. Seria de agradecer que la Administración de Correos enviase por el tranvía la correspondencia para este pueblo y vice-versa.

Aquí no hay fuentes ni pozos potables y van por agua á Calocan. Varios han pensado en traerla por medio de cañerías desde dicho punto.

Tampoco hay casas de socorro ni hospitales.

Este pueblo disfruta de clima mejor que el de Manila; por lo regular templado, caluroso en la estación de secas y frío en las madrugadas.

Hay abundancia de comestibles: no falta nada: hay cuatro ó más almacenes de víveres de Europa y una fonda bastante buena bajo la dirección de un europeo, con mesas de billar y habitaciones para huéspedes.

En resúmen, este pueblo, aunque tiene apariencias de pobre, es rico é importante. Y el vecino pueblo de Navotas aumenta su importancia y vice-versa. Son dos pueblos hermanos que se completan.

¿Folk-Lore Administrativo?

DEDICATORIA

Al Sr. D. Juan Atayde

DIRECTOR DE «LA ESPAÑA ORIENTAL.»

Al concluir la publicación de mi predilecto libro, respondiendo á un deseo invencible, hijo de la admiración y el agradecimiento, quiero dar á conocer íntimamente á mis lectores al Director de *La España Oriental*, el Sr. D. Juan Atayde, con las noticias particulares que han llegado á mí por ser del dominio público.

Ya como inspirado poeta, se le conocía hace tiempo en la república de las letras. Como Jefe retirado del Ejército, ostenta entre varias condecoraciones la placa de S. Hermenegildo, que representa una vida de inmaculados servicios, únida á la historia militar de Filipinas, con delicadas y brillantes comisiones confiadas á su talento y pericia.

En su trato particular se vé siempre la caballero-
sidad, la esmerada educación y vasta instrucción,
habiendo recorrido muchos paises del estranjero,
por lo que se le han dado comisiones especiales
por el Ministerio de Ultramar, siendo una de
ellas, la de Jurado en la Exposición Colonial de
Amsterdam, y otra, la de secretario con el Se-
nador D. Manuel Fernandez de Castro en una alta
Junta que presidía el Excmo. Sr. Marqués de la
Habana.

Como Director de la Revista *La España Oriental*,...
eso toca juzgar á los lectores, que han seguido
la marcha de esta publicación hasta encontrar el carácter que ahora ya tiene fijado.

Solo diré que sobre sus muchos conocimientos está
su excesiva modestia, pues no hubiera de ningun
modo aceptado este cargo, sino por apremiantes circunstancias, sosteniéndolo por pura dignidad y patriotismo; y prueba de ello es que hizo publicar su
condición provisional, esperando poder declinarlo en
persona de especial competencia. ¿Pero quién reem-
plazaría al que parece nacido para llevar *La España Oriental* por el derrotero de progreso y patriotismo, en cuyos ideales está colocada? Tendría
que tener las mismas dotes de talento y prudencia.

Con ellas ha levantado á esta Revista cuando
estaba en decadencia; y ya con vida propia, ha
podido extenderse á publicar una edición bilingüe,
para la ilustración del pueblo indígena.

En una y otra edición, no le inspira más que el
amor á Filipinas unido á España, para el mutuo
engrandecimiento de paises que forman una sola pátria

Con este lema, no ha tenido necesidad de hacer

alardes ni ruidosas propagandas, bastando para atraer la adhesión y simpatía al periódico, sus artículos llenos de prudencia, al par que de energía y decisión para abogar por los intereses de Filipinas.

Debo á este propósito de *La España Oriental* la razonada defensa que hizo de mí, cuando fuí objeto de injustificados ataques, por sostener lealmente aspiraciones del país. Y aprovecho esta ocasión, que encuentro muy oportuna, para rendir tributo eterno de gratitud á mis buenos paisanos, por la espontánea demostración de afecto que hicieron hácia mi humilde persona, suscribiéndose en masa al periódico que me había defendido.

Y por esta cariñosa defensa que no olvidaré nunca y por el estímulo y la acogida que me ha prestado en la publicación de este *Folk-Lore Filipino,* reciba el Sr. Atayde, Director-propietario de *La España Oriental,* con el artículo que á continuación le dedico, el homenage del más profundo agradecimiento.

ISABELO DE LOS REYES.

Isio (Dionisio) había estudiado en un colegio de Manila; pero no pudo concluir su carrera, porque murió su padre y hubo de regresar á su pueblo natal (Union,) por no poder sostenerse en esta capital.

No tardó en seguir á la tumba su madre, y viéndose ya el jóven Isio huérfano y sólo en medio del mundo, hizo esfuerzos para reconstruir los pocos restos de la fortuna de sus padres, que se desvaneció, ora por su prodigalidad, ora por el cargo de gobernadorcillo que su padre había desempeñado.

La horfandad de Isio fué una continua série de crueles tormentos: figuraos que se había criado entre relativa comodidad, para más tarde venir á la pobreza, sufriendo privaciones á que no estaba acostumbrado.

Sin embargo, con resignación apuró hasta las heces la copa de amargura con que su hado implacable le brindara. Y habiendo empezado por dedicarse en pequeña escala al negocio del añil y arroz, al principio con peculio propio y más tarde en sociedad con otros, no tardó en convencerse de que el trabajo y la buena fé continuados suelen hacer milagros. Y en efecto, al cabo de diez años tuvo la dicha de ver recuperada casi toda la fortuna que había perdido su padre.

Pero un día, cuando más ocupado estaba en las tareas del campo, recibe una comunicación del gobernadorcillo en que se le notificaba su nombramiento de cabeza de barangay, y él, en vez de deshacerse en insultos y perseguir con un palo al alguacil que llevaba el pliego. cual lo hacen muchos, como si el pobre tuviese la menor culpa de ello, le dijo:

—Bueno, déjame el expediente, que ya iré á ver al señor Gobernadorcillo.

Y en efecto, fué para decirle:

—Señor, no tengo inconveniente en servir al Estado, porque reconozco en él perfectísimo derecho para exigir á todos y á cada uno de los ciudadanos algún servicio. faltando el cual, ni hay Estado, ni sociedad para la que fuimos criados, como demuestran nuestra natural debilidad y la imprescindible necesidad que sentimos del apoyo ajeno. En una palabra, acepto gustoso la cabecería, y hasta con agradecimiento por haberse dignado Vdes. inscribirme en la lista de los principales (especie de nobleza), y soy de los que pagan las contribuciones é impuestos, sin hacer muecas; pero para tranquilidad de mi conciencia y satisfacción de mi honradez, exijo como condición que se me rindan claritas las cuentas; quiero decir, que V. me convenza de que las que figuran en el padrón ó lista de tributantes que me ha de entregar, verdaderamente existen ó hay posibilidad de cobrarles aquí, porque ni yo consiento que mi fortuna, adquirida á fuerza de grandes trabajos, se pierda por abonar lo que deben los ausentes, ni puedo ir á buscarlos en otras provincias, ni...

—Hombre, hombre,—le interrumpió el pedáneo.—

¿Está V. en su juicio? Quieras que no, forzosamente ha de aceptar el cargo, y ahora mismo acabo de mandar pregonar en bandillos que sus bienes no se pueden enagenar, pues ya estan hipotecados para responder á la Hacienda Pública de las obligaciones de su cabecería.

—Pero, señor gobernadorcillo, ¿quién los ha hipotecado? Es posible que haya otro más que yo, con derecho á gravar mis bienes!

—Claro, hombre: varios principales y yo informamos que tal casa y cuales terrenos pertenecen á Vd., y el gobernador de la provincia, en vista de este informe, de cuya veracidad hemos de responder con nuestras cosas, ha firmado su nombramiento de cabeza, y sin que lo sepa V., ya lo és.

—Mil gracias por haberse Vds. presentado como fiadores mios; pero ni esa casa ni esos terrenos son del todo míos, sino de mi socio X. parte de ellos.

—Nada, ya es V. cabeza, y no cabe réplica.

—Acepto gustoso la cabecería, pero con la condición de que haya posibilidad de colocar las cédulas, que forzosamente he de abonar, y sin este requisito no firmo la notificación, ni acepto el padrón ni las cédulas.

—Si yo considerara su manera de contestar como falta de respeto, ahora mismo estaría Vd. en el calabozo; pero gracias que conozco su apacible carácter y comprendo su ignorancia; Vds. los negociantes creen que todo se arregla con cuentas claras. Estan equivocados; y no sea V. tonto rechazando la cabecería, el padrón y las cédulas, porque eso no quita que sea V. cabeza, y en el día de pagar á la Administración lo que debe su cabecería, us-

24

ted haya cobrado ó nó, aceptado ó nó el cargo,
tendrá forzosamente que abonarlo todo, como si
hubiera colocado todas las cédulas. Con que, amigo
mio, V. sabe en cuánto le aprecio, y si cree, como
supongo, en mis palabras, es mejor que V. se
lleve las cédulas para ver de colocarlas, y así abo-
nará poco ó mucho, pero no todo.

—Entonces, déme V. dos días de plazo para meditar lo que más me convenga.—Contestó Isio, y se
fué derechito á consultar con un anciano ex-gobernadorcillo, y por consiguiente muy ducho en el asunto.

II

—Buenas noches, capitan Bindoy. dijo Isio al
ex-pedáneo.

—Muy buenas las tenga V , Sr. Cabeza de Barangay,—contestó el viejo, recalcando el tono al pronunciar estas últimas palabras.

—Hombre, ¿cuándo lo ha sabido V.?

—Acaso antes que V mismo: por el bandillo
en que se advirtió al público que sus bienes quedan afectos á las obligaciones de la cabecería que
desempeña.

—Precisamente, vengo por eso de ver á nuestro
pedáneo y estoy aquí para consultarle sobre el
particular.

—Nada, amigo; le ha tocado el premio gordo,
como satíricamente se dice.

—Eso es, el premio gordo! la recompensa, el digno
coronamiento de mis esfuerzos por reconstruir la escasa fortuna de mi padre, arruinado con ese cargo
y el de gobernadorcillo.

—Y qué te ha dicho el pedáneo?

—Que ya soy cabeza, por obra y gracia de él y de algunos principales. y que me conviene más aceptar el cargo, para ver de cobrar algo, y no venir á abonar todo; pero no me inspira confianza: yo sé que todas las cabecerías vacantes corren á su cargo y es muy natural que busque medios para *endosarlas á otros*.

—Es verdad: ¡pobre gobernadorcillo! y ¿todavía Vd y otros que tienen dinero se excusan de ayudarle en algo, á pesar de desvivirse él por conservar el órden público, por arreglar las calles. en fin, por gobernarnos? Pues con todo eso, con tener que desembolsar no despreciable cantidad de dinero por atender á los gastos ocasionados por el cargo, varios cabezas de barangay. cumplido el plazo reglamentario, renuncian á sus cargos y el pobre gobernadorcillo aumenta á sus cargas las de estas cabecerías. abonando considerable cantidad de dinero. Nada, Isio; tenga V. compasión del pobre gobernadorcillo. ayudémosle y sirvamos como buenos ciudadanos al Estado, á la sociedad á que pertenecemos; son cosas de la vida, obligaciones innatas de los que tengan más; y luego, cuando no prestamos nuestra ayuda al pedáneo. y éste desmaya, vendremos pidiendo buenos caminos y otras exigencias.

—Eh, amigo; me parece que es V. partidario del gobernadorcillo y acaso uno de los que firmaron la sentencia de muerte de mis bienes. cuando precisamente yo venía á consultarle sobre la manera de ó aceptar la cabecería, pero con las cuentas bien arregladas, ó rechazarla.

—Ambas cosas son imposibles, amigo mío; y

haría bien en no perder tiempo, aceptando las cédulas. Y vaya el consejo que le puedo dar: si es listo, digo, si V. es poco escrupuloso, poco ó nada perderá con la cabecería.

—Y cómo?

—No, no he dicho nada; no será V. capaz...

—¿De qué? El caso es salvar mi fortuna con tanto sudor adquirida.

—Pues por ahí anda gente de mal vivir que necesita proveerse de varias cédulas, para burlarse de la policía:... no se ha de comprometer Vd.; puesto que se las ha de dar en blanco sin firma.

—A tanto no me atrevo.

—Pues procure colocar las cédulas entre sus amigos y parientes.

—Pero si no figuran en mi padrón...?

—No importa: eso no se averigua. basta que ellos presenten sus cédulas cuando se las exijan, sin meterse nadie á averiguar si el cabeza que la autoriza, pertenece al mismo barangay.

—¿Y el pobre cabeza que debiera cobrarles?

—Pues quedará haciendo cruces sobre su boca abierta, si es tan tonto que no hace lo mismo con otros.

—Umf! La cosa no está libre de contingencias.

—¡Claro' todo negocio tiene sus quiebras.

—Entonces no lo he de ejecutar.

—Pues otra quiebra mayor le ha de alcanzar: entrará en la cárcel por *desfalcado*, cargará *angarillas*; perderá sus bienes, que se malvenderán en pública subasta, y todo por sus excesivos escrúpulos.

—No lo creo.

—Y su padre, ¿cómo ha perdido sus bienes?...
Cuando yo fuí cabeza, en vez de perder mi casa,
adquirí otra por razón del cargo.

—¡Milagro!

—No crea V. en milagros, papamoscas. La cosa
fué muy sencilla. La gente de esta provincia es muy
ignorante y tímida, y el que tenga dos dedos de
frente vive divinamente á costa de ellos. Cuando re-
cibí el padron ó lista de los que yo debía cobrar,
noté que faltaba más de la mitad: unos estaban ausentes en lejanos lugares, otros desconocidos, y
otros muertos.

—Habrá V. exigido que renovasen la lista.

—Eso era perder tontamente el tiempo y el dinero: lo primero, porque el expediente que se ins-
truiría por cada ausente, no terminaría hasta el
fin de los siglos; y lo segundo, porque los expedientes se extenderían en papel de oficio ó de ocho
cuartos pliego, á costa mía, y tendría además que
asoldar un escribiente y director al mismo tiempo,
que siendo de los pocos que saben hacer estas
cosas, se vendería carito.

—Y entonces ¿qué ha hecho V.?

—Pues hacer pagar á los presentes lo que debian
los ausentes. Conocía yo donde vivían los primeros, y solia visitar á los del campo, es decir, aquellos á quienes impunemente podía exigir regalos
de huevos, gallinas, cerdos, frutas, etc., que vendidos, valían dinero. Además emprendí levantar una
casa: á unos pedí que me trajesen del bosque
maderas; á otros bejuco, cogon y otros materiales;
y á todos á trabajar, dándoles á veces, no salarios,
sino algunos cuartos.

Esto á nadie chocaba, pues ya sabe V. que es costumbre inveterada.

—Y del servicio personal, ¿qué sacaba?

—¿Pero no te acabo de decir que les hacía trabajar en mi provecho?—Contestó á Isio el ex-gobernadorcillo.

—Eso no pudo ser, porque el pedáneo directamente vigilaría por la asídua asistencia de los *polistas*.

—Bueno; pero ¿cree V. que el gobernadorcillo se atrevería á pedirme cuentas? ¿A mí, que por cualquier cosa sería capaz de meterle en un atolladero sin salida?...

Isio no pudo replicar.

Y el capitan pasado prosiguió, envanecido por su triunfo:

—Ya he dicho que Vds. todavía poca cantidad de morisqueta han consumido; mire mis canas; ¡cuántos años y cuánta experiencia representan! Es verdad que ésta la adquirí á costa de amargos desengaños y profundos disgustos. ¡Oh! con qué abundancia de lágrimas he regado el espinoso camino por donde he venido á la ancianidad. Acaso habría caído á la mitad de él, si no hubiera siempre tenido presente que todos, absolutamente todos los mortales, así ricos como pobres, la plebe y la nobleza, seguían y siguen la misma senda que yo. Nada, nada: necesita V. aún comer muchos plátanos para poder comprender los misterios de la vida; y ya te digo: me fué divinamente la cabecería; mire que la redención del servicio personal representa otro ingreso; y las quintas...

—Advierto á V. que me ofende con esos consejos.

—¿Y quién le ha dicho que sería capaz de seguirlos! Pero V. me ha suplicado que prosiguiera; y por considerar que ha venido á oir mis consejos, le dí los que mi pobre inteligencia y mis años me habían enseñado.

—Entonces si V. no puede darme otros, dispénseme la molestia y mil gracias por sus atenciones.

Le dijo Isio, y sin poder disimular su disgusto, se fué.

Y su viejo interlocutor, volviendo de conducirle á la escalera, se sentó en un sillon de bambú, cogió un *paypay*, también de caña, en forma de guión de iglesia; descubrió más el pecho, echó el cuerpo hácia el espaldar, levantó los piés, y abanicándose fuertemente, y á cada momento rascándose las espaldas, decía á sus solas:

—Isio es muy excelente persona; la enérgica dignidad con que rechazó mis consejos me ha gustado mucho, si bien la venerabilidad de mis años se ha humillado un poco ante las lecciones de ese imberbe. Venía el pobre á pedirme buenos consejos, y ¡á quién se le ocurriría, si no á este desdichado vejete, enseñarle peligrosos disparates?...

Después de rascarse los muslos y las pantorrillas, y abanicándose fuertemente, prosiguió:

—Pero ¿qué otra cosa podía aconsejarle? Tengo lástima de esos bienes que á fuerza de continuados esfuerzos ha vuelto á adquirir este buen mozo. Es verdad que para salvar los nuestros propios, no tenemos derecho para arruinar al prójimo. Pero ¡Demonio de chinches y de mosquitos! Y estos *sarpullidos!!*

Y seguía rascándose con más furor, y abanicándose para refrescar su ardiente cuerpo.

Después añadió:

—Los escrúpulos... cá! Tonterías de la humanidad! Ya veremos, ya veremos á ese guapo, y á
dónde le conducirá al fin su estrecha conciencia...
No puede ser: con bien no ha de salir, á no ser
él un Salomón... ¡Vaya un buen tipo de Salomon
que tiene el inocente Isio!

III

Las dudas del capitan pasado no tardaron mucho
en aclararse.

El primer año, Isio abonó á la Administración
de Hacienda pública setenta pesos. á pesar de haber
desatendido por completo sus tareas en el campo,
para ver de colocar las cédulas y buscar en varios
rincones de la provincia á los que se creían oficialmente que le pagaban religiosamente las contribuciones.

De modo que también perdió lo que debiera haber
ganado en el campo, de no desempeñar cabecería alguna.

Y lo que gastó en los viajes que hizo en busca de
sus *kailianes*, y los contínuos á la Administración.

Lo que á Isio sucedió en el primer año fué para
él, no sé si desengaño, lección ó principio de desesperación.

Verdaderamente no es lo mismo perder lo que
se ha ganado en el juego, que lo adquirido á
costa de tantos sudores y de constancia, y es más
doloroso perderlo, después de haber agotado todos
los esfuerzos imaginables para salvarlo.

En seguida se acordó de los consejos del anciano

capitan pasado;_pero no tenía valor para seguirlos, para abusar de los pobres, quitándoles su escasa morisqueta, adquirida á costa de tantos trabajos, ya que su miseria no les permitía comer más que dos veces al día sin más manjares que la sal, alguna legumbre pasada en agua, ó poco *bagon*. Robar á esta clase de gente, sería casi casi como un asesinato. Isio no podía; pero ¿quién le había de pagar lo que había abonado? Esta era la cuestión que le preocupaba mucho.

Y para olvidar un tanto su angustiosa situación, aprendió á tomar *basi* (vino ilocano que se extrae de la caña-dulce) y á emborracharse.

Excuso deciros que Isio, alucinado por la bebida, se acercaba al abismo de su perdición.

Olvidó por completo dedicarse á su antiguo negocio, y en sus borracheras solía exclamar:

—Ah, mientras viva, á lograr el tiempo; yo he de disfrutar de los frutos de mis afanes antes que otros.

Y como no se ocupó más en cobrar á sus tributantes, dejándolo todo al *primogénito*, (ayudante de cabeza de Barangay con cédula gratuita por este servicio), el *déficit* se duplicó el año siguiente, é Isio en vez de sentirlo más, casi no lo experimentó, á pesar de haber tenido que sufrir disgustos por buscar el dinero que necesitaba, pues sus antiguos sócios no le fiaron la cantidad que les había pedido, viendo que ya él había abandonado sus trabajos en el campo y que sus bienes estaban hipotecados á favor de la Hacienda pública.

Acaso lo más prudente para él hubiera sido que se declarase entonces en quiebra, es decir, mani-

festase claramente al gobernadorcillo que no tenía
el dinero que necesitaba para saldar las cuentas de
su cabecería, poniendo á disposición de la Hacienda
pública sus verdaderos bienes, y aquella se en-
cargaría de venderlos en pública subasta.

Pero por de pronto el gobernadorcillo le remi-
tiría preso al Gobierno civil y entraría en la cárcel y saldría á trabajos públicos, entretanto que se
vendiesen en pública subasta sus bienes.

Mis lectores no comprenderán, como yo, la razón
de este procedimiento comun en provincias; y cuidado que no es porque las autoridades provinciales lo dispongan por arbitrariedad para evitar expedientes abrumadores, procurando que el cabeza,
siquiera por vergüenza, busque dinero fuera para
salvar sus cuentas; no, no hay arbitrariedad, lo que
debe haber es alguna disposición superior mal en-
tendida, cuya equivocada aplicación haya sido sancionada por la rutina.

Varios Alcaldes mayores se veian obligados á meter en la cárcel á centenares de cabezas *desfalcados*,
personas honradas, sin más delito que el de no
haber podido abonar lo que no habían cobrado á sus
tributarios ausentes.

Pero ni Isio, con toda su borrachera, tenía valor para
entrar en la cárcel, ni podía consentir que así des-
apareciesen sus bienes honradamente adquiridos.

Y al fin, logró alucinar á un avaro principal,
que le dió el dinero que necesitaba para saldar
sus cuentas con la Administración, con el *interés
de veinte por ciento al mes*, y todavía con derecho
de quedarse, si al cabo de dos años, Isio no podía
pagar su deuda, con todos sus bienes, hipotecados

por segunda vez á favor del acreedór, que igno-
raba que en caso de quiebra entraría antes á cobrar
la Administración.

Pronto Isio fué asaltado por sérios temores, y
con frecuencia murmuraba:

—Todavía habrá posibilidad de que yo salga con
bien de mis compromisos con la Hacienda pública,
pero de las garras del codicioso, ninguna! Debo
meditar formalmente lo que me convenga, y una
vez hallado el medio, hay que empicarlo con valentía, sin fijarse en averiguar si es justo ó reprobado.

El arrepentimiento—añadía,—nunca viene con
oportunidad. Oh! Qué sábios aquellos consejos que
inocentemente he rechazado; pero ya no es tiempo;
he perdido tontamente dos años sin ganar nada
con la cabecería, y sí perdiendo todo lo que poseo
como ya lo he perdido, á pesar de conservarlo aún
en mi poder...

—Eureka!—exclamó después de haber meditado
largo rato, como si un rayo divino hubiese pene-
trado en aquella tenebrosa cabeza, donde se habían
fraguado toda clase de maléficos planes.

—Eureka!—repitió.—Magnifica y salvadora idea!
Iré á consultarla con el inteligente ex-gobernadorcillo.

IV

—¡Pobre jóven!—exclamó el viejo ex-gobernadorcillo, al oír el conmovedor relato de Isio y su
decidida resolución de procurarse el nombramiento
de gobernadorcillo, para salvar su crítica situación.

—¡Pobre jóven sin experiencia!—no pudo menos de repetir, y añadió:

—Pero si es peor el remedio, hombre de Dios!

—De modo que mi situación no se resuelve, si no ahorcándome en un *balete* (árbol)?—Exclamó Isio.

—Tanto, no; como se ha de ahorcar V., tonto! Sí, tonto y muy tonto sería, si no encontrase otro remedio que la desesperación! Pero no es menos peregrina su idea de salvarse con el cargo de gobernadorcillo, cuando este es infinitamente peor que el de cabeza de Barangay. El mejor remedio será resignarse á perder sus bienes, entrar en la cárcel y salir á trabajos públicos; con eso no se desprestigiará, porque es de todos conocida su honradez, al menos hasta ahora; y después ya que es jóven aún, no tardará en recuperar lo perdido. Ea, sea, V. magnánimo, que el cielo nunca desampara á los hombres laboriosos y de buena fé.

—Me parece muy excelente el consejo, y lástima que antes no se me haya ocurrido tan fácil y eficaz remedio; lo seguiré, y adios, muy señor y amigo mio.

Y diciendo esto Isio, saludó á su interlocutor y juntos se dirigieron á la escalera.

Ya abajo el cabeza de Barangay, se le ocurrió una duda y antes de despedirse por última vez, preguntó:

—Pero diga V.: ¿otra vez no me podrán elegir cabeza de barangay, cuando vuelva á reunir modesta fortuna?

Por de pronto el viejo no pudo contestar; se arrugó su frente, y después de un minuto, murmuró:

—Esa es la dificultad: como V. no ha desempeñado durante diez años seguidos el cargo, podrán obligarle á aceptarlo de nuevo.

—¡Otra vez!—exclamó Isio y volvió á subir corriendo.

—¡Diez años seguidos?—repitió el mismo—¿y quién podrá ejercerlo durante ese tiempo, de no tratarse de verdaderos ricos!... Eh! amigo, renuncio á practicar sus saludables consejos; antes he de salir gobernadorcillo y con lo que adquiera con ese cargo, tendré con que seguir abonando durante diez años.

—Verdaderamente—contestó el viejo enseñando una silla á su interlocutor—el caso es para desesperar.

Y después de una pausa, añadió:

—Bueno; será V. gobernadorcillo, pero ¿qué espera hombre de Dios, con ese cargo, si no disgustos á montones, humillaciones, desembolsos que no puede hacer, y su ruina completa?

—Pero no me dijo V. que cuando lo desempeñó, ganó mucho dinero!

—Tanto, nó; el no haberme salido mal la broma, representa un triunfo; pero V. no tiene el atrevimiento, astucia y experiencia suficientes para no salirle el tiro por la culata; ni el valor necesario para sufrir ciertas cosas. Acabará V. por morir de disgusto.

—Hombre, no parece sino que V. tiene otro candidato para ese cargo, pues no comprendo aquellos consejos suyos que rechazé, disuadiéndome ahora.

—Amigo, le di aquellos, porque yo veía que usted no podía rechazar la cabecería; pero ahora no debe buscar su propia ruina, estando en sus manos el evitarla.

—Y ¿por qué ese cargo es tan disputado?...

Algun dulce ha de encerrar, cuando á él acuden
hormigas.

—¿Dulce? ¡veneno con baño de almíbar!... pero,
en fin, dulce es! Oh! muchísimos piensan como
V., así de los de abajo, por lo cual es disputado;
como de los de arriba, por lo que no se modifica
este cargo en el sentido de que ha de ser ho-
norífico, si así les place; pero que de ninguna manera
debiera ser muy gravoso á los que los desempeñen.

—¿Cómo gravoso?

—Si, hombre; y lo es en grado superlativo: re-
cuerde, si no, aquellas cabecerías vacantes de que,
según hablamos anteriormente, pasaban á cargo
del gobernadorcillo; y si una acabó de arruinar á
V., cuatro, seis, diez ó más ¿qué no le causarán?...
¿Y el sueldo del directorcillo, á quién V. pagará
de su bolsillo particular *al mes*, lo que V. percibirá
al año? Y las picardías de él, de las que V. saldrá
responsable, pues él no es más que un consultor
particular?

—Como yo sé chapurrear el castellano, no ne-
cesitaré de directorcillo.

—Es indispensable, hombre, porque V. ignora
las fórmulas para extender las primeras diligencias,
poner y contestar los oficios, etc., etc.

—Si es verdaderamente indispensable, promoveré
expediente para que el gobierno me conceda cré-
dito para asoldar un directorcillo de carácter ofi-
cial con responsabilidad de sus consejos

—Ya vé V. si no es inocente! No, no puede V. ser
gobernadorcillo por cándido. Y esa candidez y buena
fé extremadas le acarearán muchos disgustos.

—Me portaré listo.

—¡*Tu dixisti!*

—Dirá V. lo que quiera, capitan; pero me parece que tiene otro candidato.

—Hombre, V. me ofende; y basta eso para que yo contribuya á castigar su increible inocencia. Será V. gobernadorcillo; ahora mismo voy á visitar á mis partidarios, para que todos apoyen calurosamente su candidatura.

—Sí, señor mío, á ver si me hace ese señaladísimo favor.

—No es favor, sino agravio; los indígenas, como la clase popular ó menos ilustrada de Europa, merecen bien el dictado de *niños grandes:* el prurito de figurar, el de elevarse algo del nivel de sus paisanos, cómo les deslumbra, ¡cómo les pierde! En efecto, los pobres se elevan un momento para venir á caer luego al fondo de las cárceles ó al abismo de la desgracia de toda su familia.

—Es V. muy pesimista.

—Vámos á las pruebas: los *capitanes* de este pueblo (ex-gobernadorcillos) que viven, son: *Andong* (Fernando), *Islao* (Wenceslao), *Asia* (Deogracias), *Ansong* (Juan), *Itong* (Evaristo), *Maddú* (Romualdo) y su servidor. Pues bien: el primero, que fué muy querido del pueblo, perdió todos sus bienes con el cargo y entró una vez en la cárcel, siendo persona muy honrada; el segundo está aún en presidio, porque quiso hacer picardías y no supo hacerlas bien; el tercero, por sus torpezas frecuentaba la cárcel, sin ser pillo; el cuarto perdió un brazo en la persecución de malhechores, porque alardeaba de valiente ó buen servidor del Estado, y ya sabe V. bien que no solo su brazo perdió: el quinto.

pagó caras las picardías del directorcillo y otros
á quienes había obedecido de buena fé; el sexto
pasó muchos meses en la prisión por no tener con
que abonar los cargos de las cabecerías vacantes
y otros gastos que puede abonar un gobernadorcillo; y yo... fuí el único que no entró en la cárcel,
ni oyó reprimendas porque yo conocía de antemano
el oficio; pero crea V. que solo lo solicité deslum-
brado por el prurito de ser jefe local; pronto me arre-
pentí y aunque verdaderamente salí ganando, juro
que nunca más aceptaré el cargo.

Fijo Isio en la idea de salvarse con el cargo de
gobernadorcillo, debio haber oido distraidamente á
su interlocutor, solo así se comprende que al final
de aquellas buenas lecciones, contestase.

—Dígame V. la verdad: ¿Su opinión obedecerá
á que está desesperado de poder hacer triunfar mi
candidatura?

—¡Qué no he de poder yo!—rugió el ex-gobernadorcillo, herido en su amor propio.—Siempre he
derrotado á mis adversarios!

—Bueno; por la gran influencia que justamente
ejerce V. sobre el pueblo, he de ser elegido seguramente gobernadorcillo, ¿no es eso, capitan?—Contestó Isio, conociendo el pié de que cojeaba su
interlocutor.

—Sí, hombre; ya que se empeña.

V

Isio, procurando explotar en provecho (no digo
suyo) de su candidatura, el orgullo del viejo, publicó que estaba apoyada por éste, y por medio

de varios amigos íntimos suyos propaló la noticia
de que el partido opuesto se preparaba afanosa-
mente á la lucha electoral y que creían triunfarse
fácilmente de Isio y del viejo.

En vista de tales noticias, éste, que era muy as-
tuto y vanidoso, tomó á pechos llevar avante la
candidatura de Isio.

Los del partido opuesto con las murmuraciones
provocativas de los primeros, eligieron un candidato suyo para oponer á Isio.

Los chismes crecían de tal modo que no parecía
sino que el pueblo llegase á convertirse un dia en
campo de Agramante; los ánimos estaban alebres-
tados y las pasiones se enardecían; unos principales
que antes se respetaban mútuamente, se enviaban re-
cados insultantes; los que eran amigos antes, ya no
se saludaban...

Ya las elecciones se acercan; muchos cabezas esta
vez acuden voluntariamente á la Administración de
Hacienda pública para saldar sus cuentas, pues no entra á votar el que tiene alguna deuda al Tesoro; los
partidos se enteran minuciosamente de la conducta
de sus adversarios, para ver de encontrar tachas; acuden á los juzgados, desentierran causas ó diligencias
criminales ó expedientes gubernativos...

Y todo es por el dichoso cargo de gobernadorcillo, que á todos arruina.

En fin, ya llegó la víspera de la elección de
gobernadorcillo ó sea el día de la de los tenientes, alguaciles, cuadrilleros y demás sirvientes sin
sueldo del *pequeño gobernador.*

Anochecía; el bombo del tribunal (casa Ayuntamiento) no cesaba de llamar á Junta general á

22

los principales del pueblo; y éstos acudían al llamamiento.

Ya amigos y enemigos están sentados á una
larga mesa, presididos por el gobernadorcillo y
empiezan á discutir la propuesta de los subal
ternos. Admira la calma con que al parecer se
hallan reunidos los dos bandos opuestos, y es
porque todos temen un sangriento choque que
todos procuran evitar. El mismo presidente, que
siempre es uno de los jefes de los partidos mi-
litantes, se muestra imparcial y cuando la discusión empieza á enredarse entre los jóvenes
principales, en seguida los ancianos la cortan procurando una avenencia, y aquellos callan ante la
voz de éstos. La discusión tiende á evitar que los
propios partidarios sean nombrados subalternos.

No así ya sucede en la elección de gobernadorcillos, porque saben que no pueden venirse á las
manos, por estar presididos por el jefe español
de la provincia.

En ese día, el pueblo ofrece singular animación;
toda la nobleza ó principalía del pueblo, vestida de
extravagante chaqueta con los faldones de la camisa
fuera, y sin corbata, espera al Gobernador en el
tribunal con la banda de música del municipio. El
Gobernador, antes de empezar la votación, pronuncia
un discurso encaminado á desvanecer las rencillas
de partidos, y para que elijan al más digno.
Después se lee la lista de los que se hallan en
aptitud de votar, y es cuando se nota un hecho
singular, increíble y digno de ser estudiado.

Aquella gente tímida que no se atreviera á despegar los lábios delante de cualquier español pe-

ninsular en otros casos, en el presente cobra, como magnetizado, impropio atrevimiento. Y con la mayor serenidad dicen, á la faz de todo el pueblo, al Gobernador de la provincia, que Fulano es incapaz de votar por ladron ó estar encausado por hurto, y otras causas por el estilo, llamando la atención el calor con que se defienden y acusan los adversarios. Allí delante del jefe de la provincia, se cruzan verdaderos insultos, pero en forma respetuosa para el presidente.

Y cuando tocan á tachar á los candidatos á gobernadorcillos, ¡oh! aquello es indescriptible é inusitado.

Ya lo ha probado Cantú con la historia universal de la humanidad en la mano, que la indolencia ó indiferentismo es efecto de la tiranía muchas veces. ¿Por qué los indígenas en ese caso defienden tenazmente á sus partidarios? ¿Por qué esa energía en acusar?... Sencillamente, porque saben que eso les está permitido, y nadie les cohibe. Concededles, pues, más derechos; no limiteis los que les correspondan, y sólo entonces podreis juzgar de su cacareada inercia.

* * *

VI

Isio fué derrotado por sus adversarios y ocupó el segundo lugar en la terna.

Humillado el viejo padrino de Isio, se mordía los labios, no podía hablar de despecho y de vergüenza; al paso que los del opuesto bando celebraban su triunfo con comilonas, libaciones de *basi* (vino) y animadas tertulias. Y unos ante el golpe fatal de su derrota, y otros ante su deslumbradora victoria, todos se olvidaron de pedirse mútuamente explicaciones de los insultos que se habían cruzado delante de todo el pueblo.

Isio todavía se atrevió á aparecer delante del ex-gobernadorcillo, su padrino, quien había tomado más empeño en la lucha.

Sí, el pretendiente fué melancólico á la casa del viejo, y fué indescriptible su primera entrevista: instintivamente bajaron corridos los ojos al suelo.

—¿Qué tal, cómo sigue V.?—al fin Isio pudo murmurar.

Comprendiendo el viejo lo que con esto quería decir, contestó:

—No desespere V.; todavía hay remedio; estamos no más á la mitad de la guerra, casi se puede decir que aún no hemos roto el fuego, y esos tontos ya cantan victoria... Calle V.; ahora se necesita mucha prudencia y sigilo... Trabajaremos. y V. será elegido.

—Veremos!

—¿Cómo veremos? Es preciso seguir *ad pedem littere* mis consejos.

. . . .

Cuando menos lo pensaba el elegido en primer lugar, que ya se había gastado mucho por celebrar su triunfo. y contraido deudas, pues el pueblo en nada se niega á los gobernadorcillos actuales ó electos; cuando menos lo pensaba, repito, se recibió del Gobierno general el nombramiento de Isio como *gobernador chiquitin*.

Y ahora me preguntareis:

—¿Y el elegido por el pueblo? ¿Para qué entonces sirven estas elecciones?

Isio también fué [elegido por ese mismo pueblo, si bien en segundo lugar; y sobre los votos del pueblo están los informes del jefe de la provincia, de la Guardia civil y del Cura párroco, y la decisión de la Autoridad Superior.

VII

El pueblo ofrecía inusitada animación, las calles se veían adornadas con colgaduras ó colgajos, banderolas y pañuelos.

Era el día de tomar posesión el electo gobernadorcillo, el bastante jóven Isio.

Al fin, la música anunció la llegada de la comitiva: rompía la marcha una banda de música vestida de gala; seguían dos filas de alguaciles y tenientes, llevando luengas varas encarnadas y verdes, respectivamente, y cortaba las dos líneas paralelas otra más corta, la de los primeros jefes locales, ó sean el gobernadorcillo Isio, á la derecha el teniente mayor y á la izquierda el teniente segundo. Después seguía la principalía compuesta de ex-gobernadorcillos y cabezas de Barangay, con los nuevos jueces de sementera, de ganados, y de policía.

Isio iba muy formalote y como *tímida doncella*, contrastando con esta figura la del viejo ex-gobernadorcillo, que iba detrás del primero, tan alegre, tan decidor, y tan lleno de sí mismo.

Todo era alegría para Isio, si bien fué algo interrumpida aquella con haberse propasado momentáneamente con él, uno de quien no le era dado vengarse.

Todo era júbilo. ¡Oh! Más aún, cuando Isio sentado en un deslumbrador sillon, con el baston de mando en la mano, presidiendo nada menos que la principalía del pueblo que le vió nacer, á la faz de todos los *kuilianes* (vecinos) leyendo el alguacil mayor su indispensable programa gubernamental, en qué se mandaba en primer lugar oir misa los días de guardar y cumplir con todos los deberes que la sacrosanta Religión Cristiana nos impone; se amenazi á los jugadores, borrachos y ladrones, á quienes habria que castigarse con mano de hierro, etc , etc.

VIII

El tiempo vuela.

Isio lleva sólo un mes de mando y casi está ya cansado con ir y venir del Gobierno de la provincia y de otras casas, donde habitan sus superiores, que son la Administración de II P., la Guardia civil, etc.; pero qué son esos cansancios ante el prurito de ir á oir misa, con la música delante, atrayendo la vista y las simpatías de las *babbalasang* (solteras) del pueblo?

———

El tiempo sigue volando.

Isio ya está cansado de tanto ruido, á juzgar porque ya piensa en renunciar el cargo.

Pero el viejo mentor de él, le dijo en tono solemne:

—Si ahora desmaya V., es mejor que se ahorque, y si le falta cuerda para ello, acuérdese de las borlas de su bastón. ¡Ánimo para todo, y mucha prudencia!

—Bueno, me ahorcaré,—le solía contestar el inocente Isio—no tengo valor para tanto sufrir.

—Es ley natural del inferior con el superior. Hágalo lo mismo con los otros.

. . . .

———

¡Y volaba el tiempo!

Habían pasado seis meses.

Isio ya no era tímido; los *polistas*, en vez de trabajar en los caminos y puentes, se ocupaban en levantar una gran casa de tabla para él.

Tenía fama de valiente; había organizado el cuerpo de cuadrilleros militarmente, y con ellos tenía á raya á los malhechores y á los igorrotes, á quienes visitaba con frecuencia, en son de guerra.

Ya tenía algún dinero; zanjó, más bien violentamente que otra cosa, sus cuentas con sus antiguos deudores

. . . .

———

¡Volaba, volaba el tiempo!

Isio llevaría ocho meses de mando: no ya solamente tenía metidos en cintura á los *tulisanes* y demás gentuza del monte, sino á la misma turbulenta principalía del pueblo.

—¡Oh! solía gritar á sus enemigos en pleno Tribunal, cuando se ponía furioso—¡ustedes cuidado!!; qué no anden tonteando conmigo, pues no hay más ley que mi voluntad, ni más imperio que la fuerza de mis cuadrilleros. No me importa que me ahorquen, después de haber hecho degollar á Vdes.

¡Cá! si su mismo padrino temblaba de miedo, cuando Isio apostrofaba en las juntas á sus enemigos.

IX

Todo le iba bien, cuando recibió una orden del Juzgado, de comparecencia, para responder de los cargos que la principalía amotinada dirigía contra él por abusos.

—¿Qué hacer?—consultó Isio amostazado á su padrino, el viejo ex-gobernadorcillo.

—Pués váyase V. sin miedo, y niegue todos los cargos rotundamente.

—¿Pero si los he cometido á la faz de todo el mundo?

—No importa; muéstrese ahora más valiente que nunca con todos; persiga V. sin tregua á sus enemigos, en fin, dé á conocer que nada teme de ellos, fingiendo que lo hace porque siempre ha de salir con bien de todo, y ya verá si alguien se atreverá á declarar contra Vd.

Y en efecto, Isio, en vez de amansarse con el golpe, con inaudito descaro mandó llamar oficialmente á los que se habían citado como testigos y les amenazó maltratarles de obra, si declaraban contra él.

Al principio, efectivamente los más fieles y decididos testigos no se atrevieron á confesar la verdad contra Isio; pero de tantos que se habían citado no faltaron después, aunque escasos, quienes declararon contra él, y fueron aumentándose al ver que éste no cumplia sus amenazas.

Isio visitó á su consultor el ex-gobernadorcillo, y éste no pudo menos de exclamar:

—¡Hijo mío! por mi párte no encuentro medio de salvarle, es cuestión de suerte; más que eso hice cuando desempeñé el mismo cargo, y sin embargo, logré ahogar las quejas del pueblo contra mí.

—¿Y entonces?—contestó Isio ya muy abrumado.

—Pues, conformarse con su mala suerte.

—No, no puedo ir á la cárcel, después de los muchos sacrificios que hice, para ejercer lo mejor posible este cargo.

—Es el caso que V. no tenía derecho para desquitarse en sus inferiores, y la ley es inflexible.

—¡Inflexible!—exclamó Isio—y después de larga pausa murmuró:—Es verdad; pero he venido aquí para que V. me enseñe la manera de parar sus golpes.

—No veo ninguna.

—¿Ninguna? Ahí tengo una casa bastante bonita, poseo algún dinero, ¿todo esto no pueden hacer algo en mi favor?

—Nada!

—¿Cómo nada? Me parece V. como niño recien nacido.

—Nada, repito, porque tiene muchos enemigos que hacen imposible lo que indica.

Entonces Isio exclamó, levantando la vista:

—Cielos!

Y después de una breve pausa, añadió:

—Cielos! de tí no debo esperar nada;... tampoco de V., capitan; tampoco de mi casa y de otros bienes mios.

Y dirigió su mirada al sitio de su casa, para retirarla apresuradamente, como si no pudiera soportar el dolor que le causaba aquella, al recordar que irremisiblemente se malvendería.

Por mera casualidad se fijó su vaga vista en la vecina cordillera; entonces meditó un instante y después preguntó al viejo:

—Y esos montes ¿no podrán prestarme hospitalario refugio?

—Hombre, murmuró el viejo; es verdad que no veo otra salida para V, que huir á ellos; pero nó puede V. figurarse lo triste que sería su destierro, siempre en perpetuo peligro de ser sorprendido por los agentes de justicia ó por los caníbales, y sin poder ya volver á esta vida en buena sociedad.

—Y qué buena es!—contestó con desden Isio!—Nó; prefiero el salvajismo: las murmuraciones, las envidias, la opresión del inferior por el superior, la enemistad entre el rico y el pobre; en fin, los horrores de la desigualdad, ¿son los encantos de la sociedad?... ¿Qué atractivos tiene ésta?... Si se trata de amores, ¿no es mejor, infinitamente mas grato llevar á la espesura de los bosques al objeto de nuestro cariño, y adorarle allí sin trabas, haciendo imposibles los celos y proclamarla como reina de la Naturaleza bruta?

—Hombre! despéjese V... vamos, temo que pierda la razón por la desgracia que le amenaza, y la cosa ciertamente no es para menos.

—Pero acaso he dicho alguna mentira? Señale V. cuáles son los atractivos de la sociedad.

En esto, recibe Isio un despacho urgente de la cabecera, en el que un amigo le participa que dentro de pocas horas se firmaría su destitución provisional como gobernadorcillo al par que el auto de su ingreso

en la cárcel, y que según todas las probabilidades
irá á parar al presidio por abusos de autoridad, exacciones ilegales y otros delitos por este estilo que han
resultado justificados contra él.

Enterado su viejo interlocutor de esto, díjole:

—Sálvese V. como pueda, vaya al monte.., ó en
fin, á donde quiera, hijo mío, que yo no puedo
aconsejarle nada.

Isio, sin perder momento, se entrevistó con los
ricos y disimulando el apuro en que se veía, y sus
intenciones, malvendió en pocas horas todas sus cosas,
excepto un hermoso caballo que tenía, algunos libros
é instrumentos de mágia, que había aprendido en
Manila y á la que tenía mucha afición, y acompañado de un criado suyo, tan fiel como valiente,
aunque visiblemente de más edad que él, se dirigió
al monte.

X

Isio y su criado se dirigieron á los montes para
buscar un refugio en sus bosques, y al penetrar en
la primera ranchería de los igorrotes alzados ó caníbales, disparó algunas bombas y tres cohetes de
bengala.

Figuraos el efecto que surtirían entre los salvajes
aquel ruido y aquellas luces: los *baglanes* (sacerdotes) de la ranchería, se reunieron con los ancianos,
sumamente admirados todos, para explicar aquellas
luces, que mal podían ser de los españoles, porque
estos sólo entrarían, para castigar alguna fechoría,
que no habían cometido, y en todo caso, como se

anuncian con ruido, los espías y centinelas hubieran antes dado aviso de ello; y excusado será
decir que no lo esperaban de los demás igorrotes.

Era, pués, aquello muy singular, y seguramente
un milagro extraordinario de los Anitos.

Así debió suponer Isio, ó ese era su propósito,
porque se presentó vestido con un lujoso traje de
Capitán general de los que se usan en las comedias
ilocanas, y á los que se adelantaron á verle, les
manifestó ser enviado de los Anitos, y que nada
tenían que temer de ellos.

Sabido lo cual, los ancianos y los *baglanes* acordaron recibirles, después de haberse ellos convencido de que iban solos Isio y *Colás* (Nicolás) que
así se llamaba su criado, también con traje de co-
mediante.

Isio, confiado en su revolver y en que era muy
diestro en la esgrima, á indicación de ellos bajó de
su caballo y subió sólo, sin miedo alguno, á su tribunal, lo que no pudo menos de admirar á los
caníbales.

Ya delante de la atónita principalía, pronunció un
discurso procurando imprimir cierto aire profético ó
sobrenatural en la pronunciación, en sus acciones,
en su mirada vaga y casi siempre fija en lo alto,
aunque observando la actitud de su auditorio.

Dijo en su discurso haber sido enviado por los
Anitos para advertir á todas aquellas rancherías que
eran hermanas, y que por consiguiente, sus diarias
luchas intestinas tenían sumamente enojados á los
Anitos; pero antes de castigarles con calamidades,
creyeron deber advertirles su error.

Un *baylan* intentó protestar contra su veracidad;

diciendo que para eso está un anito de la guerra; pero Isio le contestó con energía:

—Calla, falaz *baglan:*—y mostrando su revolver, añadió:—ten entendido que en este divino cañuto llevo encerrado el rayo, y estoy dispuesto á lanzarlo contra tí, si intentas desobedecer á los anitos.

Era la primera vez que alguien se atreviera á insultar al más venerable *baglan*, y el atrevimiento de Isio aumentó la sorpresa de los presentes que no podían despegar los lábios.

Y después añadió:—Todas las cosas fueron criadas por el Supremo Dios del Cielo, y si es así, ¿cómo habría hecho las razas, para complacerse después en ver unas á otras destrozarse en constante guerra, en que hoy la victoria os sonríe como mañana os llenará de luto, pero en ambos casos perdiendo siempre vidas? ¿Acaso se haya equivocado el más sábio de todos, al criar á los hombres á quienes creis que desempara en la lucha? Claro es que nó, claro es que es absurdo cuanto has dicho. Dios, sumamente justo y bueno, os crió para gozarse en ver vuestro bienestar, y para todos mandó anitos buenos que os defiendan en los peligros.

Y comprendiendo Isio que los *baglanes* podrían ser ó sus temibles enemigos ó sus apóstoles poderosos, añadió:

—Tu, venerable *baglán*, estás muy equivocado, porque eso sí, los hombres no pueden por sí solos comprender la grandeza, la sabiduría y las bondades de Dios. Dios y los anitos te aprecian en mucho por tus virtudes, y por eso han querido que tu ranchería fuese la primera en recibir directamente de mis labios las sábias revelaciones del

Cielo. No desconfieis de mí, que no predico más que la caridad al prójimo, obediencia á los superiores, y consideración á los inferiores. ¿No creeis acaso que el rayo está en mis manos? No quiero probar en ningun hombre los terribles efectos de este divino cañuto (el revólver), porque ya digo, los sacrificios humanos y todo lo que sea matanza ó destrucción, desagradan á nuestros dioses. Venga un toro ó un carabao montés ó un javalí terrible, y si no me roconocen ellos como enviado de Dios, ya lo verán. »

A Isio presentaron un *cimarron* y un javalí de terrible aspecto, y les mató á tiros de revolver.

Figuraos ahora el efecto que hubiera podido producir el *milagro* entre aquellos monteses.

Cogió un palito de fósforo y dijo:—Voy á encenderlo en el *linghoy* (candil) del sol, y ardió con gran admiración de su auditorio.

Cogió un lente y quemó la mano de un usurero.

Y ayudado de la prestidigitación, de la mágia, de la esgrima y de su no poco comun ingénio, logró alucinar á los monteses.

XI

La fama de sus virtudes y de sus maravillas cundió pronto en los bosques, exagerándose sus milagros.

Los *baglanes* le adoraron como á profeta; y halagando Isio su vanidad y enseñándoles á curar con las plantas del país y otras lecciones muy útiles, se convirtieron en apóstoles suyos.

La religion que enseñaba era la Anitería malaya, ó sea la misma que se conservaba en aquellas bosques, pero perfeccionada y reducida á racional sistema. Combatía Isio el catolicismo con los argumentos de los herejes y atacaba la sociabilidad, ó sea la idea de reducir á la vida civilizada á los igorrotes con las objeciones del católico contra el socialismo exagerado, por supuesto, todo presentado en formas sofísticas que alucinaban no sólo á aquellos monteses, sino que logró además adeptos aún entre los ilocanos.

Sus dogmas se reducian á tres: adorar y obedecer hasta el sacrificio á Dios y á sus anitos en la persona de su Profeta; no hacer á nadie lo que no queremos para nosotros; antes bien socorrer al pobre y desemparado.

Desde los montes de Ilocos hasta Cagayan, Isio era venerado por sus milagros, su sabiduría y su desinterés.

Y esto de desinterés debe entenderse por limitarse Isio á pedir lo que personalmente necesitaba, como alimento y parca contribución de dinero ó en especie, que visiblemente empleaba en el bienestar de aquellas rancherías, como en la construcción de puentes, la policía, el cuerpo de atalayas avanzadas, que se comunicaban de dia con sábanas izadas y de noche con luces. Predicó el trabajo y les estimuló á estudiar, enseñando conocimientos útiles, especialmente la Medicina y la Agricultura.

Inspiró á los súbditos el respeto á los jefes de las rancherías, y á éstos el amor á sus hermanos.

Es cierto que llevaba consigo como vírgenes para el puro culto de los anitos, á las más guapas de la ranchería.

En fin, logró civilizar relativamente á aquella gente;

con la libertad y justicia que procuró para los inferiores, se estimularon á trabajar con afan; con la fraternidad sincera, el olvido de los agravios y mútuo auxilio que predicó, abolió las luchas diarias de ranchería contra ranchería, y todos no procuraban más que atender á las nuevas necesidades buenas que les había creado Isio, como las de vestirse y alimentarse bien, costear la enseñanza de los niños y pagar los demás impuestos para mejorar sus nacientes pueblos, etc.

XII

Si fuera Isio verdaderamente desinteresado y patriota, estaba en sus manos el entregar un gran pueblo á los españoles, para que acabasen la obra comenzada por él, é indudablemente le hubieran indultado, ya en consideración á este gran servicio, ya porque cometió aquellas exacciones de antes, obligado por las tristes circunstancias que le rodeaban.

Pero á la propia comodidad, al espíritu de venganza y al prurito de gobernar, todo lo sacrificó, hasta su misma labor civilizadora.

Los españoles habían sabido que en el centro de Abra, se organizaba potente un gran pueblo compacto, decidido á todo y dirigido por el sagaz y denodado Isio, y con justa razón temieron que algún dia daría sério quehacer á los vecinos pueblos civilizados, y se propusieron prender al prófugo ex-gobernadorcillo.

Isio lo supo y entonces predicó la güerra contra los españoles y los ilocanos que les seguían.

—¡Esos—exclamaba—vienen á perseguir al enviado
de los anitos, que os está haciendo grandes servicios! Nuestros dioses quieren probar vuestra obediencia para poderla premiar después en el paraiso.
Por lo demás, la victoria no es dudosa para nosotros.

Logró reunir un numeroso pelotón de monteses
y en una sola noche asaltaron los antiguos baluar-
tes que había en Ilocos y que se habían levantado
para rechazar á los moros joloanos, y como casi todos
estaban abandonados, fueron derrotados sus vigilantes
y se apoderaron de los cañones y demás armas,
municiones y pólvora que allí había.

Con los cañones cerraron las gargantas de los
montes que daban acceso á aquellos valles, y asi
favorecidos grandemente por la Naturaleza, hicieron
imposible toda idea de avanzar un pasito más de sus
avanzadas. En la Historia de la comarca ilocana deben
de estar consignadas las muchas desastrosas retira-
das y lamentables fracasos que las tropas españolas
sufrieron al intentar castigar al célebre Isio, y últimamente fué derrotado el capitan Pinto.

Pero fué enviado contra él el no menos famoso
capitan español Galvey, á principios de 1831. Se
reunieron las fuerzas de Ilocos con las de Pangasinan en el rio Piapia de Balaoang y se dirigieron á Tamoron.

Galvey, con sus anteriores simuladas expedicio-
nes al país de los igorrotes, desde 1829, logró que
estos acabasen con toda su pólvora, y cuando se
convenció de ello, intentó llevar á cabo un decidido ataque.

No reseñaré la expedición, aunque bien lo me-

23

recería la bravura con que se defendieron los igorrotes; sólo haré constar que perdieron casi tantos
hombres como soldados de Galvey dejaron de existir,
hiriendo gravemente al capitan Castañeda, y estaban ya á punto de tomar una retirada, cuando un
sargento logró atravesar de un balazo á Isio, y como
los igorrotes vieran caer como herido del rayo al
que consideraban profeta invulnerable, creyeron que
los verdaderos dioses eran las balas de los españoles; se sobrecogieron de terror y acabaron por huir
á la espesura de los montes, volviendo á su anterior
modo de vivir. (I)

(1) Como la verdad histórica relativa á estos nombres y
fechas no puede perjudicar los problemas administrativos que
constituyen el objeto de este artículo, agradeceríamos á los
lectores no la averigüen, porque puede haber sido desfigu-
rada por la *loca de casa*.

MINISTERIO DE ULTRAMAR

EXPOSICION GENERAL DE LAS ISLAS FILIPINAS

DIPLOMA de Medalla de Plata adjudicado por el Jurado en sesion de 18 de Setiembre del corriente año á D. Isabelo de los Reyes, Manila, por sus trabajos literarios sobre el FOLK-LORE FILIPINO.

Seccion 8ª Grupo 75 Número 38.

Madrid diez y siete de Octubre de mil ochocientos ochenta y siete.

EL MINISTRO DE ULTRAMAR,

Victor Balaguer.

EL PRESIDENTE DE LA COMISARÍA REGIA,

German Gamazo.

EL SECRETARIO DE LA COMISARÍA REGIA,

Felix Diaz.

EL PRESIDENTE DEL JURADO,

Manuel M. J. de Galdo.

EL SECRETARIO DEL JURADO,

Francisco de P. Vigil.

Es copia.

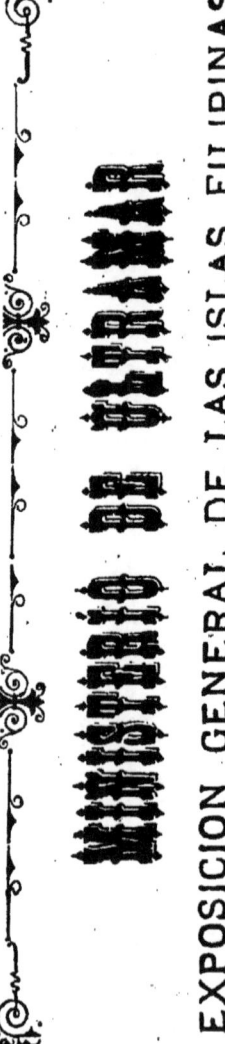

ÍNDICE

CAPÍTULO II.—MATERIALES FOLK-LÓRICOS
SOBRE TIPOS, COSTUMBRES Y USOS

CAPÍTULO III.—MATERIALES FOLK-LÓRICOS
SOBRE LITERATURA

LAS MUJERES Y LAS FLORES

<----•---->

A Josefa de Sevilla.

LA mujer es un ser humano y la flor un vejetal: son dos criaturas distintas. pero ambas enriquecen la Naturaleza; tienen entre sí muchos puntos de similitud.

Las mujeres son el placer de la vida, el encanto del alma y la poesía del corazón; como las flores la sonrisa de los jardines, el amor de la incierta mariposa y el dulce bálsamo de la atmósfera campestre, aunque también ambas á veces nos causan desazones.

El cáliz de una flor unas veces despide suavísimo aroma, y otras ingrato olor; así el corazón de la mujer, que á veces encierra ternura y laudables sentimientos y á veces también... vileza y veleidad.

De la mujer nacen los ángeles de la tierra, como la flor se transforma en frutos.

Sin la mujer sería todo acíbar en el corazón humano, como el campo sin flores presenta un cuadro tan tétrico como el aspecto de los cementerios.

Tierna es la mujer cual una flor.

Las flores ríen llenas de vida por la mañana. y apenas el disco solar llega al zénit, marchitas inclínanse al suelo: corta es su existencia, como la duración, si conviene llamar así á la efímera vida de la belleza de una jóven.

Lavilleneuse ha dicho:

«Cual la flor que al nacer de la aurora,
Fresca brilla en mitad del vergel,
La hermosura, á quien tanto se adora
Brilla un dia y se acaba con él.»

Tanto la jóven marchita como la flor agostada, inspiran lástima y compasión.

Con el suave beso del aura se aja la flor, como la candidez de una vírgen con el tierno ósculo de su amante.

Para una flor que se marchita y dura muy pocos dias, aún estando en su tallo, necesaria es una saludable sombra, que la preserve de los abrasadores rayos del sol: así las jóvenes reclaman una buena madre, que las aleje del ponzoñoso aliento del libertinaje.

Pero la mujer casada es más delicada aún que la purísima doncella. Si ésta llega á perder su pureza, puede en cierta manera restaurarla con grandes virtudes ó con la santidad del matrimonio; pero la casada que se deja abrasar por adulterinas pasiones, recuperar su perdida honra nunca podrá. A esto semeja la flor, la cual estando aún en su tallo, si se agosta, puede á veces adquirir su primitiva lozanía con la benéfica frescura del rocío; mientras tronchada ya, una vez se marchite, irremediablemente se secará.

Una jóven bella y rica, pero vanidosa, es como

la dália, hermosa; más su caliz no encierra balsámico aroma.

En cambio: una mujer modesta, pero simpática, semeja al jazmin, que aunque escaso de galas, es rico en perfumes.

La fragancia, la diversidad de colores y la gentileza de las flores simbolizan la virtud, la riqueza y la hermosura de las mujeres: por consiguiente, si se me preguntara cual es la reina entre la virtuosa, la hacendada y la linda contestaría sin vacilar que lo es la primera, pues sin ir á otro punto, de las flores de Filipinas se reconoce por Soberana la del fragante ilang-ilang, á pesar de la modestia de su forma y la pobreza de su color: hasta el verde que tiene no es propio de las flores, sino de las hojas.

Flor sin aroma, mujer despreciable.

La flor de perfume es estimable y conservada, aún estando ya agostada, como la sampaguita: de esta manera la virtuosa no carece de admiradores, aún pasando la primavera de su vida.

El suavísimo aroma de las flores regala, como la virtud de una mujer encanta.

Pocas son las mujeres de singulares dotes, que no se casen apenas lleguen á la primavera de la vida. Es claro, todo el mundo aspira á coger una brillante flor.

Abundan los adoradores de mujeres hermosas. y muchos de ellos, suelen tener funesto fin: es que las flores más preciosas acostumbran ocultar punzantes espinas, como la rosa de Alejandria.

La mujer inteligente y de vasta instrucción, como Mme. Luisa Michel, Stael, de Lambert, Sta. Teresa de

Printed in the USA
CPSIA information can be obtained
at www.ICGtesting.com
LVHW021453090924
790539LV00027B/254